现代服务领域技能型人才培养模式创新规划教材

物流设施与设备

主编　罗松涛

副主编　孙　林　从彦丽

中国水利水电出版社
www.waterpub.com.cn

内 容 提 要

在21世纪，物流设施与设备正朝着信息化、自动化、集成化、柔性化、标准化、绿色化的方向发展，其现代化水平不断提高。物流设施与设备的现代化是促进物流现代化的重要保证；物流设施与设备的发展也有力地促进了现代物流业的不断发展。因此，对于物流业的人才培养也应有所加强。

物流设施设备是贯穿于物流系统全过程、深入到各个作业环节、实现物流各项作业功能的物质基础和手段，因此没有现代物流设施设备的支撑，就没有现代物流的实施和运作。物流设施设备作为生产力要素，对发展现代物流，改善物流状况，促进现代化大生产、大流通，强化物流系统能力具有十分重要的作用。

本教材正是基于此而编写的，书中重点研究和介绍了物流活动中对物流设施与设备的合理选择与配置，以及对相关设施与设备的正确使用和管理，并且着重介绍了运输、装卸搬运、仓储、包装和流通加工、信息技术等设施设备的作用、类型、功能、技术性能参数以及配置与管理等内容。

本教材内容全面翔实、信息量大，可以作为高等院校本科、高等职业技术教育的物流管理、物流设备及相关专业的教学用书，也可以作为相关物流专业培训和自学参考用书。

本书配有电子教案，读者可以从中国水利水电出版社网站和万水书苑免费下载，网址为：http://www.waterpub.com.cn/softdown/和 http://www.wsbookshow.com。

图书在版编目（CIP）数据

物流设施与设备 / 罗松涛主编. -- 北京 : 中国水利水电出版社, 2012.4
现代服务领域技能型人才培养模式创新规划教材
ISBN 978-7-5084-9571-2

Ⅰ. ①物… Ⅱ. ①罗… Ⅲ. ①物流－设备管理－教材 Ⅳ. ①F252

中国版本图书馆CIP数据核字(2012)第049289号

策划编辑：陈 洁 责任编辑：陈 洁 加工编辑：孙 丹 封面设计：李 佳

书 名	现代服务领域技能型人才培养模式创新规划教材 **物流设施与设备**
作 者	主 编 罗松涛 副主编 孙 林 从彦丽
出版发行	中国水利水电出版社 （北京市海淀区玉渊潭南路1号D座 100038） 网址：www.waterpub.com.cn E-mail：mchannel@263.net（万水） sales@waterpub.com.cn 电话：（010）68367658（发行部）、82562819（万水）
经 售	北京科水图书销售中心（零售） 电话：（010）88383994、63202643、68545874 全国各地新华书店和相关出版物销售网点
排 版	北京万水电子信息有限公司
印 刷	三河市铭浩彩色印装有限公司
规 格	184mm×260mm 16开本 13.75印张 335千字
版 次	2012年6月第1版 2012年6月第1次印刷
印 数	0001—3000册
定 价	26.00元

现代服务业技能人才培养培训模式研究与实践
课题组名单

顾　问：	王文槿	李燕泥	王成荣
	汤鑫华	周金辉	许　远
组　长：	李维利	邓恩远	
副组长：	郑锐洪	闫　彦	邓　凯
	李作聚	王文学	王淑文
	杜文洁	陈彦许	
秘书长：	杨庆川		
秘　书：	杨　谷	周益丹	胡海家
	陈　洁	张志年	

课题参与院校

北京财贸职业学院
北京城市学院
国家林业局管理干部学院
北京农业职业学院
北京青年政治学院
北京思德职业技能培训学校
北京现代职业技术学院
北京信息职业技术学院
福建对外经济贸易职业技术学院
泉州华光摄影艺术职业学院
广东纺织职业技术学院
广东工贸职业技术学院
广州铁路职业技术学院
桂林航天工业高等专科学校
柳州铁道职业技术学院
贵州轻工职业技术学院
贵州商业高等专科学校
河北公安警察职业学院
河北金融学院
河北软件职业技术学院
河北政法职业学院
中国地质大学长城学院
河南机电高等专科学校
开封大学
大庆职业学院
黑龙江信息技术职业学院
伊春职业学院
湖北城市建设职业技术学院
武汉电力职业技术学院
武汉软件工程职业学院
武汉商贸职业学院
武汉商业服务学院
武汉铁路职业技术学院
武汉职业技术学院
湖北职业技术学院
荆州职业技术学院
上海建桥学院
常州纺织服装职业技术学院
常州广播电视大学
常州机电职业技术学院
常州建东职业技术学院
常州轻工职业技术学院
常州信息职业技术学院
江海职业技术学院
金坛广播电视大学
南京化工职业技术学院
苏州工业园区职业技术学院
武进广播电视大学
辽宁城市建设职业技术学院
大连职业技术学院
大连工业大学职业技术学院
辽宁农业职业技术学院
沈阳师范大学工程技术学院
沈阳师范大学职业技术学院
沈阳航空航天大学
营口职业技术学院
青岛恒星职业技术学院
青岛职业技术学院
潍坊工商职业学院
山西省财政税务专科学校
陕西财经职业技术学院
陕西工业职业技术学院
天津滨海职业学院
天津城市职业学院
天津天狮学院
天津职业大学
浙江机电职业技术学院
鲁迅美术学院
宁波职业技术学院
浙江水利水电专科学校
太原大学
太原城市职业技术学院
兰州资源环境职业技术学院

实践先进课程理念　构建全新教材体系

——《现代服务领域技能型人才培养模式创新规划教材》

出版说明

“现代服务领域技能型人才培养模式创新规划教材”丛书是由中国高等职业技术教育研究会立项的《现代服务业技能人才培养培训模式研究与实践》课题①的研究成果。

进入新世纪以来，我国的职业教育、职业培训与社会经济的发展联系越来越紧密，职业教育与培训的课程的改革越来越为广大师生所关注。职业教育与职业培训的课程具有定向性、应用性、实践性、整体性、灵活性的突出特点。任何的职业教育培训课程开发实践都不外乎注重调动学生的学习动机，以职业活动为导向、以职业能力为本位。目前，职业教育领域的课程改革领域，呈现出指导思想多元化、课程结构模块化、职业技术前瞻化、国家干预加强化的特点。

现代服务类专业在高等职业院校普遍开设，招生数量和在校生人数占到高职学生总数的40%左右，以现代服务业的技能人才培养培训模式为题进行研究，对于探索打破学科系统化课程，参照国家职业技能标准的要求，建立职业能力系统化专业课程体系，推进高职院校课程改革、推进双证书制度建设有特殊的现实意义。因此，《现代服务业技能人才培养培训模式研究与实践》课题是一个具有宏观意义、沟通微观课程的中观研究，具有特殊的桥梁作用。该课题与人力资源和社会保障部的《技能人才职业导向式培训模式标准研究》课题②的《现代服务业技能人才培训模式研究》子课题并题研究。经过酝酿，于2008年底进行了课题研究队伍和开题准备，2009年正式开题，研究历时16个月，于2010年12月形成了部分成果，具备结题条件。课题组通过高等职业技术教育研究会组织并依托60余所高等职业院校，按照现代服务业类型分组，选取市场营销、工商企业管理、电子商务、物流管理、文秘、艺术设计专业作为案例，进行技能人才培养培训模式研究，开展教学资源开发建设的试点工作。

《现代服务业技能人才培养培训方案及研究论文汇编》（以下简称《方案汇编》）、《现代服务领域技能型人才培养模式创新规划教材》（以下简称《规划教材》）既作为《现代服务业技能人才培养培训模式研究与实践》课题的研究成果和附件，也是人力资源和社会保障部部级课题《技能人才职业导向式培训模式标准研究》的研究成果和附件。

《方案汇编》收录了包括市场营销、工商企业管理、电子商务、物流管理、文秘（商务秘书方向、涉外秘书方向）、艺术设计（平面设计方向、三维动画方向）共6个专业8个方向的人才培养方案。

《规划教材》是依据《方案汇编》中的人才培养方案，紧密结合高等职业教育领域中现代服务业技能人才的现状和课程设置进行编写的，教材突出体现了“就业导向、校企合作、

---

① 课题来源：中国高等职业技术教育研究会，编号：GZYLX2009-201021

② 课题来源：人力资源和社会保障部职业技能鉴定中心，编号：LA2009-10

双证衔接、项目驱动”的特点，重视学生核心职业技能的培养，已经经过中国高等职业技术教育研究会有关专家审定，列入人力资源和社会保障部职业技能鉴定中心的《全国职业培训与技能鉴定用书目录》。

本课题在研究过程中得到了中国水利水电出版社的大力支持。本丛书的编审委员会由从事职业教育教学研究、职业培训研究、职业资格研究、职业教育教材出版等各方面专家和一线教师组成。上述领域的专家、学者均具有较强的理论造诣和实践经验，我们希望通过大家共同的努力来实践先进职教课程理念，构建全新职业教育教材体系，为我国的高等职业教育事业以及高技能人才培养工作尽自己一份力量。

丛书编审委员会

前言

作为21世纪世界新的经济增长点，现代物流产业是中国经济的朝阳产业，同时也是中国十大振兴产业之一。现代物流产业的快速发展对物流人才产生了迫切的需求，现代物流人才已被列为中国12类紧缺人才之一。调查数据显示，现代物流产业的发展最紧缺两类人才：一类是管理型的物流高级经理；另一类是技能型的物流一线人才。近年来，我国物流管理高等职业教育蓬勃发展，为社会培养了一大批高素质技能型的物流一线人才，促进了物流产业的发展。但是，高等职业教育培养的高素质技能型人才在实际工作中存在许多不足：普遍缺乏实际工作经验、动手能力不强、对工作流程掌握不够熟练等，职业能力优势没有得到很好的体现。

教育部《关于全面提高高等职业教育教学质量若干意见》（教高[2006]16号文）中明确规定，要加大课程建设与改革的力度，增强学生的职业能力。改革教学方法和手段，融“教、学、做”为一体，强化学生能力的培养。与行业企业共同开发、紧密结合生产实际的实训教材，并确保优质教材进课堂。

本教材是中国高等职业技术教育研究会项目《现代服务业技能人才培养培训模式研究与实践》子课题的研究成果，是积极按照教育部关于高职教育教学改革工作部署、深入进行课程改革的新成果。本书以强化学生的职业能力培养为目标，是校企合作共同开发基于工作过程的教学素材、实现“教、学、做”为一体的教学方法的改革。

本教材的特点有：

（1）基于工作过程的教学内容安排。

（2）采用“教、学、做”一体化的教学方法。本书设计了相应的实训任务，对应于教师课上所授内容，进行各小组的主题调查活动。教师教学活动与学生实践活动两条线同时进行，教师教学活动结束后，学生完成自己的调查作品，实现“教、学、做”一体化的教学方法。

（3）以全国大赛促进教与学的能力的提升。本教材引入了大量实际企业案例，让全国高职物流技能大赛成为促进教师教学水平和学生学习水平提升的动力，成为检验教师教学能力和学生学习能力的标准，让学生在更宽广的舞台上展示工作中的职业能力和职业素养。

本教材在编写过程中，与北京工业职业技术学院、天津滨海职业学院、深圳职业技术学院、辽宁农业职业技术学院的相关教师进行了深入交流，并广泛吸收了国内外优秀教材的成果，体现了全新的设计理念，语言通俗易懂，案例真实生动。正是由于本书定位明确、理论适中、项目真实，既注重经典理论和方法的介绍，又注重实践和调研能力的培养。因此，本教材既可作为高等职业院校物流管理专业的教学用书，也可以作为广大工商企业、调查咨询企业从业人员提高业务素质的培训教材。对于广大物流管理专业的学生和财经业界的朋友而言是一本非常有价值的参考书。

本教材由北京财贸职业学院信息物流系教师罗松涛任主编，孙林和从彦丽任副主编。其中，罗松涛编写了项目一、项目三和项目五，孙林编写了项目二和项目四，从彦丽编写了项目六和项目七。此外，书中的调查项目在实施过程中得到了北京烟草有限公司、中石化易捷便利店、北京烟草配送中心员工的大力支持和帮助，还有北京财贸职业学院物流管理专业学生的辛勤付出，在此向以上同志和同学表示衷心的感谢。

由于编者水平有限，本书难免存在不足之处，在此恳请广大读者提出宝贵意见，使本教材日臻完善。

编　者

2012 年 1 月

目　录

项目一　物流设施与设备概述

【学习目标】

通过对项目一的学习，应该达到以下目标：

1. 知识目标：掌握物流系统的基本要素。
   掌握物流设施与设备的分类和构成。
2. 能力目标：了解现代物流技术的特点。
   了解现代物流设施与设备的关系。
3. 素养目标：了解现代物流设施与设备的发展趋势。
   培养团队合作精神。

【案例引入】

北京烟草物流中心的设施构建

北京烟草物流中心成立于 2004 年 7 月，隶属于北京市烟草专卖局（公司），负责全市卷烟仓储和配送的运营工作。中心下设一室六部，即综合办公室、人力资源部、财务审计部、安全保卫部、工程技术部、仓储分拣部和配送运营部，现有职工 680 余人。中心位于北京五环和六环之间的通州区梨园镇九棵树西路，占地面积 50000 平方米，总建筑面积 31000 平方米，其中，主体楼建筑面积 25000 平方米，办公及附属用房 6000 平方米。

中心按照“一库式仓储分拣、接力式配送、低成本、高效率运行”的管理模式和“安全存储、准确分拣、及时配送、优质服务”的基本方针，采用先进的信息技术和自动控制技术实现了作业的现代化和管理的数字化。

仓储管理采用国际先进技术的自动化高架立体库，每小时可吞吐卷烟 3000 万支，能满足年吞吐量 700 亿支卷烟、平均存储量 20 亿支卷烟的储存要求，整个作业过程由计算机信息系统进行统一调度和管理，卷烟入库自动完成国家局生产经营决策系统的条码扫描，并在后续作业过程中对条码信息进行跟踪，实现了生产经营决策系统的应用延伸。

分拣系统采用国内领先、国际先进的自动备货和补货技术，在信息系统的统一调度下，按配送路线将卷烟分拣到零售户，系统的分拣能力可以达到每小时 1000 万支。自动备货系统属国内首创技术，将仓储和分拣环节合成一个有机的整体，实现了全系统的柔性连接，是北京烟草物流中心工艺设计的一大亮点。

到目前为止，中心已实现了对本市 18 个区县的统一分拣和配送，分拣送货量占全市总销量的 100%。中心设有指挥调度中心、计算机中心、电话访销中心，其中，指挥调度中心是物流中心的调度中枢和信息展示平台，实现了仓储管理、分拣理货、道路行驶、安全管理等可视化展示和实时指挥调度。

通过先进的地理信息系统和全球定位系统对配送车辆进行实时跟踪，可对配送线路进行定期或不定期的调整和优化，按照线路最短、时间最少、装载最多的原则，对运输距离 45 公里以内、占全市 70%的卷烟零售户实施直接配送，超过 45 公里范围的其他零售户（占全市 30%的卷烟零售户，占全市总销量 25%）设立配送转运站，采取接力式配送，确保 36 个小时的响应服务，实现低成本运营下的快捷、优质服务。

计算机中心是物流中心的神经中枢，是建设数字烟草的基础和保障。物流信息系统分为三个层次，底层为控制执行层，由高架库系统和分拣系统组成；中层为作业管理层，由仓储管理系统和配送管理系统组成；上层为决策指挥层，由综合查询、指挥调度、可视化展示组成。该系统通过“统一网络、统一平台、统一数据库”实现了与北京烟草专卖系统、营销系统、资金核算系统的数据共享和供应链全过程的管理。

【知识要点】

知识要点一　物流概述

今天，随着世界经济的高速增长和全球化的发展趋势，加之科学技术的突飞猛进，现代物流作为国民经济的重要组成部分正在全球范围内迅速发展。

物流系统中，人与设施设备的组织方式和管理技术被认为是企业在降低物资消耗和提高劳动生产率以外的“第三利润源泉”，是企业寻求成本优势和差别化优势的新视角，是企业竞争优势的重要来源。从系统的角度看，以系统工程的技术方法解决物流中存在的物流设施设备与人之间的问题就成了物流领域的主要热点。物流设施与设备并不是在物流中独立存在的，而是处于物流系统之中的。

一、物流系统的基本要素

物流系统是处于一定的物流环境之中，由若干个可以相互区别、相互联系而又相互作用的要素组成的，为达到物流活动的整体目的而存在的有机集合体。它由人、财、物三个基本要素组成，辅以信息、管理等其他因素而构成有机的整体。

（一）人

人是物流系统的核心要素，是物流系统的主体。人既是物流设施与设备的制造者，也是物流设施与设备的使用者。物流系统的规划、控制、管理、实施都是由主体（人）来完成的。

甚至可以这样说：人是企业持续发展的根本因素，缺乏合适的人或足够的人都将使物流系统无法正常运行。

（二）财（资金）

财（资金）是市场经济的血液，也是企业生存和发展的关键。商品交换是以货币为媒介实现交换的物流过程，资金流与物流有着同向或反向的运动（如图 1-1 所示）。物流实际上也是资金运动的过程，离开资金这一要素，物流活动就不可能实现。

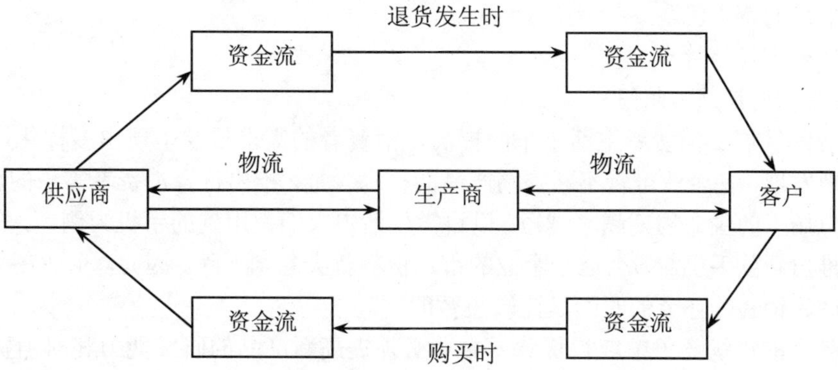

图 1-1 资金流与物流的流动

（三）物（物资与设施设备）

这时的物包括两个方面，一个是物流系统中的基础要素，物流劳动的对象，即物资；另一个是物流活动中的工具，即相关设施设备。

物资是生产企业在生产领域中流转的一切材料，包括原材料、零配件、燃料、半成品、成品、废弃物等。从企业角度看，物资是有实物形态的商品、货物，包括各种各样的生产资料和生活资料。物流活动的基本任务就是使物资发生位移和形态改变。因此，物资是组织物流系统运行的基础条件。每一个物流系统都通过专门设计，服务于特定物流环境和特定的对象，以便满足客户对商品、服务及相关信息的需要。

设施设备是物流劳动的场所和工具，是物流系统的物质技术基础。每一个物流系统都会按照自身的需求配备不同数量、质量、性能的物流设施设备，用于完成不同的物流作业。物流设施设备的技术含量直接反映着一个国家的现代化程度和技术水平高低，决定着物流作业效率和效果。物流系统的发展离不开物流设施设备的正确、合理配置与运用。物流设施设备管理是提高物流效率的根本途径，也是取得良好物流效益的关键环节。

（四）其他因素

1. 信息

信息对物流的影响力不弱于资金对物流的影响力。它是物流活动过程中各环节间的润滑剂，决定了是物流的方向、速度和数量。

2. 管理

物流系统不是一些要素的简单堆积，如何将各个支持要素连接起来并有效地协调、指挥各个要素，是每一个物流系统都要面对的问题之一。

总的来说，物流系统的活动表现为物流劳动者运用物流设施设备作用于物资的一系列生产活动。在物流活动中，人是物流系统的主体，人、物资和设施设备是物流系统不可分割的组成部分。物流活动不仅要利用物流设施设备，还要充分调动劳动者的主观能动性。物流设施设备的管理也包含对人的管理。

二、现代物流技术的特点

随着新世纪的到来，科技呈现出几何似的高速发展，社会经济对物流服务的要求越来越多、越来越高，使现代物流业产生了一些新的特点。在学习现代物流的特点时，我们首先应该把握住现代市场的特点。

（一）现代市场的特点

1. 产品生命周期越来越短

随着经济的发展、消费者生活水平的提高，消费者的需求日益呈现出多样化；同时，科技突飞猛进地发展，使企业可以不断提高产品的技术含量，推出符合消费者需求的新产品。而一个产品在市场上的生命周期越来越短，以日常生活中人们常用到的手机为例，一个企业如果三个月没有推出新款手机，那么这个企业的市场份额就会急剧下跌。因此，企业在某一产品上的研发、生产、销售等环节的时间是比较短暂的。

为了在激烈的市场竞争中取得优势，企业必须提高新产品的研发能力和对消费者需求的快速反应能力。否则，企业将在市场竞争中处于不利地位，甚至被淘汰。

2. 消费者对产品质量要求不断提高

企业对产品质量的管理涵盖研发、原材料采购、生产、配送等各个环节，一个环节出现问题，那么企业的质量管理就会前功尽弃。随着消费者对产品质量要求的不断提高，产品质量的内涵也在不断变化，为了在市场竞争中取得市场竞争优势，企业需要不断改善质量管理、提高产品的技术含量来提高产品本身的质量。

3. 为市场竞争企业需要不断降低成本

为使企业在市场竞争中取得优势，企业需要不断降低成本。成本的高低直接决定企业的利润和市场竞争地位。成本低的企业无疑对成本高的企业拥有竞争优势。对企业来说，在满足消费者需求的基础上，如何改善经营管理、不断地降低成本是一个永恒的主题。

4. 客户交货期的要求越来越高

海尔集团的总裁张瑞敏曾经说过："80 年代对企业来讲，制胜的武器就是品质，就是品质管理。到了 2000 年新经济时代，对企业来讲，制胜的武器就是速度。"这里的"速度"指的就是最快地满足消费者的个性化需求。用户不但要求厂家按期交货，而且要求的交货期越来越短。我们说企业要有很强的产品开发能力，不仅指产品的品种，更重要的是指产品的上市时间，即尽可能提高对客户需求的响应速度。

5. 企业必须不断提高服务水平

企业必须不断提高服务水平，增加经营弹性，满足客户的个性需求。消费者的需求不断呈现出个性化倾向，每个客户都有不同的个性化需求。以前，企业生产出产品供消费者选购，消费者的需求没有得到充分的满足。为满足消费的个性化需求，企业需要不断改进研发、生产等环节的弹性。比如在 DELL 电脑公司，客户可以通过互联网给 DELL 下单，让 DELL 按客户的特定需要为客户生产一台由客户自己配置、符合客户独特需要的电脑。

现代市场的这些特点使社会越来越重视物流的研究和发展。从物流的作业流程来看，物流的作业绩效直接影响企业的竞争力。首先，物流成本是企业总成本的主要构成部分，物流成本的高低直接影响着企业总成本的高低，而低成本是企业获得竞争力的主要来源之一。物流作业绩效的高低也直接决定了企业竞争力的高低；其次，物流作业的生产率也是决定物流成本的主要因素；最后，物流服务水平的高低也会使企业产生一定的竞争优势或劣势。

要提高物流系统的反应速度并降低物流动作成本，除了加强一般意义上的物流管理，运用各种现代技术也是一条必经之路。

（二）现代物流技术的特点

物流技术是物流活动中所采用的自然科学与社会科学方面的理论、方法、设施、设备、装置和工艺的总称。它分为软件和硬件两大类，软件包括目前物流中采用的 ERP 系统（企业资源计划）、EOS（电子订货系统）、GIS 系统（地理管理信息系统）、EDI（电子数据交换）及相关物流管理技术等，但在本书中主要介绍硬件——设施设备。

1. 物流技术发展历程

按物流系统采用的技术设备分，物流技术经历了三个大的时代、五个阶段。

第一代——原始物流时代（人工物流阶段）

这一时代持续的时间最长，从商品交换出现开始直至二战期间。这时的物流作业主要依靠人力或畜力作为动力，运用简单的工具进行推、拉、扛、举、驮。这是一种较为简单的物流作业，效率低，成本高。但即使在今天，最先进的物流系统中依然存在着一定的人工作业。

第二代——近代物流时代（机械物流阶段）

二战后，在物流作业中，各种机械设备得到了广泛采用。机械化设备能提升、放下、移动各种不同形态的货物，单次搬运量远超过人工作业，货物可堆码的高度也得到了提高，同样面积上货物的存储量大幅上升，物流作业效率显著提高

第三代——现代物流时代

现代物流时代以各种信息化手段的应用为标志，又可细分为以下三个阶段：

（1）自动化物流阶段。

自动化物流系统采用自动存储系统（AS/RS），应用自动导引车、搬运机器人、自动物流检测体系等先进工具。由于大幅减少了人工作业并运用自动输送系统和自动搬运系统，再次提升了物流传输速度和物流系统的效率。

特别是在 90 年代后期，互联网（Internet）以惊人的速度推广了电子商务，而电子商务的实施又必须以现代物流系统为保障。传统物流体系已成为了电子商务快捷服务的瓶颈，使电子商务不能体现出便捷的服务优势，相反却损害了客户关系。提供多功能化和一流的服务已成为电子商务下的物流企业追求的目标。

（2）集成物流阶段。

集成物流采用一个计算机中央控制单元，各个自动化物流单元在中央控制单元下协同工作。这种物流系统是在自动化物流系统的基础上进一步将物流系统的信息集成起来，使得从物流计划、调度、控制、输送、信息反馈等各个过程得到的信息能够通过计算机网络相互沟通。不仅物流系统中的各个单元能够相互协调，而且能使物流与进货、销售、生产的企业经营过程协调起来。

（3）智能物流阶段。

智能物流系统运用了大量人工智能技术，可以根据客户需求或对客户需求的预测自动生成物料和人力需求计划，核查库存数据生成订货单，规划并完成物流作业。如果发现企业库存不足，就自动修改物流计划，采购货物或补充生产。目前，这种物流系统的基本原理已在局部物流系统中得到实践，如表 1-1 所示。

表 1-1　物流技术发展历程表

时代	物流技术发展阶段	主要动力源	技术特征	实际应用情况
原始物流	人工物流	人力、畜力为主	人工作业，效率低，成本高	至今仍然广泛存在
近代物流	机械物流	机械动力，附以人力	机械设备得到了广泛采用，作业速度和效率得到提高	在大中型物流企业中得到广泛应用
现代物流	自动化物流	机械动力为主，附以信息技术	采用自动输送系统和自动搬运系统	已在大量的大型企业中得到应用
	集成物流		自动化物流设备在中央控制系统协调下共同工作	在国际大型企业中得到逐步推广
	智能物流		自动生成、修改相关物流计划	当前物流技术发展方向

2. 现代物流技术特点

将机械设备与信息系统结合起来的现代物流具有以下特点：

（1）主要物流环节由现代化物流设施设备完成。

现代物流系统均采用了半自动化或自动化的物流设备，人工仅为必要的补充或只起监管作用。典型的现代化物流设备得到了一定范围的应用，如自动化立体仓库、自动导引车（AGV）（如图 1-2 所示）、自动化机器人、传送带、悬挂式输送机等其他运输和搬运设备。

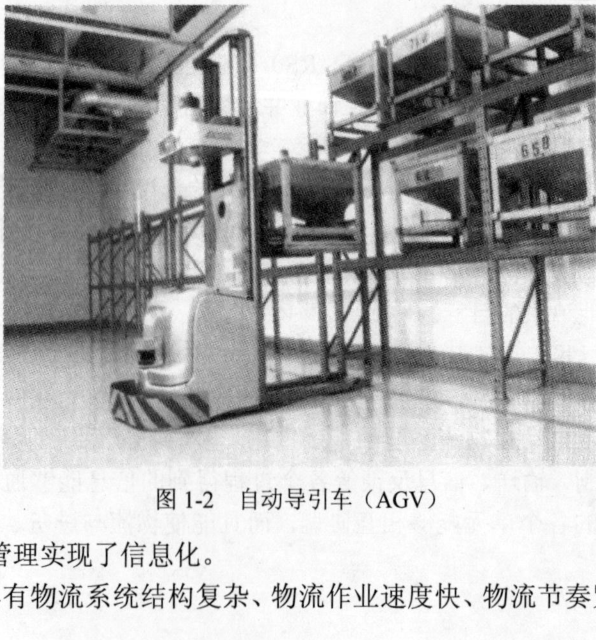

图 1-2　自动导引车（AGV）

（2）物流作业管理实现了信息化。

现代物流系统具有物流系统结构复杂、物流作业速度快、物流节奏紧凑、物流线路复杂、物流信息量大和实时性要求高等特点。传统的以主观经验制定物流决策的时代已经结束，物流企业需要运用信息化的技术对物流系统进行信息化改造，不仅要实现对自身物流系统进行动态管理与优化，同时还要通过计算机网络和供应链上的其他企业和信息系统实时联机，发送并接收信息，保证物流系统与生产制造系统、销售系统有机地联系起来，在供应链中实现信息共享。

（3）物流管理与设施设备系统化、集成化。

现代物流的结构越来越复杂，物流节点多、线路长、涉及面宽、规模大。以电子商务活动中的物流为例，电子商务的服务对象比传统物流下的客户分布广泛得多，数量大得多。传统物流系统之间是相互独立的，设备落后，搬运效率低下，生产和销售系统的效益均受到物流系统的制约。物流与生产、销售系统相互独立，难以共享信息。

现代物流则将所有物流相关系统有机地联系起来，结合成一个整体，从系统化、集成化的角度出发，设计并改进物流系统，整个系统的工作效率和效果都得到了明显提高。

知识要点二　物流设施与设备的构成

一、物流设施与设备的概念

物流活动是物流各个功能的实施与管理过程，它由包装、搬运（装卸）、运输、储存、配送、流通加工等环节构成。物流活动的实现需要相应的劳动场所和劳动工具（手段），而这些劳动场所和劳动工具（手段）就是物流设施与设备。

物流设施与设备是指进行各项物流活动所需的场地、建筑物、器具、电子机械设备等可供长期使用、并在较长的使用时间内基本保持原有实物形态的各种物质资料和建筑。它包括种类建筑物、装卸站台等物流基础设施，也包括传送带、叉车等机械装备。

一方面，物流设施与设备是组织物流活动的物质技术基础，也是现代化企业合理组织批量生产和机械化流水作业的基础，决定着企业物流能力的大小。因此，各类企业均对技术先进、价格合适的物流设备具有极大的需求；另一方面，随着经济与科技的发展，装备制造业与建筑业也有了长足的发展，为企业获得物美价廉的物流设施与设备提供了可能性。

物流设施的种类较多，技术要求繁复，而且每个企业均有自身独特的需要，这使得物流设施的建设多采用单独设计。同样，物流设备的种类也十分繁杂，品种、型号、规格较多，性能各异。特别是机械、电子及信息技术有机结合而组成的物流系统，是实现物流机械化、自动化、柔性化，智能化的基本保障。

二、物流设施

任何一项生产经营活动都必须有一定的活动空间，物流活动也不例外，物流设施就是物流活动的空间，它贯穿了物流全过程，涉及各个作业环节，主要有以下几大类。

（一）物流基础性设施

（1）物流网络结构中的枢纽性节点：包括大型交通枢纽，如铁路枢纽、公路枢纽、航空枢纽港、水路枢纽港，也包括国家级战略储备中心、辐射性强的物流基地等。

（2）物流网络结构中的线：铁路、公路、航道、航线、管道等。

（3）物流基础信息平台：为企业提供基础物流信息服务，如交通状况信息、交通组织与管理信息、城市商务及经济地理信息等，可供各个企业共享物流信息，提供物流宏观管理决策支持等。

这类设施多为公共设施，是宏观物流的基础，主要由政府或大的财团投资建设。

（二）物流功能性设施

（1）以储存为主要职能的节点：如储备仓库、营业仓库、中转仓库、货栈等，物资在这种节点上停滞的时间较长。

（2）以组织物资在系统中实现位移为主要职能的节点：如流通仓库、流通中心、配送中心、流通加工点等。

（3）物流系统中的载体：包括货运车辆、货运列车、货运船舶、货运飞机、货运管道等。

这类设施有的是企业自有，但大多数是被第三方物流企业所拥有，是物流社会化服务的主要组成部分。

三、物流技术装备（物流设备）

作为物流活动的工具，物流技术装备是必不可少的。

（一）物流技术装备分类

按照设备的不同功能，可以将物流技术装备分成以下几大类。

1. 运输机械设备

运输是物流活动的核心，通过运输活动解决了供给和需求之间空间的分离，使物流的各环节有机地联系起来，物流的目标得以实现。可以说，稳定可靠、灵活快捷的运输是物流系统成功运作的关键，没有运输，就没有物流。由于运输在物流中具有核心地位，使得对运输设备有相当高的要求，要求运输设备能快速、高效、安全地完成运输作业，降低运输成本。

运输机械设备是指用于较长距离移动货物的机械装备。根据运输方式，运输机械设备可分为货运汽车、货运火车、货运船舶、货运航空设备、管道运输设备等。

2. 连续输送机械设备

连续输送机械设备是按照规定路线连续或间歇地运送散状物料或成件物品的搬运装置，是现代物料搬运系统的重要组成部分。主要有带式输送机、埋刮板式输送机、斗式提升机、螺旋式输送机、气力输送机、空间输送机械及悬挂输送机、架空索道等其他输送机械。

3. 搬运（装卸）机械设备

在物流系统中，搬运（装卸）作业是一个重要环节。在采购→生产→客户的全过程中，各种物资要经过多次周转，在经过一个流通终端更换一种运输方式时，经常都需要搬运（装卸）作业。搬运（装卸）作业耗费的人力、物力和财力在整个物流过程中均占有较大的比重，特别是不当的搬运（装卸）极易造成货损率的升高。因此，搬运（装卸）的合理配备是完成搬运（装卸）作业的基本保证。

搬运（装卸）机械设备是指将各种物品提升、下降、移动或放置于需要的位置，进行短距离输送的机械设备。它是物流系统中使用频度最大、数量最多的一类机械设备，主要配置在厂房、储存中心、配送中心、物流中心、车站货场和港口码头等。主要有起重机械、叉车、单斗车、自动导引搬运车等。具体来说，有叉车、千斤顶、自动导引搬运车（AGV）、电动搬运车、葫芦式起重机、桥式起重机、悬臂起重机、装卸桥、牵引车、手推车等。

4. 集装箱装卸专用机械

集装箱运输和多式联运是未来物流长距离运输的重要发展方向，货物装入集装箱后，可实现储存、搬运（装卸）、运输、包装一体化，便于物流作业的机械化和标准化。主要有各种集装箱吊具、集装箱正面吊运机、岸边集装箱起重机、集装箱龙门起重机和其他集装箱装卸机械等。

5. 仓储机械设备

仓储在物流活动中的各个环节里都是一个客观存在，它在物流系统中起着缓冲、调节、集散和平衡的作用，甚至发展成了物流的节点，是物流的另一个中心环节。它的基本内容包括储存、保养、维护、管理等活动。企业需要根据自身的实际需要，按照周转量、存储时间、货物的种类及相关自然条件等合理配备仓储机械设备。

仓储机械设备是指在仓库中进行生产和辅助生产作业，以及保证仓库和作业安全所必须的各种机械设备的总称。它包括各式托盘、堆垛机械、货架、自动导向车、室内搬运车、分拣设备、堆垛机器人等，甚至也包括计量设备、商品保养和检验设备、机械维修设备、安全消防设备等辅助设备。

6. 流通加工与包装机械设备

流通加工是指物品从生产地到使用地的物流过程中，根据客户的要求对产品施加包装、分割、计量、分拣、加标识、栓标签、组装等简单作业的总称。而包装是为在流通程中保护产品、方便储存、促进销售、按一定技术方法采用的容器、材料及辅助物等的总称，也包括为了达到上述目的而进行的操作活动。

流通加工机械设备是用于完成流通加工任务的相关专用机械设备，如金属加工机械、搅拌混合机械、木材加工机械及其他流通加工设备等。

包装机械设备是指用于完成全部或部分包装过程的有关机器设备，如充填机械、罐装机械、捆扎机械、裹包机械、贴标机械、封口机械、清洗机械、真空包装机械、多功能包装机械等及包装生产线。

（二）物流技术装备的基本结构

物流技术装备一般都是由大量零部件组装而成的，各种物流技术装备的性能、用途和结构各不相同，从结构性能上看，一般有以下四个基本组成部分。

（1）驱动部分。驱动部分为装备提供运转的动力，实现设备正常运行。常用的驱动装置有电动机、内燃机。

（2）传动部分。传动部分是将驱动部分产生的动力传给机械设备工作部分的中间装置。常用的传动方式有机械传动、液压传动、液力传动、气力传动、电力传动等。

（3）工作部分。工作部分是物流技术装备直接进行工作的部分，如各种起重机的吊钩部分、叉车的货叉部分、飞机的货舱、载货汽车的车箱等。

（4）控制部分。控制部分是物流技术装备中为了监控作业、减轻劳动强度而设置的控制器或控制台。现在，电子装置或计算机作为控制器已较为普遍。

（三）物流技术装备的基本功能

物流技术装备在物流过程中得到使用是因为它具有使用价值，能实现不同的物流作业。

1. 完成特定（某种）工作

这一功能是物流技术装备的基本功能，每一种物流技术装备都是为了完成某种特定的工作而存在的。例如，起重机提供对重物提升、下降、平移等功能，完成对货物的搬运（装卸）；叉车通过对货叉的调换可以处理不同外形的货物；货运汽车提供远距离运输等。

2. 组合成生产线或物流系统

物流技术装备按一定的组织方式，可以组合成具有不同特性的生产线或物流系统。

为了完成一系列物流活动，需要将多种物流技术装备组成物流机械系统，如包装生产线，即可由全自动包装线（如图 1-3 所示）、滚筒包装线（如图 1-4 所示）及歪头板链线（如图 1-5 所示）等多种机械装置共同组成。此外，如自动分拣系统、自动传输系统等也是由多种不同机械设备组合而成，用以完成特定作业的物流系统。

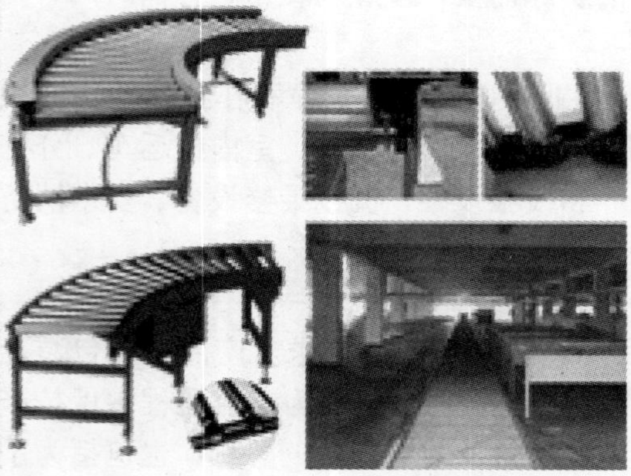

图 1-3　全自动包装线

图 1-4　滚筒包装线

图 1-5　歪头板链线

3. 可以对商品进行深加工

物流加工装备可以根据用户需要改变商品的形状和尺寸，方便流通，进行深加工。如在钢材的物流过程中，物流部门可以使用切割机械根据客户的要求对板材进行切割。

知识要点三　物流设施设备管理

现代物流不断把现代科技的各种最新技术应用于物流设施设备的建设与管理中，而对物流管理来说，其核心就是如何用好和管好各类物流设施设备。

一、物流设施设备管理的概念

（一）物流设施设备管理的概念

物流设施设备管理是指根据企业物流经营目标，结合企业自身的技术特征，通过有效地组织企业资源，运用多种技术、经济和组织方法，对物流设施设备进行选择、配置和维护，保证物流设施设备的正常有效运行，以实现物流活动的既定目标的过程。它是从设施设备的计划开始，对研究、设计、制造、检验、购置、建造、安装、使用、维修、改造、更新直至报废的全过程管理，是一项兼有技术、经济、业务三方面的技术管理工作。

（二）物流设施设备管理的目的

物流设施设备管理不仅要保证设施设备的正常运行，而且要通过管理取得最佳的固定投资效益，即在合理配置下，充分发挥设施设备的运行效率，谋求合理的使用寿命，使物流活动能够经济有效地开展。要达到这一目的，管理者要做好以下几个方面。

1. 物流设施设备的合理配置

物流设施设备的配置并不是数量越多越好、容量越大越好、性能越高越好、技术越先进越好，而是要有针对性地结合企业所处的物流环境对设施设备进行考查、设计、选择和建设。其核心是提高企业的生产效率和经济效益，特别是经济效益。如一些国际知名企业，在美国等发达国家和地区已实现了高度自动化、信息化，然而它们到中国设厂、设置采购中心、建立物流中心时却仅应用了一些较为原始的设施设备，甚至大量使用人力，但它们仍然取得了较为可观的经济效益。相反，我国部分企业不顾自身的条件，一谓地追求性能和技术，结果得不偿失，反而蒙受了高额的经济损失。

2. 物流设施设备的有效使用

物流设施设备在选择、建设完成后，企业的主要问题是如何充分发挥其效率。这要求企业采取一系列措施进行综合管理，保持设施设备的正常状态，通过维护保养、改造、更新等方法，保持设施设备工作性能的稳定，在一定程度上提高它们的性能，改善原有设施设备之间的配合能力，充分发挥它们的效能，最终实现物流效率和效益的提高。

3. 物流设施设备的恰当改造和更新

由于所处的物流环境在不断变化，因此，物流企业在物流设施设备配置完成后并不是一劳永逸，而要根据环境变化不断调整配置，如适当扩大物流能力、逐步增添物流机械等。更为重要的是本着效率与效益相结合的原则，对现有设施设备进行必要的技术改造和更新。

二、物流设施设备管理在企业管理中的地位和作用

（一）物流设施设备管理在企业管理中的地位

由于物流设施设备是现代企业固定资产的有机组成部分之一，特别是对于港务、仓储、交通、流通等部分企业来说，物流设施设备是他们主要的生产工具。因此，其管理水平将直接反映出企业的经营水平，影响到企业的成本和利润，是企业管理的重要组成部分，但要注意的是，企业管理的目标决定了物流设施设备管理的目标。在个别情况下甚至会出现暂时牺牲物流设施设备管理的情况，如企业为完成某些目标而让物流设施设备超负荷运转等。

（二）物流设施设备管理的作用

1. 有助于保证物流活动的有效运行

为了防止设施设备技术性能的劣化（如磨损、腐蚀和老化）导致的效率下降，甚至系统瘫痪，企业需要制定有效的管理制度，遵循设施设备的管理规律，做到正确操作、精心保养、实时监控、科学改造，保持设施设备的良好工作状态，使物流系统连续、稳定地工作。

2. 有助于提高企业整体经济效益

企业通过不断调整的资源组合，以价格、服务、质量等优势来占领市场。而这些方面又都依赖于固定资产——物流设施设备的使用。价格由成本决定，这就要求物流设施设备能高效运转；要提高服务水平，要求设施设备的故障率低、配置合理；提升质量则要求设施设备运用合理。只有加强了设施设备的管理才能达到经营管理的目标，提高物流经济效益。

3. 有助于维护企业的品牌

物流设施设备的故障极有可能导致订单或预定服务无法如期完成，直接影响到企业的客户服务水平；而且有时部分物流设施设备的使用还会涉及公共场所（如交通运输车辆等使用不当会造成人员、财产的损失），对企业品牌形成负面影响；使用过程中产生的污染也是全社会关注的重点。哪怕是偶然的一次事故，也可能会严重损害企业形象。

4. 有助于减少安全事故，降低货损率

物流设施设备的不当管理是大多数事故产生的主因。为此，在管理中除了保障设施设备的高效运转外，还要采取必要的措施来保障人员和货物的安全。例如，在起重装置上可以安装必要的超载限制器、安全栅栏等防护装置。同时，也要对有关人员进行必要的培训，促使他们严格遵守操作规范。

三、物流设施设备管理的特点

1. 技术性

物流设施设备管理大量应用了机械、电子、光学、纳米、光电、计算机等技术，缺乏必要的知识将无法进行管理；监控、诊断、维护技术也需要运用到可靠性工程、摩擦磨损理论、表面工程、修复技术等专业技术知识。一定的综合技术水平是物流设施设备管理的基础。

2. 综合性

现代物流设施设备包含了多种专业技术的应用，是跨学科的综合结晶。管理内容涉及了工程、财务、人力资源、组织管理等多个方面。管理过程覆盖了设施设备的整个生命周期。管理涉及物资准备、设计制造、计划调度、劳动组织、质量控制、经济核算等诸多业务。

3. 全员性

物流设施设备管理要求建立从高层管理者到现场操作人员都积极参与的全员管理体系。如戴姆勒·克莱斯勒、大众、福特、宝马、邓禄普、摩托罗拉、卡夫、柯达、博世、西门子等跨国企业均推出了全面生产维修（Total Productive Maintenance，TPM）的管理模式。

4. 预见性与随机性

许多物流设施设备的故障既有预见性，又有随机性。凭借设施设备的结构和使用经验，管理人员可以预见到常见故障范围与常规维护对象，如车辆的轮胎、内燃机的火花塞等。但也有一些故障是不可预见的，带有随机性质。对于这类故障，管理人员必须具备应变能力，做到信息渠道畅通，物料准备充分，维护人员精通技术并随叫随到。

四、物流设施设备管理任务

物流设施设备管理任务是由企业管理目标决定的。一般来说，物流设施设备管理的主要任务是充分发挥物流设施设备的效率与效益，使企业获得最佳的经济收益。

1. 制定物流设施设备综合管理规划，建立有效的管理机制

企业要制定设施设备的长期管理规划，并酌情制定阶段管理目标，如年、季度、月、旬等物流作业目标和维护、改造、升级计划。还要制定合理的规章制度，形成有效的管理体制。

2. 合理配置物流设施设备

要根据企业所处情景对设施设备进行全面的技术经济评价，为企业提供（制造、购置、租赁等）最优的设施设备。做好设施设备的综合规划，对在用和需用设施设备进行研究和综合平衡，制定科学合理的购置、建设、分配、调整、修理、改造、更新等综合性计划。

3. 做好物流设施设备的日常管理

企业需要强化对物流设施设备的日常规范操作，做到正确使用、精心维护、及时检修、安全作业、适时改造更新，以较低的费用保证设施设备始终处于最佳的工作状态。

4. 根据企业经营状况，适时进行技术改造

物流系统初步建成后，往往要有一个磨合的过程，在这个过程中，有可能会发现设施设备的一些优缺点。企业针对发现的问题要进行必要的攻关和改造，以充分发挥设施设备的潜力，提升工作性能，提高工作效率。随着企业经营的发展，企业也会对设施设备提出新的要求，管理部门需预先筹集资金，及时做好设施设备的更新改造，满足生产需求。

5. 做好相关的人力资源管理

相关的管理、操作、维护人员必须具备各种专业技能，而不断进行的技术改造对这些专业技能的要求也越来越高，因此，有效的人力资源管理是设施设备管理的技术保证。

6. 实现设施设备寿命周期与维护费用的最优化

理论上投入的维护费用越多，设施设备的寿命周期延长的可能性越大，但出于综合效益的考虑，企业不会无限地投入维护费用，而是要在故障、更新、维护上寻找合适的平衡点。

7. 应用现代科学管理手段

为了提高管理效率和质量，信息技术在物流中得到了广泛应用。利用信息系统可以快速、高效地完成设施设备的监控，数据报表资料的统计和分析，各种计划的自动编制，如维修记录、故障状况、停机占时、修机工时、维修费用、备件库存等均可实现智能化处理。

五、物流设施设备管理的主要内容

物流设施设备管理是对设施设备从建设、选购、保养、改造到更新的全过程管理。

1. 物流设施设备的技术管理

技术管理主要包括：设施设备的规划、研制、建设、选购、安装、调试；合理使用、维护、检修；状态监控与技术诊断；安全和事故管理；配件、技术资料、档案管理等。

2. 物流设施设备的经济管理

经济管理主要包括：设施设备投资效益分析、资金筹措方式（如租赁）、资金使用的监控；设施设备会计、库存、年终盘点等资产管理及设施设备更新等。

3. 物流设施设备的组织管理

组织管理主要包括：人员的选拔、聘用和培训；有关管理制度和规范的制定；相关管理监控及考核指标等。

设施设备管理的这三个内容是紧密联系的有机整体。其中，技术管理是基础，经济管理是目的，组织管理是手段，三者的完美结合才能实现企业物流管理的目标。

知识要点四　物流设施设备的使用

一、物流设施设备使用管理的基本要求

物流设施设备的使用是指在正常的工作环境下，物流设施设备能正常运行，进行物流作业，并充分发挥设计能力的工作过程。使用的基本要求包括：保持设施的良好状态，降低故障率；正确使用设施设备，进行优化组合，充分发挥它们的功能和效用；安全、优质、高效、低耗、环保地完成物流作业，达到最经济高效的运行状态；提高职工素质，推动技术进步。

二、物流设施设备的使用管理内容

物流设施设备的使用一方面指要实现技术合理，即按有关管理规定和技术条例（如性能说明书、使用说明书、操作规范、安全手册、维护及保养规定等）正确使用物流设施设备；另一方面要实现经济合理，充分合理地发挥设施设备效能，以实现最高经济效益。

（一）物流设施设备使用管理的衡量

衡量物流设施设备使用管理的水平可以从以下三个方面来考查。

（1）效率。物流设施设备使用管理必须使其作业能力得以充分发挥，尽量避免出现低效运行状态或停工情况，这是衡量的基本指标。

（2）经济。经济性是衡量的关键性指标，针对不同的物流设施设备和不同作业性质，企业应有对应的成本控制指标。如在月台作业的起重机与库房内的叉车等均要制定相应的成本控制指标。

（3）养护。物流设施设备在正常使用过程中不可避免地会发生磨损和老化。但对于那些非正常使用造成的磨损和老化则可通过管理予以预防，并通过必要的维护手段减少磨损、推迟老化。

除以上三个方面外，物流设施设备使用管理还应就物流作业设计、专业人员培养和运行管理等多方面加以考虑。找出企业现存的问题，寻求有效的解决办法。

（二）物流设施设备正确使用的注意事项

企业要合理地安排作业负荷，针对不同设施设备的性能、结构、效率、使用范围、工作条件和能力等差异确定合理的设备利用率。同时要健全组织保障体系，全体员工从上至下都应树立正确的使用观念，做到管理的人人参与。还应强化操作规范，操作人员必须做到“四懂四会”，即懂性能、懂结构、懂原理、懂用途；抓好“5S”管理活动，即整理、整顿、清扫、清洁、素养五方面的考核评比；实现会使用、会维护保养、会检查、会排障。企业也要做好技术保障工作，及时提供符合要求的燃油、润滑油、液压油、备品配件等物料。

（三）物流设施设备管理的主要内容

1. 物流设施设备使用的初期管理

在物流设施设备投入使用的初始阶段，由于存在摸索和适应的过程，常会发生一些意想不到的问题。为了尽快度过这一阶段，必须进行合理的初期管理，主要包括以下四个方面：

（1）人员培训。对物流设施设备的操作、管理和维护等相关人员进行必要的和适当的技术培训，特别是要及时解决他们在工作中遇到的问题，可要求供应商提供必要的技术支持。

（2）调整运行。物流设施设备建设或安装完成后，要对各个部分及整体进行全面检测，在没有发现问题的情况下可试运行，再对运行中获得的技术参数分析，寻找潜在问题，进行合理改进。

（3）初运行记录。为了便于与以后的技术参数作比较，要做好使用初期的运行情况、使用条件、工作范围、工作量、工作时间、故障或事故、设施设备损伤等方面的详细记录。

（4）评价与反馈。对物流设施设备使用初期的状况进行技术经济分析，做出评价分析，并及时向有关部门反馈，主管部门可针对具体情况采取必要的措施，如调整配置方案、向供应商索赔等。

2. 建立管理制度

物流设施设备使用管理需要建立相应的管理机制，这要求企业制定好管理制度。

（1）“三定”与“五定”责任制。

定人、定机、定岗位责任，简称“三定”责任制，在此基础上加上定时、定量，则为“五定”责任制。责任制把设施设备和具体操作人员相对固定下来，使设施设备的使用、维护和保养的每一个环节、每一个项目都落实到具体的个人，明确责任和义务。通过定时、定量实现设施设备的定时检查，定量添加物料。这种体制可促使操作人员熟悉物流设施设备的特点，熟练掌握相关技能，做到正确使用、正确维护，实现人机结合，预防和解决故障，保证作业安全。

（2）交接班制度。

不少物流设施设备实行 24 小时连续运转，按多班制工作。因此，要建立严格的交接班制度。交接时，交接班双方都要全面检查，交接清楚，由交方填写交接记录，接方核对后签收。做到“五交、三不交”。“五交”是：交生产和工作情况，交运行和使用情况，交不安全因素、预防措施和事故的处理情况，交三级过滤情况，交跑冒滴漏情况。“三不交”是：遇到事故没处理完不交，问题不清楚不交，卫生不达标不交。

（3）“无证不上岗”制度。

部分物流设施设备要求做到持证上岗，如叉车就有相应的叉车证，没有叉车证就不充许操纵叉车。否则极易导致安全事故，造成人员财产的损伤。

（4）岗位责任制度。

岗位责任制主要包括：严格遵守“三定”与“五定”责任制、“无证不上岗”制度、操作维护规程；设施设备的检修、验收制度；禁止违章作业，抵制违章指挥；发生事故的应急处理办法等。

（5）使用监控制度。

为了保证设施设备的正确使用，应制定切实可行的监督检查制度，对相关人员进行定期考评，实行“三级四检”。“三级”是指公司、车间、班组对设施设备的三级检查；“四检”是指公司内部的月检、车间的周检、设备专业管理人员和维修工的日检、岗位操作人员的点检。

3. 物流设施设备的日常维护与使用管理

（1）物流设施设备的保养。

要使物流设施设备处于完好状态，除了正确使用之外，还需要做好维护保养。这要求量化设备维护保养指标，确立工作标准和考核机制，加大考核力度。有的企业使用“五率”来体现，即“完好率、泄漏率、故障率、保养达标率、运转率”，以生产计划的形式下发到各部门。指标量化后围绕强化设施设备的保养制定了保养工作标准，工作责任制，事故责任追究制，建立班组、车间（处室）、公司“三级”考核体系。

由于物流设施设备的结构、性能、使用方法和技术特征不同，因此相应的具体维护内容也不完全一致。目前部分企业实施了三级保养制度，对物流设施设备的维护由日常维护保养、一级保养（月保）、二级保养（年保）组成。企业可以根据具体情况决定相应的保养周期。

（2）物流设施设备的点检。

点检是对影响设施设备正常运行的一些关键部位进行经常性检查和重点控制的方法，分为日常点检、定期点检、专项点检等。进行设施设备的点检能够减少维修工作的盲目性和被动性，及时发现故障隐患并予以消除，有利于节约各种费用，提高总体效益。

4. 物流设施设备的故障管理

故障是指物流设施设备的零部件、元器件、机构或系统等在使用过程中丧失或降低其设计的功能，直至无法运行的现象。一旦发生故障，轻则降低作业效率，重则中断物流活动

故障的产生原因多种多样，如设计缺陷、制造质量、使用环境、日常保养、人员素质、老化、磨损等。掌握故障发生的规律可以有效地减少甚至避免故障的发生。

（1）故障规律。

故障规律是指物流设施设备故障在使用过程中的发展变化规律。设施设备的典型故障曲线形似浴盆，被称为“浴盆曲线”（Tub Curve），如图 1-6 所示。故障率的变化分为三个阶段，如表 1-2 所示。

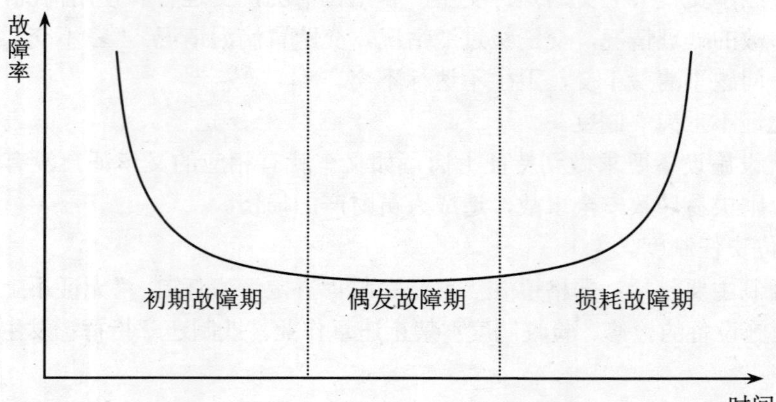

图 1-6 设备故障率变化趋势图（浴盆曲线）

表 1-2　故障率的变化表

阶段	时期	故障率	故障的原因
第 1 阶段	初期故障期	较高	设计、建设和安装上的疏忽，质量欠佳及操作的不协调
第 2 阶段	偶发故障期（稳定阶段）	较低	维护不佳、操作失误而偶然引起
第 3 阶段	损耗故障期（磨损阶段）	快速上升	零部件老化

（2）物流设施设备的故障管理内容。

物流设施设备的故障管理主要包括以下几个方面：

① 掌握异常信息。开展设施设备的实时监控和故障诊断，利用感官诊断与诊断设备相结合的原则，掌握关键部位和易产生故障的部件、系统的异常现象及故障征兆，如振动、噪音、温度变化等。

② 收集故障资料。收集设施设备故障的各种资料，及时、准确、完整地记录下来并分析总结，作为技术档案存档。所需收集的资料包括：专业图书、杂志等刊物的故障报道；故障发生的所属部位和部件；故障原因；修理时间、内容、材料、费用、损失等。

③ 信息处理，寻找规律。运用数理统计等理论方法，辅以 SPSS 等专业软件进行数据记录和处理，制作统计图表，寻找故障原因，发现故障规律，以制定故障的处理办法和防范措施。

④ 故障处理与信息反馈。由技术人员针对故障现场的实际情况，参考积累的有关经验和资料，寻找故障原因，进行故障处理，并及时向有关部门反馈。

（3）物流设施设备故障管理程序。

① 操作人员负责故障的记录、统计、分析，并与技术人员共同寻找排障的方法。

② 从本企业物流作业特点、设施设备技术特征和实际使用状况出发，确定重点管理对象，进行设施设备的 ABC 分级管理。

③ 采用监测仪器和诊断技术，对重点设施设备进行有计划的监控，及时发现故障征兆和有关信息。

④ 建立故障处理逻辑程序。

⑤ 分析设施设备故障频率、平均故障间隔期、设施设备动态以及故障重复发生的原因，找出故障规律，以便预防。

⑥ 建立故障管理体系，确定故障管理的合理程序。

⑦ 针对故障情况采取相应措施。

⑧ 对重复发生的故障进行重点研究，采取必要的预防措施以降低故障率。

5. 物流设施设备的修理管理

修理是对由于意外、磨损、老化等造成无法正常工作的设施设备进行的修复工作。修理包括修复和更换部件，使设施设备恢复必要的技术和使用性能，发挥正常物流功能。修理按是自然的有形磨损还是事故性损坏，分为正常修理和非正常修理。

（1）物流设施设备的修理方式。

物流设施设备的修理方式有三种：①事后修理，指设施设备发生故障后，再对其进行修理；②改善修理，指根据故障记录和状态监测的结果，在修复故障部位的同时改进性能或局部结构，根除故障根源；③预防维修，根据设施设备的技术特征、工作环境、零部件及控制系统的工作状况，编制修理计划，定期或不定期进行维修作业。

（2）物流设施设备的修理类别。

物流设施设备的修理按其范围、内容、要求、工作量等因素，一般可分为大修、项目修理和小修。大修是指工作量较大的全面修理；项目修理（项修）是指设施设备结构中的某部位已经劣化到无法使用的程度，对这一部位进行有针对性的修理；小修是指工作量较小的修理。

（3）物流设施设备的修理计划。

物流设施设备的修理计划是按预先制定的计划对设施设备进行维护、检查和修理，以预防故障，保证和延长使用寿命。修理计划按修理时间间隔，可分为年度、季度、月度计划等。编制修理计划时应优先考虑重点设施设备的修理；合理应用新工艺、新技术、新方法，在修理的同时适当改善设施设备的性能；在保证修理需求的前提下，尽量减少作业停止时间和相关修理费用。

知识要点五　物流设施与设备的发展趋势

一、国际物流设施与设备的发展现状

随着社会经济的快速发展，物流科学得到了前所未有的发展机遇，与此同时，物流设施设备也得到了相应的发展，取得了许多重要的成果。物流设施设备领域中的许多影响深远的新技术不断涌现，如高速铁路、超音速大型货机、大型集装箱拖车、高层自动化立体仓库、高架叉车、高速分拣机、各式输送机、自动导引搬运车（AGV）、四向托盘等，大大加快了物流速度，减轻了物流劳动强度。

搬运（装卸）机械设备的发展可谓突飞猛进。大型起重机、自动传输机、自动分拣线、自动上下料机械及智能型装卸堆垛机器人等性能强、速度快、效率高的自动化物流设施设备的应用提高了搬运（装卸）中设施设备相互间的协调性，极大地推进了全球物流业的迅速发展。自动导引车系统的变化更大，它采用先进的驱动技术、新型的导向技术和控制系统、优化的线路网络布置技术，逐步实现智能化、自动化作业。

据粗略统计，目前全世界自动导引车系统的保有量为15000套以上，拥有10万台左右的自动导引车（AGV）。目前，起重机械大型化的发展势头也十分强劲。世界上浮游起重机的最大起重量已达6500吨，最大履带起重机的起重量为3000吨，最大桥式起重机的起重量为1200吨，堆垛起重机的最快运行速度达240米/秒。

各式汽车、火车、船舶、航空运输设备、管道运输设备等广泛地应用于货物的运输中。从过去的客货混载发展到客货分载，从通用运输设备到某一类货物的专门运输设备，如冷藏集装箱船、公路铁路两用集装箱拖车、集装箱平车、冷藏车、液化气船、水泥搅拌罐车、散货船、超大型油轮等。

随着经济全球化的发展，国际货运量成爆炸式上升，为了满足激增货物运量，提高物流规模效益，各种大型运输设备不断涌现，目前最大的油轮载重量已达到56.3万吨，矿石船载重量也已达到30万吨左右。1989年，南非在860公里长的赛申——萨尔达尼亚线上成功运行了一列装载了71600吨矿石的列车，刷新了列车重载运输的世界记录。

沃尔沃公司（Volvo）研制并投产了载重量超过50吨的货运汽车。管道运输的大型化体现

在大口径管道建设，目前最大的口径为1220毫米，年输油量高达1.4亿吨。这些运输方式的大型化基本满足了基础性物流需求量大、连续、平稳的特点。物流服务的供应商对上游和下游的物流及配送需求的反应速度、配送间隔、货物周转次数等各方面均要有更高的水平，这要求运输设备必须提高营运速度。因此，高速化运输设备得到了快速发展。

目前，运营的高速列车的最大商业时速已达300公里/小时至350公里/小时。瑞典和意大利等国开发出的摆式列车的商业时速已达200公里/小时至250公里/小时，中德合作的上海磁悬浮铁路试验段的商业最高运行时速已达431公里/小时。随着各项技术的逐步成熟和经济发展的需要，高速铁路最终将会取代普通铁路。

在公路运输中，各国都在努力建设高速公路网作为公路运输的干道。航空运输中，双音速（亚音速和超音速）民用飞机正在研制之中。在水运中，水翼船时速已达70公里/小时，气垫船的时速可超过100公里/小时，而飞翼船的时速则可达到170公里/小时，时速在400公里/小时至550公里/小时的地效飞行器也已初步实验成功。

从世界各国的物流设施设备的发展来看，美国是世界上现代化物流技术装备的发展先驱，而欧洲是目前高精尖物流设施设备的主产地和研发地。日本在学习美国先进经验的基础上，也形成了具有独具特色的物流设施设备产业。

在美国，物流设施设备企业都设立了专门机构从事物流技术研究，致力于改善物流设施设备。大部分公司在货物运输、搬运（装卸）、储存过程中都广泛采用了先进的自动化物流设备，实现了仓储、分拣和配送自动化。仓储作业普遍采用了高层货架、自动搬运工具、自动装卸机械等设备。港口码头的货物装卸普遍实现了集装箱化，有效压缩了装卸时间，提高了装卸效率。

在日本，一般物流中心都使用大型自动化立体仓库，使用巷道堆垛机装卸货，在计算机的控制下实现快速出入库作业。在装卸作业比较频繁的货场、码头等，普遍采用门式起重机、双层叉车等大型设备联合作业，效率很高。现代化的物流机械设备保证了日本物流效率的不断提高。

德国、法国、荷兰及部分北欧国家也非常重视物流机械设备的运用，立体仓库、配送中心、港口码头等大都配置了现代化机械设备，如自动分拣系统和自动搬运（装卸）系统的叉车、起重机、自动导引车、机器人等，实现了物流作业的全机械化和全自动化。

二、我国物流设施与设备的现状

从20世纪50年代到20世纪70年代末，我国物流活动模式完全仿照前苏联的计划经济模式，物流活动主要表现为物资的调运，以仓储和运输为主要内容。物资流通部门配备了一定数量的起重机、载货汽车等物流搬运和运输机械设备，机械作业率仅在50%左右。生产型企业的物流系统主要通过厂区布置实现减少物流距离、节约搬运成本；企业主要通过扩大库存来保证生产的正常进行。物流机械设备数量较少，人工作业比重较大。同一时期内，我国的物流设施纵向比较有了较大的发展，但与其他国家相比仍相当落后，发展速度远不及日本、美国和欧洲。

改革开放后，我国逐步由计划经济向市场经济过渡，引入了物流概念，物流设施设备的应用有了较快的发展。物流设施发展极为迅速，铁路、公路、港口、码头、机场等基建项目面广、量多、质量高、性能好。交通部门普遍添加了运输工具，改进了技术，提高了运输工具的运行速度，集装箱运输、散装运输和多式联运等新式运输方式得到了推广。物流企业在仓库、货场、港口、码头等物流设施大量应用了各式物流机械设备，如起重机、输送机、集装箱、散装水泥车等。

1．我国物流技术发展较快

1976年，北京起重机研究所研制出了我国第一台滚珠加工用自动导引车系统（AGV）。目前，我国在用的AGV的数量已逾百台。1998年，上海振华港机公司研制出我国目前最大的时速为2500吨/小时的抓斗卸船机，该公司又于2000年为阿曼港研制目前世界上最大的岸边集装箱起重机，出外伸距为65m，吊具下起重量为65吨。1998年9月，昆船技术中心物流试验室同青岛颐中集团联合研制开发了烟箱自动化物流系统，系统中的四轴关节型搬运机器人已达到国内领先水平及国际上20世纪90年代同类先进机型的水平，实现了我国物流技术在此领域的跨越式发展。

1974年，郑州纺织机械厂在我国率先改造成功半自动化立体仓库，设有672个货格。据不完全统计，截止到2006年底，我国自动化立体仓库的保有量已超过500座，其中2006年建设的自动化立体仓库在80座以上，主要集中在机械制造、汽车、烟草、食品加工、服装生产、医药生产及流通等行业。预计2007年全年自动化立体仓库的建设规模将接近100座。

2．我国物流技术设备市场活跃

以上海国际港务（集团）股份有限公司为首的我国集装箱生产企业的生产能力和全球市场份额都已位居世界首位，在部分领域甚至达到了垄断地位。各种物流设备制造企业及其附属配套企业多达3000多家，部分企业积极引进国外先进技术，在消化吸收的基础上加以改进，自身技术水平已有了跳越式发展。

3．我国物流基础设施初具规模

近年来，我国交通干线发展十分迅速，以铁路、高速公路、枢纽机场、国际航运中心为建设重点。截止到2004年初，我国铁路营业里程已达7.3万公里，内河航道为12万公里，600多个深水泊位，已建成全国性交通枢纽45个。

其中以公路的发展最为迅猛。2004年，新增公路通车里程为7万公里，其中新增高速公路3500公里。到2004年年底，全国公路通车总里程达到188万公里，高速公路里程达到3.3万公里，新改建农村公路10万公里。2005年，我国的高速公路里程提高到3.5万公里，而公路通乡率由99.5%提高到99.8%，使687个不通公路的乡通了公路；行政村连通公路率由93%提高到96%，使49000多个不通公路的村通公路。由于国家对公路建设政策的放开，2006年的公路建设也处于鼎盛时期。

目前，我国公路在客运量、货运量、客运周转量等方面均遥遥领先于其他运输方式的总和。根据交通部规划，到2010年，公路总里程要达到210万至230万公里，全面建成“五纵七横”的国道主干线，目前人口在20万以上的城市高速公路连接率将达到90%，高速公路总里程达到5万公里。

由此可以看出我国的物流基础设施已初具规模。

4．我国物流基础设施仍不完善

我国交通运输基础设施总体规模虽不算小，但按国土面积和人口数量计算的运输网络密度，我国仅为1344.48公里/万平方公里和10.43公里/万人，远远低于目前主要工业化国家的平均水平。

此外，能够有效地连接不同运输方式的大型物流结点（如各种物流枢纽，区域物流基地、物流中心等物流设施）还比较缺乏，导致运输效率处于较低水平。铁路、公路等运输方式的运力与市场需求之间的缺口十分巨大。

5. 我国物流总体物流技术装备比较落后

我国在《十一五规划纲要》中明确提出要大力发展现代物流业，而物流业的发展又要以物流装备为依托，同时更离不开物流技术的支撑。在2006年这一“十一五”规划的起步年中，我国物流业进入了快速、全面的发展期，同时也为物流装备的发展提供了绝佳的市场契机。

近年来，在上海、深圳、广州、北京、天津等地，物流发展颇为迅猛，兴建了大量配送中心和物流中心，但总体物流装备水平仍然较低，各种运输方式之间的装备标准不统一，物流器具标准不配套，物流包装标准与物流设施标准之间缺乏有效衔接，这使物流机械化和自动化难以展开。例如，现在普遍使用的托盘就有多个标准，不少企业之间无法通用。

虽然个别企业的物流技术装备水平达到或接近了国际先进水平，但企业物流信息管理水平和技术手段仍然较为落后，缺乏必要的公共物流信息平台，订单管理、货物跟踪、库存查询等物流信息服务功能较弱，制约了物流运行效率和服务质量的提高。

三、物流设施与设备的发展趋势

物流设施与设备的发展趋势是由物流客户需求的变化和科研创新共同决定的，未来物流设施的发展将出现以下趋势。

1. 信息化

现代物流是商流、资金流、信息流的统一，需要实现物流与信息流的高度集成。因此，物流技术最主要的发展趋势就是向信息化发展。物流信息经过了口头信息、文字单据信息、条码信息等多个历程，今天发展出了物料和商品的多元信息技术。物料和商品在生产、流通过程中不断改变形态、增值、滋生新的信息。物料和商品在流动、加工重组的动态过程中不断产生大量的品种、规格、数量、重量、成份、批次、日期、等级、质量、厂商代码、商品代码等信息。

通过对物流全过程地跟踪、识别、认证、控制和反馈，可以做到与电子商务接轨，提高营销水平；有效地实现质量管理、控制、反馈；促进物流合理化、物料需求和供应的科学化，减少资金占用，实现精益生产；为新品开发、精确配方、控制、质量跟踪、消费评估、创新决策等提供快速、科学、准确的数据信息；实现商品的加密、防伪和打假。从技术手段上将从条码发展到二维码、IC卡、电子标签、无线标识、数字加密、数字水印等技术。

高档商品的管理和上位管理将引入指纹、声纹、视网膜等识别技术。将可重复使用的电子标签用于企业内部的物料流程，从而将物料的品种、成份配方、加工、批次等信息录入包装或托盘，为精细配方、准确控制、开发新品、质量跟踪等提供准确的信息依据。此外，诸如企业资源计划（ERP）等多种信息技术得到普遍应用。信息技术逐渐成为物流技术的核心，物流设施与设备和信息技术的结合越加紧密。

2. 自动化

企业自动化物流系统是集光机电信息技术为一体的系统工程，具有深刻的内涵，由于信息技术的发展，它也具有更广阔的外延，与企业信息化、过程自动化相互交融。它主要包括：自动化立体仓储系统、自动输送系统、自动导引车系统（AGVS）、机器人作业系统、自动控制系统、消防自动报警喷水灭火系统、多媒体实时监控系统、计算机模拟仿真系统及计算机集成管理系统等。它可使各种物料最合理、经济、有效地流动，并使物流、信息流、商流在计算机的集成控制管理下实现物流的自动化、智能化、快捷化、网络化、信息化。它是一项高技术的系统工程，涉及的领域有巷道堆垛机技术、条码技术、无线标识、模拟仿真、图像识别、网络通信、数据库系统、数据采集、实时监控、无线通信、红外通信、激光定位、激光导引、电磁导引、惯性导航、机器人技术等。物流自动化技术的发展方向是通过研究各行业中各种物流在流动过程中如何合理、经济、有效地流动，通过应用系统集成的方法，在系统中集成应用各种高新技术和产品，实现物流的自动化、合理化、智能化、快捷化、网络化、信息化和集成化。

自动化物流系统的主要产品有：无人导引自动车及其系统、巷道堆垛机、立体仓库、工业机器人、有轨（空中、地面）自动车、自动输送系统、自动分拣系统、自动控制系统、计算机监控信息系统等。

同时，企业自动化物流系统与自动识别技术的结合是必然趋势。目前，条码仍然是最主要的信息载体，条码识别技术被广泛应用于各种物流配送分拣系统中。RFID 技术还处于发展阶段，受到诸如成本等因素的限制，但 RFID 技术的发展是必然趋势。

3. 节能化

节能不仅仅是当前环保的需要，也与社会和企业的可持续发展结合越来越紧密，成为当今社会的主流意识之一。物流过程中对能源的消耗也是惊人的，特别是物流运输部门，能耗是成本的重要组成部分。因此，企业对于物流设施设备的选择将更注重环保与节能方面的问题。不少物流设备供应商针对这个情况及时调整了产品性能，如汽车行业正在改造发动机，以适应像“欧洲三号”气体排放标准这样的环保要求。

4. 系列化与标准化

满足客户需求是企业的宗旨，而产品的系列化和标准化是实现规模化生产、保证品质、降低生产成本的必要条件。深入分析后发现，正是由于企业对系列化和标准化的认识不足，才导致了疲于应付非标设计、成本难以控制等一系列问题的产生。解决问题的思路在于，仔细进行行业分析，制定合理的标准，使标准化的系列产品能够最大限度地覆盖用户的实际需求。

标准化包括硬件设备的标准化和软件系统接口的标准化，标准化可以实现不同物流系统的对接，使客户对系统同时有多种选择和便利。标准化也有助于设施设备的通用化，实现物流作业的快速转换，提高物流作业效率，如标准集装箱可由集装箱拖车直接交予海运、空运、铁路运输等。但是，在标准化的同时也要注意消费者需求的多样性，开发和应用具有柔性的设施设备，以满足不同层次的需要。

【实训任务】

一、实训目标

1. 熟悉我国物流设施与设备的基本情况。
2. 学会正确区分各类物流设施与设备。
3. 掌握物流设备与设施在现代物流中的地位和作用。
4. 理解物流机械设备的发展情况和发展趋势。

二、实训地点

北京烟草配送中心。

三、实训步骤

第一步：教师发放工作任务书。

任务书主要是明确此实训内容的目标、实施过程和预期结果等内容。一般的格式如表 1-3 所示。

表 1-3 工作任务书

班级		姓名		实训时间	
实训目标	正确地区分物流企业现有的各类物流设施与设备				
实施过程	资讯采集： 工作计划： 工作实施： 检查和评价：				
工作成果					
注意事项					

第二步：任务分配。

对任务进行分解，并根据任务目标进行学生分组。每组约 5 人，每组内部分工负责不同的内容，任务分配记录如表 1-4 所示。

表 1-4　任务分配表

任务	学生角色分配
北京烟草配送中心现有的各类物流设施与设备的调研	作业组共____人，其中： 前期资料搜集___人： 调研问卷设计____人： 调研结果分析____人： 调研报告撰写____人： 其他____人：

第三步：布置实训任务。

针对北京烟草配送中心现有的各类物流设施与设备的调研，提交调研报告。

第四步：教师任务解释。

1．分析物流企业作业流程，确定设备类型。

2．讨论各种物流设备的工作特点及技术特性。

3．结合实际工作情况给出判断。

4．得出调研结论。

第五步：学生执行任务。

根据教师的讲解，结合自己的理解，制定时间进度计划，确定负责人，实施调研计划，了解本企业物流设施与设备的大概情况。

第六步：调研总结，形成调研报告。

根据本组调研内容，按照一定的逻辑性总结调研内容，形成调研报告以备成果展示。

四、成果展示

根据调查的结果，学生需要提交一份调研报告（字数不低于 3000 字）和一份 PPT 讲演稿。调研报告要注意格式，其中应尽可能增加一些图片、表格、数字等。报告里要体现出每人负责的内容。

五、实训评价

实训评价主要评价课堂上讲解内容的完整性、表述得是否清楚、逻辑性如何、成员协作配合等方面。评价的标准如表 1-5 所示。

表 1-5 实训评价

<table>
<tr><th rowspan="2">考核要素</th><th rowspan="2">评价标准</th><th rowspan="2">分值（分）</th><th colspan="3">评分（分）</th></tr>
<tr><th>自评（20%）</th><th>小组（30%）</th><th>教师（50%）</th></tr>
<tr><td rowspan="4">运输市场认知实训</td><td>组织协作能力</td><td>25</td><td></td><td></td><td></td></tr>
<tr><td>调研问卷设计</td><td>25</td><td></td><td></td><td></td></tr>
<tr><td>调研报告写作</td><td>25</td><td></td><td></td><td></td></tr>
<tr><td>调研汇报内容</td><td>25</td><td></td><td></td><td></td></tr>
<tr><td colspan="3">评价人签名</td><td></td><td></td><td></td></tr>
<tr><td colspan="3">合计</td><td></td><td></td><td></td></tr>
<tr><td colspan="6">评语

教师：
年 月 日</td></tr>
</table>

【大赛试题】

一、填空题

1. 物流是物品从__________向__________的实体流动过程，它包括__________和__________，都离不开__________的支持。

2. 物流系统由__________、__________、__________、__________、__________、__________等要素组成。__________是物流系统的核心要素，是物流系统的主体。

3. 物流基本设施包括__________、__________、__________、__________、__________、__________及__________等，其中__________和__________直接影响物流活动和物流作业的运行相率。

4. 物流设备是指用于__________、__________、__________、__________、__________、__________、__________等物流活动的设备或装备。

5. 仓储在物流系统中起着__________、__________、__________的作用，是物流的另一个中心环节。它的基本内容包括__________、__________、__________等活动。

6. 包装是指在流通过程中__________、__________、__________，按一定技术方法采用的__________、__________等的总体名称，包括为达到上述目的而进行的__________。

7. 装卸搬运设备是指用来__________、__________、__________送物料的设备。

8. 流通加工是指物品从__________到__________的过程中，根据需要施加__________、__________、__________、__________、__________、__________、__________等简单作业的总称。

9. 条形码技术包括条形码的编码技术、条形符号设计、快速识别技术和计算机管理技术。EAN 条码是国际上通用的商品代码，由__________位数字和相应的__________组成。

10. EDI 即电子数据交换，构成 EDI 系统的三个要素是__________、__________、__________。

11. 射频技术的基本原理是__________。

12. 货物跟踪系统是指物流运输企业利用__________和__________及时获取有关__________的__________提高物流运输服务的方法。

13. 现代物流装备向__________、__________、__________、__________、__________、__________、__________、__________和__________方向发展。

二、选择题

1. VIN 代表车辆的（　　）。

A. 车辆特征代码　　B. 车辆识别代码

C. 世界制造厂商识别代码　　D. 车辆指示代码

2. 下列选项中，属于物流基础设施的是（　　）。

A. 叉车　　B. 集装箱

C. 托盘　　D. 物流基础信息平台

3. 下列（　　）情形不体现物流技术装备配置的合理性原则。

A．在机械化的过程中考虑系统目标和实际情况

B．选用物流技术及其装备，以适用为主，使设备的性能满足系统要求，以保证设备充分利用，防止设备闲置浪费

C．在物流系统中注意整个系统中各环节的衔接，集成化与配套化的使用

D．在物流系统中，采用标准化物流技术及其装备、器具，低设备和器具的购置和管理费用，提高物流作业的机械化水平、流系统效率和经济效益

4．物流搬运技术装备的主要作用有（　　）。

A．提高装卸效率、节约劳动力、减轻装卸工人劳动强度、改善劳动条件

B．缩短作业时间、加速车辆周转

C．提高装卸质量

D．降低物料搬运作业成本

E．充分利用货位、加速货物周转、减少货物堆码的场地面积

三、思考题

1．物流装备是如何分类的？

2．物流系统的信息技术有哪些？

3．如何理解物流设施与设备在物流系统中的地位和作用？

项目二　物流仓储设施与设备

【学习目标】

通过对项目二的学习，应该达到以下目标：

1. 知识目标：托盘的基本概念、功能参数、分类及应用。
   仓储分拣设备的基本概念、特点和适应性。
2. 能力目标：不同种类货架的技术特征和选用原则。
   仓库作业辅助设备的种类、性能和使用方法。
   堆垛机械的基本种类、性能参数和作业方式。
3. 素养目标：理论联系实际，不应该拘泥于对设备的机械结构和原理的了解。
   更重视设备的合理选用和有效管理，掌握其基本的使用方法。
   培养团队合作精神。

【案例引入】

保证奶质，蒙牛集团构筑立体库防线

立体库的好处显而易见，但是蒙牛投巨额资金建库值吗？以呼市的地价和劳动力资源，盖上二十个平库，雇佣上千个员工可能连一半的费用也用不了。

“一个立体库的存货量几乎等同于十个甚至二十个平库的储物量，建造平库或许可以节约成本，但是出库成了重要的问题。比如一个智能化的立体库入库和出库可能只需要几分钟的时间，而平库的出库流程仅仅在运输上可能就花上几个小时，大量的货物不能及时出库，导致腐坏变质，挤占库存。”蒙牛公司一位姓刘的女士称。这位女士同样提到了变质问题：“一般情况下，一批产品的腐坏变质是很难排查的，有时甚至需要花上很长时间进行人工的一一核对。这样工作方式的误差是相当大的，如果有一种变质产品没有排查出来，错误地投入市场，后果是相当严重的。即使人工操作的准确率达到100%，但人力和物力的成本耗资将巨大无比。工作效率的降低和仓储管理的混乱那就更不用说了。”

发达国家的仓库多数都是立体仓库，国内的很多企业也正在享受着立体仓库带来的好处。显然，立体仓库的仓储模式已成为国内外各大企业仓储部门的不二选择。

对于立体库战略，蒙牛公司的内部并不是一个声音，一位不愿意透露姓名的人士这样表示：“每个立体库都需要自动化和人工的配合，立体库本身不可能达到真正的全自动智能型立体仓库。投入巨资修建立体库在日后所得的收益是否能补偿前期成本还是一个问题。”过去，各大企业在做各种仓储规划时，还以日后的成本补偿为前提。现在，时间开始成为企业竞争中的重要角色。产品在供应链中的流通速度似乎决定着企业的兴衰成败。企业也开始将仓储的流程管理定义为利润的源泉。

对企业而言，是不是要跟“立体库”的风则要量力而行。有这样一笔账：暂不考虑土地

价值，单是立体库本身的设备和管理就要动辄百万，甚至千万。这样的成本投资对企业已经构成不小的负担。尽管立体库在使用方面表现出工作效率提高、数据准确、降低对员工的依赖等诸多优势，但这些优势产生的收益和前期的投入成本比起来简直是九牛一毛。对于普通的企业来讲，平库的仓储已经绰绰有余，实在没有必要为了追求自动化而实现自动化。

除了成本问题，项目实施的周期也是制约立体库成型的一个重要原因。对于一个千万级的项目，前期的计划筹备自然是不能少的。一个立体库的筹建要对其业务的需要、技术的评估等相关因素予以考虑，通常这个前期的准备时间是相当长的。项目实施周期的过分冗长常常使项目的运作达不到预期的效果和收益，甚至打乱了整个仓储流程，更不利于管理层的决策。

蒙牛的品牌建设堪称传奇，但通过打造立体库在质量管理上再创奇迹，蒙牛要做的还有很多很多。

【知识要点】

知识要点一　托盘概述

一、托盘的概念、分类和特点

（一）托盘的概念

国家标准将托盘定义为由于集装、堆放、搬运和运输的放置作为单元负荷的货物和制品的水平平台装置。托盘是典型的集装单元设备，通过使用托盘，物资以集装单元的形式进行装卸、搬运、存储、运输等物流活动的作业方式，极大地提高了作业效率。比如原来的人工搬运改为整托盘搬运可以节省 30%的运输效率，使卡车的卸货时间大大缩短，卡车的周转利用率也大大提高。

托盘需与叉车及堆垛起重机等装卸搬运设备配合使用，托盘的下部有供货叉叉入、托起的叉入口，形成集装装卸系统，有效地促进了物流作业全过程的水平提高。同时采用托盘可以减少产品的损耗率和污染。

（二）托盘的分类

由于装卸搬运活动操作的对象和环境十分复杂，为了与之适应，托盘具有多种形式，按照不同的分类标准可以将托盘分为以下几种形式：

（1）按照托盘的基本结构分类。可以将托盘分为平托盘、滑板托盘、带有上部结构的托盘等。

（2）按照托盘的构成材料分类。可以将托盘分为木托盘、塑料托盘、金属托盘、纸托盘及复合材料托盘等。

（三）托盘的特点

托盘是典型的集装物流设备，在物流流通领域具有广泛的应用，其主要特点如下：

（1）机械化程度高。在使用过程中，托盘需与叉车及堆垛起重机等装卸搬运设备配合使用，减轻了工人的劳动强度。

（2）操作效率高。利用托盘可以同时完成批量货物的集装、堆放、搬运和运输操作，极大地提高了操作效率。

（3）操作方便。相对于集装箱来说，托盘自重小，在装卸和运输作业中的劳动强度较小，无效运输和装卸比集装箱要小。托盘无须像集装箱那样深入到箱体内部，装盘后可采用捆扎、紧包等技术处理，易机械化，使用简便。

但是使用托盘也有一定的弊端，主要是托盘需要有专用的物流设备配合使用，而且对货物的保护性比较差，不能露天存放，而且自身还要占用一定的存储空间。

二、典型的托盘类型

（一）平托盘

平托盘是指在承载面和支撑面间夹以纵梁，构成可集装物料，可使用叉车或搬运车等进行作业的货盘，如图 2-1 所示。

图 2-1　平托盘

平托盘按照台面类型还可以细分为单面使用型、双面使用型和单面单翼型。单面使用型是只有一面铺板的平托盘，而双面使用型托盘是有上下两面铺板的平托盘，单面单翼型托盘两侧的突出端可以为托盘的托起操作提供更多的操作位置选择，如图 2-2 所示。

图 2-2　按台面类型分类的平托盘

按叉车的叉入方式，托盘可以分为单向叉入型、双向叉入型和四向叉入型。其中四向叉入型叉运最为方便灵活，如图 2-3 所示。

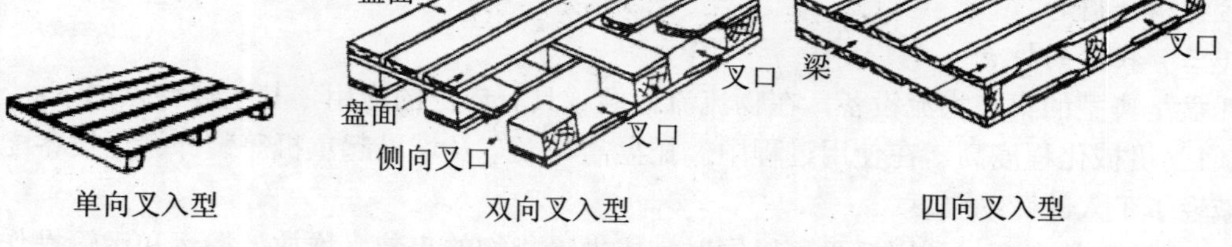

图 2-3　按叉车叉入方式分类的平托盘

（二）滑板托盘

滑板托盘是指在一个或多个边上设有翼板的平板，用于搬运、存储或运输单元载荷形式的货物或产品的底板。滑板托盘质量轻，体积小，结实耐用，耐水、耐侵蚀，能承受强度很大的操作，不易发生滑动塌垛等事故，成本低廉，如图 2-4 所示。

图 2-4 滑板托盘

（三）立柱式托盘

立柱式托盘是带有用于支承堆码货物的立柱的托盘，可以装配可拆卸式联杆或门，也可以组合使用，方便灵活，如图 2-5 所示。

图 2-5 立柱式托盘

（四）箱式托盘

箱式托盘是指具有箱状货物承载机构的托盘，包括整板式、密装板条式及格式箱壁三种，箱式托盘的箱壁上设有铰接的或可拆装的门，也可能装有顶盖，如图 2-6 所示。

图 2-6 箱式托盘

（五）笼式托盘

笼式托盘是带有立杆或联杆的网式壁板的托盘。在一侧或多侧设有用于装卸货物的铰接的或可拆装的门，可以满足散货的集成仓储作业要求，如图 2-7 所示。

图 2-7 笼式托盘

（六）一次性使用托盘

一次性使用托盘即使用一次就丢弃的托盘，一次性使用托盘也称为“不反复使用”或“一次往返”托盘，一般为纸制的，主要适用于单向的物流作业，如图 2-8 所示。

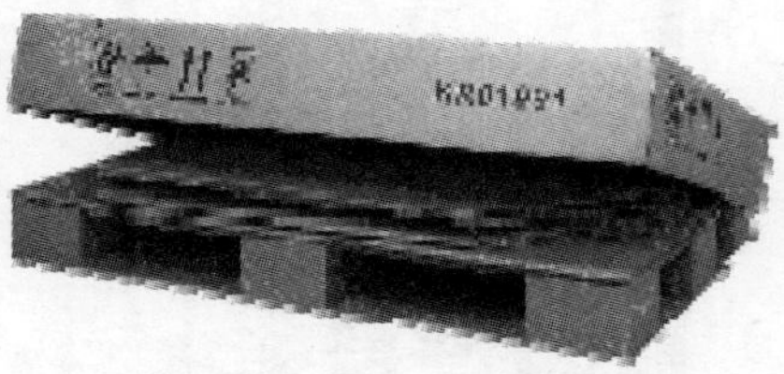

图 2-8 一次性使用托盘

（七）木托盘

木托盘是以天然木材为原料制造的托盘，质量轻，成本低，维修方便，但使用寿命短，承载能力低。

（八）塑料托盘

塑料托盘是以工业塑料为原材料制造的托盘，塑料托盘耐腐蚀，制作方便，而且可以通过改变颜色区分不同的功能，便于使用。

（九）金属托盘

金属托盘是以钢、铝合金、不锈钢等材料为原材料加工制造的托盘，一般自重较大，但强度好，承载能力大，使用寿命长。

三、托盘的主要功能参数

要想合理地使用托盘就必须掌握托盘的功能参数，为合理选用做好技术准备。

（一）几何参数

托盘的几何参数包括托盘的长、宽和高度方向的尺寸，托盘的几何尺寸直接决定了托盘存放对象的外形大小，同时也直接决定了与之对应货架的几何尺寸和叉车、堆垛机等物流装备的部分工作参数，如托盘的叉口间距就影响拖车的货叉作业间距。

（二）精度参数

托盘的精度参数主要包括托盘的长、宽、高及对角线的尺寸误差，托盘的制造精度直接影响与之配合的物流机械的定位精度。

（三）额定载荷

托盘的额定载荷是托盘在正常使用条件下的最大载荷，托盘的额定载荷确定了托盘承载对象的最大承重量，决定了其承载数量和部分物理属性（如密度），托盘的额定载荷主要取决于托盘的材料、结构及几何尺寸等参数。

四、托盘的运用

（一）采用可交换托盘

集装设备贯穿整个物流链，作为整个物流体系的载体，是连接各种标准的纽带。它的标准也相对单一。所以集装设备标准化的优先确立将最终带动整个物流链体系中其他元素的标准化建立，也能实现成本节约和效益最大化。因此应尽量采用可交换的标准托盘。

（二）托盘的尺寸规格

托盘的尺寸规格直接关系着与其他设备的协调性，因此托盘的尺寸规格应与桥梁、隧道、运输道路和货车站台设施相适应，并与货车、卡车等车辆宽度箱配合，同时托盘的尺寸规格又决定仓库支柱的间距、货架等尺寸，因此，改变托盘规格涉及一系列的复杂课题，但为实现便利、高效的物流，促进世界经济更加良好地发展，统一托盘规格是非常必要的。

ISO 承认的托盘尺寸规格有以下几种：

- 1200mm×800mm：欧洲规格。
- 1200mm×1000mm：欧洲一部分、加拿大、墨西哥规格。
- 1219mm×1012mm：美国规格。
- 1100mm×1100mm：亚洲规格。

（三）提高使用性能

一般条件下，托盘对货物的保管功能并不理想，因此应采用合理的措施提高托盘的使用性能。首先应做到托盘货物的紧固，可以采用捆扎、绳网包裹、加抗滑夹层、用框架紧固、粘合及薄膜紧固的方法提高托盘的使用性能，防止在运输、仓储等物流作业环节下发生货物偏离正确位置的现象发生。托盘专用的托盘裹膜机如图 2-9 所示。

图 2-9　托盘裹膜机

（四）托盘货物的码垛方式

在托盘上放各种形状的包装货物，为保证作业的安全性和稳定性，必须采用各种不同的组合码垛方式，主要包括重叠式、纵横交错式、正反交错式及旋转交错式等四种。

知识要点二　堆垛机械

一、堆垛机械的概念、分类和特点

（一）堆垛机械的概念

目前在物流作业中广泛使用的堆垛机械主要包括堆垛起重机、高架叉车和带横移小车的垂直提升机等，主要负责完成立体化仓库中货物的起重和运输操作，是随立体仓库的出现而发展起来的专用仓储作业设备。堆垛机械可以在立体仓库的巷道内运行，完成入库、出库及货位调整等仓储作业。

（二）堆垛机械的分类

堆垛机械的种类比较复杂，分类方式较多，主要分类形式如下：

1. 按有无导轨进行分类

按有无导轨进行分类，可以将堆垛机械分为有轨堆垛起重机和无轨堆垛起重机。无轨堆垛起重机又称为高架叉车，使用灵活机动，但作业面积大，不适合在大型自动化立体仓库中使用，因此目前应用比较广泛的是有轨巷道的堆垛起重机设备。

2. 按作业高度进行分类

按作业高度进行分类，可分为低层型、中层型和高层型，低层型作业高度在 5 米以下，而高层型作业高度在 15 米以上。

3. 按结构不同进行分类

按结构不同进行分类，其中堆垛起重机可分为桥式堆垛起重机和巷道堆垛起重机。

（三）堆垛机械的特点

1. 作业速度快

堆垛机械一般应用于大型的自动化立体仓库中，因此要求具有较高的作业速度，以满足频繁而快速的出入库要求，否则将无法体现自动化立体仓库的优势。

2. 起重量大

在立体化仓库中普遍使用托盘集装作业，因此堆垛机械主要用于大宗的集装货物作业，这就要求堆垛机械具有很大的起重量，一般都在 0.5 吨以上。

3. 自动化程度高

为了满足自动化立体仓库大批量、多品种的频繁作业要求，要求堆垛机械具有较高的自动化应用水平，采用计算机集中控制作业提高作业的自动化程度。

二、桥式堆垛起重机

桥式堆垛起重机是一种集成货物存取和搬运作业的堆垛机械，可以整体沿立体仓库上方的固定导轨运行，为多条巷道提供作业服务，具有活动范围大的特点。安装在桥架上的小车可以沿巷道运行，小车上的回转平台可以实现货叉的对位操作，辅以立柱的上下移动就可以实现货物的存取作业，具体结构如图 2-10 所示。

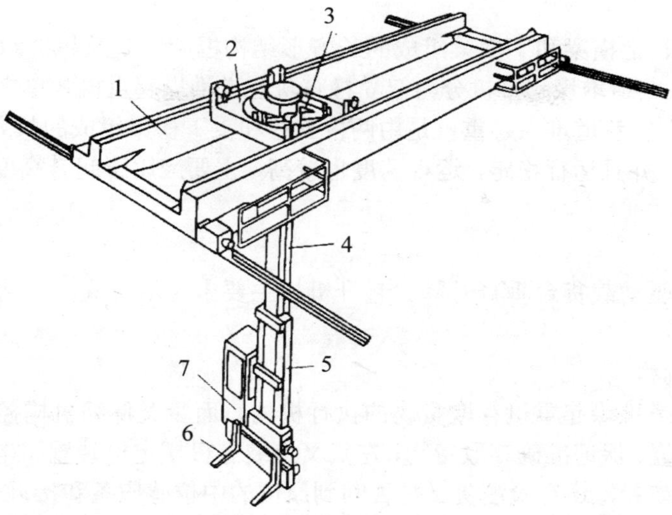

1-桥架；2-小车；3-回转平台；4-立柱固定段；5-立柱伸缩段；6-货叉；7-司机室

图 2-10 桥式堆垛起重机

受到自身结构的限制，桥式堆垛起重机的作业高度不能过高，否则将无法保证立柱等部件在工作状态下的稳定性，因此主要适合于 12 米以下的中等跨度的仓库使用。由于桥式堆垛起重机的作业操作较为复杂，因此要求巷道的宽度比较大，目前主要应用于笨重和长大件物料的搬运及堆垛作业中。

三、有轨巷道堆垛起重机

目前广泛应用的堆垛机械主要是有轨巷道堆垛起重机，有轨巷道堆垛起重机是用在立体仓库中的存取搬运设备，可以在高层货架之间穿梭运行。

（一）有轨巷道堆垛起重机的组成

有轨巷道堆垛起重机在作业过程通过整机沿导轨的水平运行，载货平台沿机架的垂直运行及货叉的伸缩运行实现工作位置的变化，其基本结构大致分为机架、起升机构、货叉伸缩机构、电气控制设备及安全保护装置等几个主要组成部分，如图 2-11 所示。

图 2-11 有轨巷道堆垛起重机

1. 机架

机架是由立柱、上横梁和下横梁组成的长方形结构框架，是整机的承载构件。根据机架结构的不同，将有轨巷道堆垛起重机分为双立柱有轨巷道堆垛起重机和单立柱有轨巷道堆垛起重机两种。双立柱有轨巷道堆垛起重机是由两根立柱和上下横梁组成的长方形框架，具有强度大、刚度好的优点，并且运行稳定，运行速度也较高，主要应用于起升高度高、起重量大的立体仓库中。

2. 起升机构

起升机构用于驱动载货台垂直升降。起升机构主要由驱动装置、传动装置及配重块等附属部件组成。

3. 货叉伸缩机构

货叉是有轨巷道堆垛起重机存取货物的执行机构，而货叉伸缩机构控制货叉存取货物。为了使货叉伸缩到位，保证准确存取货物，在货叉上装有机械定位装置和电气定位感应开关组成的双重定位保护装置，还有检测货叉是否回到原位的中位感应条和接近开关。

4. 电气控制设备

电气装置是由电动驱动装置和自动控制装置组成的，完成有轨巷道堆垛起重机的走行、升降、货叉的伸缩等全部动作的控制。有轨巷道堆垛起重机一般由交流电动机驱动，如果调速要求较高，则采用直流电动机进行驱动。

5. 安全保护装置

安全保护装置可以为有轨巷道堆垛起重机提供一定的安全保证。如各个机构的行程限制装置、起升过载保护装置等。为防止货物尺寸与即将入库货位的尺寸不符，堆垛起重机上设置了货物尺寸检测传感器，以提高其运行安全性。

（二）有轨巷道堆垛起重机分类

1. 按应用巷道数量分类

按应用巷道数量可分为直道型、转弯型和转轨型三种。其中直道型是指一个巷道使用一台专用的有轨巷道堆垛起重机，具有控制简单、作业效率快的特点，主要适合于作业频繁、起重量大的自动化立体库使用；转弯型是指两个或三个巷道共用一台有轨巷道堆垛起重机，轨道一般采用 U 型或蛇型布局；而转轨型则是三个以上巷道共用一台有轨巷道堆垛起重机，具有工作范围大的特点，但是控制复杂，作业速度低，主要适合作业频率比较小的自动化立体仓储使用。

2. 按载荷重量分类

按载荷重量可分为轻型、中型和重型三种。

（三）堆垛起重机的控制方式

堆垛起重机有联机自动、本机自动、手动及维修控制四种控制方式。

（四）有轨巷道堆垛起重机的技术参数

有轨巷道堆垛起重机作为立体仓库中的重要设备，其选用是否合理直接影响立体仓库的运行效率和经济效益。一般情况下，选择有轨巷道堆垛起重机的依据是其技术参数。

1. 载荷参数

有轨巷道堆垛起重机的载荷参数是指其额定起重量，该参数主要反映有轨巷道堆垛起重机的起重能力，额定起重量的选择主要考虑货物类型、货架形式、作业要求等因素的影响。

2. 速度参数

有轨巷道堆垛起重机的速度参数是指其执行机构的运行速度指标，主要包括有轨巷道堆垛起重机的水平运行速度、起升速度和货叉伸缩速度。

3. 尺寸参数

有轨巷道堆垛起重机的尺寸参数包括有轨堆垛起重机的外形尺寸（长、宽、高）、起升高度、下降深度和最低货位极限深度。其中最低货位极限深度是指货叉表面最低一层货格的低位到地轨安装水平面的垂直距离，该参数还影响自动化立体仓库的货架布局。

4. 货叉尺寸参数

有轨巷道堆垛起重机的货叉尺寸参数是指能够进行正常作业的货叉伸出长度，直接影响相应的托盘的几何尺寸参数。货叉的几何参数与货叉的结构形式和使用材料有关。

5. 巷道宽度

有轨巷道堆垛起重机的巷道宽度是指其正常运行情况下的最小巷道宽度，与巷道宽度、货架类型、货物种类及货叉类型等因素相关。

知识要点三　货架

一、货架的概念、作用与分类

货架是典型的仓储设备，是用支架、隔板或托架组成的立体储存货物的设施。货架的应用方便了仓储的货物管理，提高了仓库的存储功能，促进了仓储作业机械化和自动化水平的提升。

传统的仓储作业中，货架的作用仅仅是存放货物，随着物流作业水平的提升，现代物流作业中货架的功能得到了不断的提升，具有提高仓库利用率、货物保护功能及提升仓储作业效率和存储质量的作用。

二、货架的分类

货架的种类繁多，可以按照不同的标准对其进行分类。

（一）按货架载重量分类

货架按载重量可以分为重型货架、中型货架和轻型货架三种，其中重型货架载重量为 500 公斤以上，中型货架载重量在 150～500 公斤之间。

（二）按结构特点分类

货架按结构特点可分为层架、层格架、橱架、抽屉架、悬臂架、三角架和栅型架等，可以根据货物的物理特性、外形和使用要求进行合理选用。

三、常用货架的特点和运用

（一）轻型货架

轻型货架是相对托盘货架而言的，一般采用人力（不用叉车等）直接将货物（不采用托盘单元）存取于货架内，因此货物的高度和深度较小，货架每层的载重量较轻。

（二）托盘货架

托盘货架以托盘单元货物的方式来保管货物的货架，又称工业货架，是机械化、自动化货架仓库的主要组成部分。这种货架具有刚性好、自重轻、层高可自由调节、适合规模化生产、成本低、运输和安装便利、易于实现模块化设计等优点，目前已是工业企业各类货架仓库的主流，如图 2-12 所示。

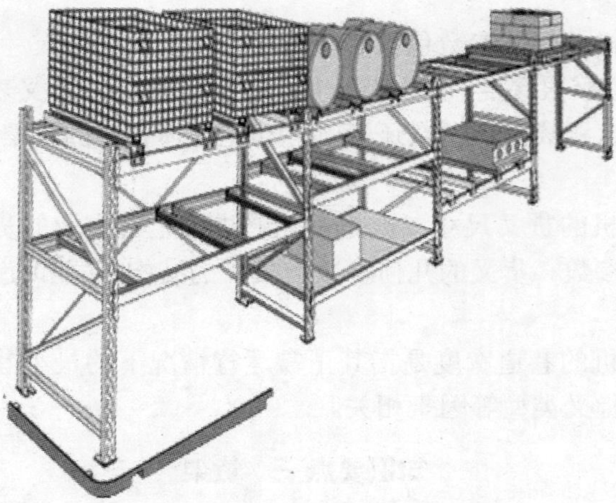

图 2-12 托盘货架

（三）阁楼式货架

阁楼式货架的底层不但是保管物料的场所，而且是上层建筑承重梁的支撑（柱），承重梁的跨距大大减小，建筑费用也大大降低。适用于现有旧仓库的技术改造，以提高仓库的空间利用率，可以有多层结构，如图 2-13 所示。

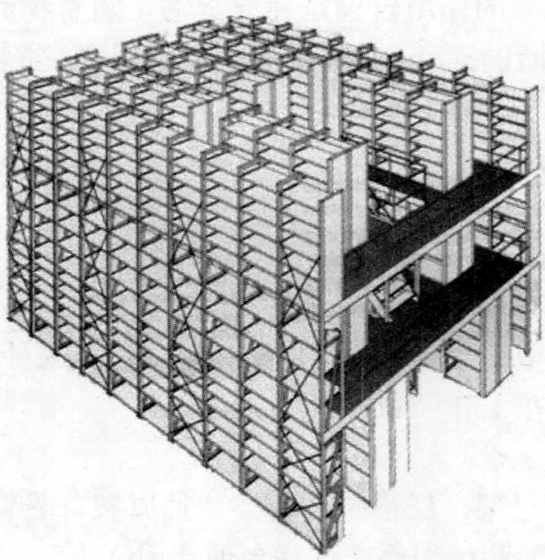

图 2-13 阁楼式货架

（四）重力式货架

在重力式货架的每层通道上都安装有一定坡度的、带有轨道的导轨，入库的单元货物在重力的作用下由入库端流向出库端。这样的仓库在排与排之间没有作业通道，大大提高了仓库的面积利用率。但使用时，最好同一排、同一层上的货物应为相同的货物或一次同时入库和出库的货物。当通道较长时，在导轨上应设置制动滚道，以防止终端加速度太大，如图 2-14 所示。

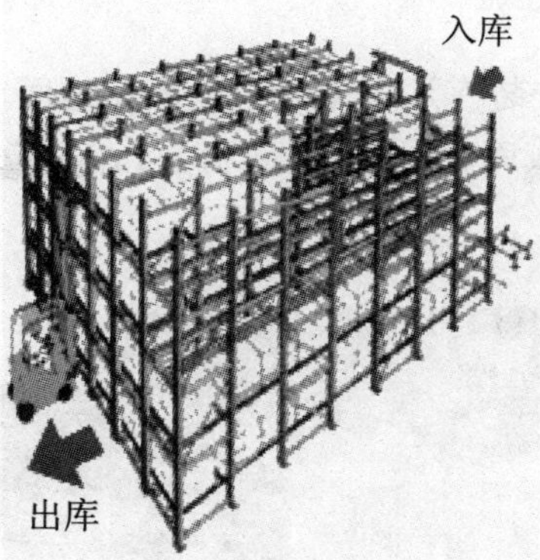

图 2-14 重力式货架

（五）悬臂式货架

采用悬臂式货架时，物料被存放在固定于后立柱的悬臂梁上，适用于保管管材、型钢、铝型材、塑钢材等长大的物料。一般与具有长大物料侧向装卸功能的侧面叉车、巷道堆垛起重机等配套使用，如图 2-15 所示。

图 2-15 悬臂式货架

（六）抽屉式货架

抽屉式货架的抽屉底部设有滚轮轨道，抽屉板承载后仍能自如地拉动。抽屉式货架整体采用拼装结构，运输方便，组装简单、快捷，如图 2-16 所示。

图 2-16 抽屉式货架

（七）移动式货架

移动式货架在货架的底部安装有运行车轮，是可在地面上运行的货架。适用于库存品种多、出入库频率较低的仓库，或库存频率较高、但可按巷道顺序出入库的仓库，如图 2-17 所示。

图 2-17　移动式货架

（八）贯通式货架

贯通式货架也称为驶入式货架或通廊式货架。叉车可以开入巷道内存放托盘，存取方式为先进后出，可以大幅度提高空间利用率，如图 2-18 所示。

图 2-18　贯通式货架

（九）旋转式货架

旋转式货架又称为回转式货架。在拣选货物时，取货者不动，通过货架的水平、垂直或立体方向回转，使货物随货架移动到取货者的面前。这种货架的存储密度大，货架间不设通道，与固定式货架相比可以节省占地面积 30%～50%。由于货架转动，因此拣货线路简捷，拣货效率高，拣货时不容易出现差错。根据旋转方式的不同可分为垂直回转式和水平回转式两种，垂直回转式货架如图 2-19 所示。

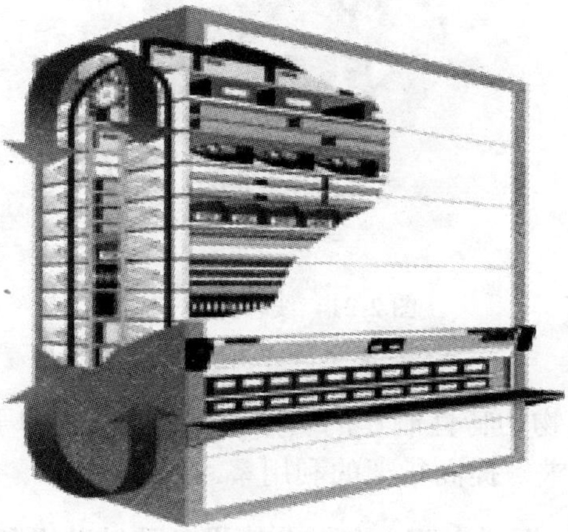

图 2-19　垂直回转式货架

垂直旋转货架属于拣选型货架，占地空间小，存放的品种多，主要适用于多品种、拣选频率高的货物。

（十）滑移式货架

滑移式货架将货物置于滚轮上，利用一边通道存货，另一边通道取货。货架朝出货方向下倾斜，货物在重力作用下向下滑动，可实现先进先出和一次补货、多次拣货。存储效率高，适合大量货物的短期存放和拣选。广泛应用于配送中心、装配车间及出货频率较高的仓库，如图 2-20 所示。

图 2-20　滑移式货架

（十一）线棒式货架

线棒式货架采用复塑管与种类丰富的连接件配合，组合成形式多样的工位器具，已广泛用于家电、汽车、轻工电子等行业工厂中，是物流一体化的必备工具，如图 2-21 所示。

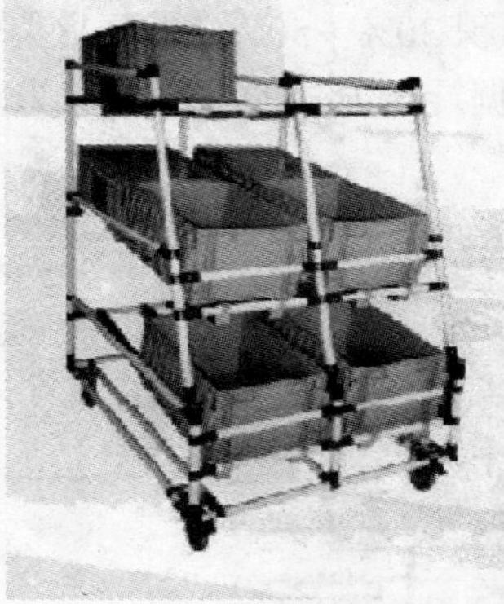

图 2-21　线棒式货架

（十二）专用货架

专用货架是根据存储货物的特性制作的货架，如音像货架、服装货架等，这些专用货架能够满足特种货物的存储要求，提高货架的利用率。

知识要点四　仓储分拣设备及辅助设备

一、分拣的概念

分拣是根据顾客的订货要求或配送中心的送货计划，尽可能迅速、准确地将商品从其储位拣取出来，并按照一定的方式进行分类、集中，实现装配送货的作业过程。

二、自动分拣设备

（一）自动分拣设备的特点分析

自动分拣设备是按照发货指令，通过识别自动传输线上的货物种类，利用分拣结构将货物进行分类，具有拣选效率高、正确率高、劳动强度低和适应性强的特点。

（二）常见的自动分拣设备

1．堆块式分拣机

堆块式分拣机由链板式输送机和具有独特形状的滑块在链板间左右滑动进行商品分拣的推块等组成，如图 2-22 所示。

图 2-22　堆块式分拣机

堆块式分拣机可适应各种不同大小、重量、形状的不同商品。堆块式分拣机分拣时轻柔、准确，不会对堆货物造成损伤，而且可向左右两侧分拣，占地空间小，适合多品种、大批量的货物拣选使用。

2. 轨道台车式分拣机

被分拣的物品放置在轨道台车式分拣机沿轨道运行的小车托盘上，当到达分拣口时，台车托盘倾斜 30 度，物品被分拣到指定目的地，如图 2-23 所示。

图 2-23 轨道台车式分拣机

轨道台车式分拣机可三维立体布局，以适应作业工程需要。具有可靠耐用、易维修保养的特点，适用于大批量产品的分拣，如报纸捆、米袋等。

3. 交叉带式分拣机

由主驱动带式输送机和载有小型带式输送机的台车（简称“小车”）连接在一起，当小车移动到规定的分拣位置时，转动皮带，完成将商品分拣送出的任务。因为主驱动带式输送机与小车上的带式输送机呈交叉状，故称为交叉带式分拣机，如图 2-24 所示。

图 2-24 交叉带式分拣机

交叉带式分拣机适于分拣各类小件商品，如食品、化妆品、衣物等。分拣出口多，可左右两侧分拣，因此分拣能力较大，一般达 6000～7700 个/时。大型交叉带式分拣系统一般应用于机场行李分拣和安检系统。

4. 斜导轮式分拣机

当转动着的斜导轮在平行排列的主窄幅皮带间隙中浮上、下降时，达到商品的分拣目的，如图 2-25 所示。

图 2-25　斜导轮式分拣机

斜导轮式分拣机对商品的冲击力小，分拣轻柔、快速准确、出口数量多，适合各类商品，只要是硬纸箱、塑料箱等平底面商品即可。

5. 摇臂式分拣机

被分拣的物品放置在钢带式或链板式输送机上，当到达分拣口时，摇臂转动，物品沿摇臂杆斜面滑到指定目的地。摇臂式分拣机结构简单，价格较低，如图 2-26 所示。

图 2-26　摇臂式分拣机

三、自动分拣系统

（一）电子标签拣货系统

电子标签拣货系统是由安装在货架储位上的电子设备组成的系统，通过计算机和软件的控制，借助信号灯号和数字显示作为辅助工具，引领拣货人员正确、快速、轻松地完成拣货任务。它能弹性地控制拣货流程，并对现成的拣货状况进行实时性的监控，而且能降低拣货错误率，加快拣货速度，避免窗体作业的不便和浪费，节省部分人力资源，使物畅其流，如图 2-27 所示。

图 2-27　电子标签拣货系统

（二）RF 拣选系统

当输入端和输出端（操作者或作业设备）没有固定的位置，在一定的局域内（如仓库、车间）随机性变动时，为传递数据信息，可采用无线网实时信息管理系统支持的 RF 拣选系统。系统一般包括数据采集装置、无线发射器、转接器、无线接收器、数据显示器、计算器等组成部分。

（三）自动分拣系统的选用

1. 满足作业要求

分拣作业的生产效率取决于分拣量大小及设备自身的分拣能力，也与分拣方式密切相关。因此，在选择分拣设备时，首先要根据分拣方式选用不同类型的分拣设备；其次，要考虑分拣货物的批量大小，若批量较大，则应配备分拣能力高的大型分拣设备，或者采用多台设备联合分拣；同时在选取设备时还要考虑货物的拣选频率，不同的拣选方式的分拣频率相差很大，对于大量货物的频繁分拣操作应更加注意。

2. 符合拣选商品要求

自动分拣机械对分拣商品的要求比较高，一般商品都必须满足底部平坦且具有刚性的条件，对袋装商品、商品底部柔软且凹凸不平、容易变形、易破损、超长、超薄、超重、超高、不能倾覆的商品不能使用普通的自动分拣机进行分拣。

3. 系统配套设施齐全

自动分拣系统的优点是正确、迅速、分拣能力大；缺点是分拣系统设施复杂，投资及营运成本较高，还需要一个与之适应的外部条件，如计算机信息系统、作业环境、配套设施等。由于分拣是一个复杂系统，因此就需要系统的各个组成部门能够协调工作，以发挥分拣的最大效率。

知识要点五　其他仓储设施与设备

由于仓储作业种类多样，操作对象复杂，因此需要其他设备辅助完成作业，如计量设备等；同时为了提高仓储质量，还需要配备干燥通风设备，以满足不同类型货物的保存要求；为了货物的安全还需要安装必要的防盗设备。

一、计量设备

（一）计量设备的概念、分类和特点

计量设备是利用机械原理或电测原理对物品的重量、长度、数量、容积等量值进行度量的器材和仪器的总称，如利用弹簧受力变形原理制成的秤可以称量出货物重量。由于仓储作业需要在仓库中使用的计量装置很多，如入库作业需要获得货物的重量、数量等参数，因此计量设备在仓储作业中应用非常广泛。

根据计量物理量的不同计量设备，可以分为重量计量设备（包括各种磅秤、地重衡、轨道衡、电子秤）、流体容积计量设备（包括液面液位计、流量计，长度计量设备，如检尺器、长度计量仪）及个数计量设备（包括自动计数器、自动计数显示装置）等不同类型。

（二）主要计量设备的运用

1. 电子轨道衡

电子轨道衡广泛应用于煤炭、冶金、电力、铁路站场及大型厂矿企业。主要进行列车的货运贸易结算称重、定点定值装车称重、货物进出计量称重、工艺流程配料称重。

2. 自动检重秤

自动检重秤是一种对不连续货物进行自动称量的衡器，能够按照预先设定的区限值对被称物体的重量进行检验。当被称物体的重量超过允许的上限值和下限值时会自动检测出超差的物体，并且能够自动将其从生产流程中剔除并发出声光报警信号。为了提高效率，有些类型的自动检重秤添加了移出装置，将不符合标准的产品移出自动生产线外，进行进一步处理，如图2-28所示。

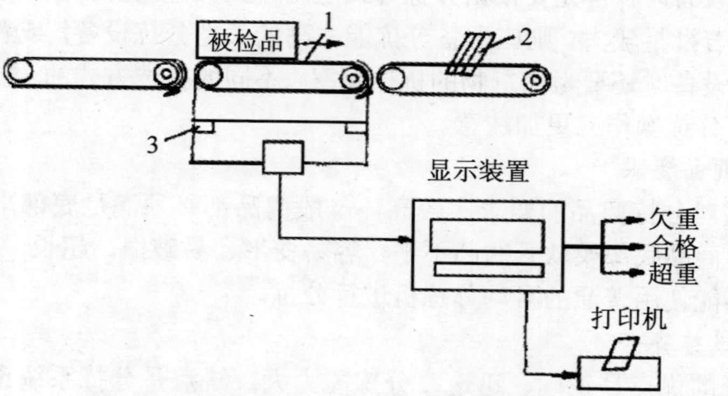

1-输送机；2-移出装置；3-称重传感器

图2-28 自动检重秤原理框图

3. 电子吊秤

电子吊秤是集吊装和称量为一体的计量装置，可与各种起重设备配套使用。电子吊秤稳定可靠、结构简单、读数快、精度高，最大量程可以达到20吨，广泛用于冶金、矿山、铁路、港口、车站码头、仓储、工矿等企业，如图2-29所示。

4. 电子皮带秤

电子皮带秤主要由称重部分、测速部分、积算部分、通信部分四个部分组成，是在皮带输送系统中对散状物料进行连续计量的理想设备，具有结构简单、力传递环节少、安装简便的特点，在仓储、电力、冶金、化工、矿山、建材、轻工等行业的动态计量和控制配料中得到广泛应用。

图 2-29　电子吊秤

二、通风设备

通风机是用于输送气体的机械，是用来保持仓储空气流通、提高仓库存储质量的辅助设备。合理地选择通风机对通风除尘和气力输送的效果有着很大的影响。按结构和工作原理划分，常见的风机有离心式通风机和轴流式通风机两种。

（一）离心式通风机

离心式通风机的机壳一般呈螺旋形，它的作用是吸集从叶轮中甩出的空气，并通过气流断面的渐扩作用将空气的动压力转化为静压力。离心式通风机的构造如图 2-30 所示。

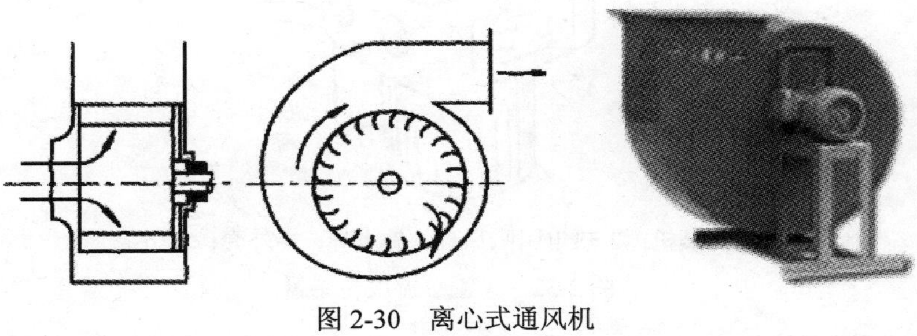

图 2-30　离心式通风机

（二）轴流通风机

轴流通风机是一种高效低压通风机，耗电量低、噪音小，并且有优良的耐腐蚀等特点。可用作一般工厂、仓库、办公室、住宅内通风换气或加强暖气散热。若将机壳去掉，则可做自由风扇用，如图 2-31 所示。

图 2-31　轴流通风机

三、保管养护设备

仓库内的物品保管养护设备是指在仓库中完成物品保管养护作业所需的各种机械设备。根据物品保管养护的种类和性质，物品保管养护设备常分为商品保管设备（如托盘等）、温度湿度测量与控制设备（如通风机、去湿机、冷冻机等）、除锈机械（如板材除锈机、管材内外壁除锈机、槽钢除锈机等）。

1. 测湿仪器

常见的测湿仪器有以下几种：

（1）干湿球湿度传感器。

干湿球湿度传感器的构造如图 2-32 所示。它由两支相同的微型套管式热电阻、微型轴流风机和塑料水杯等组成。当测量空气湿度时，接通电源，轴流风速启动，空气从吸入口进入湿度传感器，通过干湿球热电阻周围后被轴流通风机排出。

当湿球热电阻表面的水分蒸发达到稳定状态时，干湿球热电阻同时发送出相对于干、湿温度的电阻信号，将此信号输入空气相对湿度显示仪表或控制系统，就可以进行空气相对湿度的远距离测量与控制。

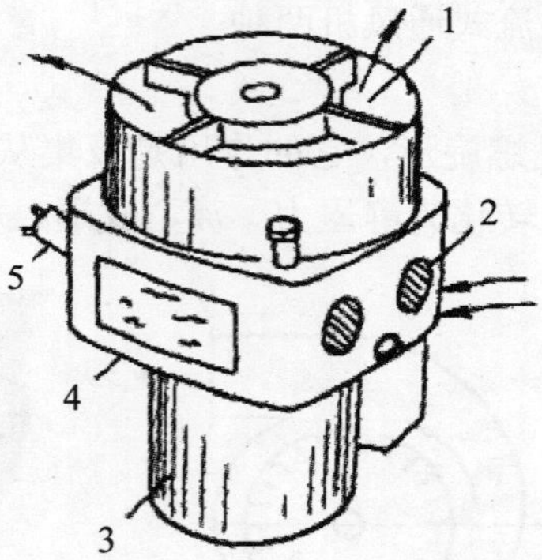

1-轴流风机；2-热电阻吸风口；3-水杯；4-外壳；5-引线

图 2-32　干湿球湿度传感器

（2）自动干湿湿度计。

自动干湿温度计是利用干湿球温度差效应来测量空气相对湿度的仪表，一般由干湿球湿度传感器、干球温度测量桥路与湿球温度测量桥路连接成的复合电桥、补偿可变电阻、电子放大器和可逆电机等组成。自动干湿湿度计能在显示装置上指示出所测空气的相对湿度，并能自动记录测量结果。

（3）氯化锂电阻式测湿传感器。

氯化锂电阻式测湿传感器是利用氯化锂在空气中有较强的吸湿能力、吸湿后其电阻减小的特性来测量空气湿度的仪表。

（4）氯化锂露点式相对湿度计。

氯化锂露点式相对湿度计是利用氯化锂溶液吸湿后电阻减小的特性来测量空气湿度的仪表，主要由氯化锂露点传感器和空气温度传感器等组成。

2. 去湿机

去湿机是仓库中用于吸湿的设备，主要类型及特点如表 2-1 所示。

表 2-1 去湿机的主要类型及特点

主要类型	工作过程	特点
空气去湿机	利用制冷装置将潮湿空气冷却到露点温度以下，使水气凝结成水滴被排出，被冷却干燥的空气再送入仓库内。这样不断循环排除大量水分后，即可使室内空气的相对湿度不断下降。去湿机在室温 27℃、相对湿度 70%时，吸水量可达 6 千克/小时。有的空气去湿机上还装有电加热器，当库温低于 150℃时，可利用外温来降低空气的相对湿度。有的空气去湿机还装有自控装置，只要将库内所需相对湿度的上限或下限事先选定，当库内相对湿度超过上限时，自控装置能自动关机	吸潮效率高，去湿快，效果显著，成本低，操作简便，无污染
氯化钙动态除湿器	是在通风机的强制作用下，使含湿量大的空气通过氯化钙吸湿层，以降低空气中水分的一种装置，主要由轴流风机、骨架、吸湿层容器等组成。以风叶直径 400 毫米、风量每小时 2880m^3 的轴流风机作风源，温度在 20℃左右，相对湿度 80%的条件下每小时的吸湿率为 4%。如果用 60 千克无水氯化钙作吸湿层，开机 10 小时可吸湿 20 千克	吸潮效率较高，操作简便
氯化锂转轮除湿机	利用嵌固在石棉纸上的氯化锂晶体做吸湿剂。它的特点是吸湿和再生能连续进行。作为吸湿剂的氯化锂结晶，虽然吸附着水分，但通过除湿再生机构的空气加热作用会被再生。很容易取得低露点、低湿度的空气	温度控制简单，除湿能力大，操作方便。使用寿命较长，维护相当简便

3. 除锈机

除锈机主要有板材除锈机、管材内外壁除锈机、槽钢除锈机。除锈机的除锈方法及特点如表 2-2 所示。

表 2-2 除锈机的除锈方法及特点

方法	特点
抛光除锈法	采用软质的棉布、帆布涂上各种抛光磨料制成抛光轮，利用电机带动，在高速旋转下把锈除去。在抛光轮上涂抹光膏的效果更好
抛丸除锈法	依靠高速旋转（2000 转/分）的抛丸器叶轮抛出铁丸和钢丸，以一定的角度冲击金属表面，以摩擦和冲击的方式达到除锈的目的。这种方法的自动化程度高、效率高、锈尘少、劳动强度低、表面清理质量好。适用于大面积平板和大型设备的外表面除锈及机械零件的清理
喷射除锈法	将砂粒等强力喷射到金属表面，借其冲击和摩擦的作用将锈去除
钢丝轮除锈法	用金属制成轮刷，在电机带动下高速旋转去锈

四、安全消防设备

安全消防设备是指用于防止仓库盗窃、火灾，消灭火灾的各种安全消防器材和工具的总称。按其用途划分，安全消防设备常分为防盗报警传感器，火灾自动报警设备，灭火器，自动喷水灭火设备，消防车、消防梯、消防水泵，给、蓄、泵水设备等。

1. 防盗报警传感器

由于仓储存储的物资具有较高的经济价值，因此应保障货物的安全，安装必要的防盗设备来探测入侵者的入侵行为。

防盗设备由传感器和信号处理器组成，传感器是探测器的核心，是一种物理量的转化装置，通常把压力、震动、声响、光强等物理量转换成易处理的电量（电压、电流、电阻等）。信号处理器的作用是把传感器转化的电量进行放大、滤波、整形处理，使其成为一种能够在系统传输信道中顺利转送的信号。

防盗报警系统主要由防盗报警传感器和防盗报警控制器构成，前者设在保护现场，用来对被监视目标进行探测；后者放在值班室，主要接收传感器送来的盗情信息，进行声光报警。常用的防盗报警传感器的类型及特点如表 2-3 所示。

表 2-3　防盗报警传感器的类型及特点

类型	特点
人体感应传感器	一般设置在门窗附近，当有人靠近时即时报警。容易受环境和气候影响，调整较麻烦，误报也较多
光电式传感器	分为光束发射和接收两部分。当有物体通过光束之间时，光束被遮挡，即报警。为便于隐蔽，光束多采用激光或红外线，并采用脉冲发射，瞬时功率大，作用距离远，同时也便于排除其他连续光源的干扰。在防范区域四周或主要道口常用其构成封锁线
微波传感器	利用多普勒效应原理对移动目标进行探测，类似于一个小型简易的多普勒雷达，防范的区域是一个立体空间，常用于走廊或库房内部
开关传感器	最常用的为有触点和无触点两类。有触点的开关传感器多安装在门窗上，当门窗被打开时，开关动作而报警。无触点的开关传感器常用的有接近开关和触摸开关。其中，接近开关主要用来对金属物体进行探测，可以用作触锁报警，触摸开关是利用人手触及其敏感部位时，由于人体感应电流使晶体管由截止变为导通而报警，也可用作触锁或触门报警

2. 火灾自动报警设备

火灾自动报警设备主要由火灾探测器和火灾报警器组成。探测器装在需要监视的现场，报警器装在有人看守的值班室。两者之间用导线或无线方式进行连接。

火灾探测器是组成各种火灾报警系统的重要器件，它是利用一些敏感元件和电子线路将火灾初期的各种物理和化学参数转换为电信号，然后送给报警器的一类特殊传感器。火灾探测器的类型、特点及选用方法如表 2-4 所示。

3. 灭火器

灭火器是扑救初期火灾的重要消防器材，轻便灵活、实用，是仓库消防中较理想的第一线灭火工具。

灭火器的种类很多，可以根据不同的标准进行分类。按其移动方式可分为手提式和推车式；按驱动灭火剂的动力来源可分为储气瓶式、储压式和化学反应式；按所充装的灭火剂则又可分为泡沫、干粉、卤代烷、二氧化碳、酸碱、清水等。灭火器的种类及应用范围如表 2-5 所示。

表 2-4　火灾探测器的类型、特点及选用方法

<table>
<tr><th>类型</th><th>特点</th><th colspan="2">选用方法</th></tr>
<tr><td>感烟探测器</td><td>根据火灾时产生的烟雾特点，利用烟雾检测元件检测发出火警信号。是世界上应用较普遍、数量较多的探测器，可以探测 70%以上的火灾，分为离子感烟探测器、光电式感烟探测器和红外激光式感烟探测器</td><td>适于火灾初期有大量烟雾产生、而热量和火焰的辐射很少的场合</td><td rowspan="4">常根据火灾的特点、库房的高度、环境条件来选用火灾探测器
若估计到火灾发生时有大量的热量产生、烟雾和火焰辐射，则应同时采用几种探测器对火灾现场的各种参数变化做出快速反映；若对某些场合的火灾特点无法预料，应进行模拟试验，根据试验结果进行选择</td></tr>
<tr><td>感温探测器</td><td>根据火灾时温度升高的特点，利用温度检测元件检测并发出火警信号，分为定温式、差动式和定温差动式等</td><td>适于在可能发生无烟火灾或正常情况下有烟和蒸汽滞留的场合</td></tr>
<tr><td>火焰探测器</td><td>是一种响应火灾发出的电磁辐射的火灾探测器，对快速反映火灾（如易燃、可燃液体火灾等）能及时响应，是对这类火灾早期通报的理想探测器</td><td>适于估计到火灾发展迅速，且有强烈的火焰辐射和少量的烟、热的场合</td></tr>
<tr><td>可燃气体探测器</td><td>利用气敏半导体元件检测空气中可燃气体的浓度并发出警报信号</td><td>适于有可能散发可燃气体和可燃蒸气的场合</td></tr>
</table>

表 2-5　灭火器的种类及应用范围

种类	应用范围
化学泡沫灭火器	主要用于固体物质和可燃液体火灾的扑救，不适用于带电设备、水溶性液体、轻金属火灾等的扑救
干粉灭火器	无毒、无腐蚀、灭火速度快，适用于扑救石油及其产品、油漆及易燃气体、可燃气体、电气设备的初期火灾，仓库可选用此类灭火器
1211 灭火器	灭火效率高、速度快，毒性低，电绝缘性好，对金属无腐蚀，灭火后不留痕迹，适用于油类、电气设备、仪器仪表、图书档案、工艺品等初期火灾的扑救，可设置在贵重物品仓库等场合
二氧化碳灭火器	不导电，适用于易燃、可燃液体、可燃气体、低压电器设备、仪器仪表等的初期火灾扑救。扑救棉麻、纺织品火灾时需注意防止复燃，不可用于轻金属火灾的扑救。
酸碱灭火器	适用于竹、木、纸张、棉花等普通可燃物初期火灾的扑救。由于灭火剂带有酸性，因此不宜用于忌酸、忌水的化学品及油类等火灾的扑救。在扑救电器时，应先将电源切断后才能使用

【实训任务】

一、实训目标

1．熟悉仓库的总体构造和设备的工作原理。
2．学会仓库设备和机械的操作要求及操作方法。
3．掌握仓库分拣工作的基本操作要领。

4．掌握自动分拣机和输送机的工作原理，以便更好地使用该设备，提高物流作业的效率。

二、实训地点

北京邮政物流中心。

三、实训步骤

第一步：教师发放工作任务书。

任务书主要是明确此实训内容的目标、实施过程和预期结果等内容。一般的格式如表 2-6 所示。

表 2-6 工作任务书

<table>
<tr><td>班级</td><td></td><td>姓名</td><td></td><td>实训时间</td><td></td></tr>
<tr><td>实训目标</td><td colspan="5">针对物流企业中分拣系统的工作流程和实际操作进行实训</td></tr>
<tr><td>实施过程</td><td colspan="5">资讯采集：

工作计划：

工作实施：

检查和评价：</td></tr>
<tr><td>工作成果</td><td colspan="5"></td></tr>
<tr><td>注意事项</td><td colspan="5"></td></tr>
</table>

第二步：任务分配。

对任务进行分解，并根据任务目标进行学生分组。每组约 5 人，每组内部分工负责不同的内容，任务分配记录如表 2-7 所示。

表 2-7　任务分配表

任务	学生角色分配
北京邮政物流中心一国产扁平邮件分拣系统的工作流程和实际操作	作业组共____人，其中： 安全检查员___ 人： 分拣操作员____人： 统计记录员____ 人： 实训报告撰写____ 人： 其他____人：

第三步：布置实训任务。

在北京邮政物流中心，利用国产扁平邮件分拣系统进行工作流程和实际操作的演练，并提交实训报告

第四步：教师任务解释。

1．先交待重力、动力及自动分拣机的概念和种类。

2．介绍北京邮政物流中心的三种输送设备的工作原理和应用场合。

3．讲解国产扁平邮件分拣系统的作业流程和整套设备的构成。

4．教师示范分拣系统的工作流程和实际操作要领。

第五步：学生执行任务。

根据教师的讲解，结合自己的理解，制定时间进度计划，确定各组负责人，实施分拣设备作业计划。

第六步：总结，形成实训报告。

根据本组实训内容，按照一定的逻辑性进行总结，形成实训报告以备成果展示。

四、成果展示

根据实训的结果，学生需要提交一份实训报告（字数不低于 3000 字）和一份 PPT 讲演稿。实训报告要注意格式，其中应尽可能增加一些图片、表格、数字等。报告里要体现出每人负责

的内容。

五、实训评价

实训评价主要是通过实训课堂上讲解内容的完整性、表述得是否清楚、逻辑性如何、成员协作配合等方面。评价的标准如表 2-8 所示。

表 2-8　分拣设备作业实训评价

<table>
<tr><th rowspan="2">考核要素</th><th rowspan="2">评价标准</th><th rowspan="2">分值（分）</th><th colspan="3">评分（分）</th></tr>
<tr><th>自评（20%）</th><th>小组（30%）</th><th>教师（50%）</th></tr>
<tr><td rowspan="4">分拣设备作业实训</td><td>组织协作能力</td><td>25</td><td></td><td></td><td></td></tr>
<tr><td>作业设计及执行情况</td><td>35</td><td></td><td></td><td></td></tr>
<tr><td>实训报告写作</td><td>25</td><td></td><td></td><td></td></tr>
<tr><td>实训汇报内容</td><td>15</td><td></td><td></td><td></td></tr>
<tr><td colspan="3">评价人签名</td><td></td><td></td><td></td></tr>
<tr><td colspan="3">合计</td><td></td><td></td><td></td></tr>
<tr><td colspan="6">评语

教师：
年　月　日</td></tr>
</table>

【大赛试题】

一、填空题

1．货架的基本功能是__________和__________。

2．自动分拣系统的特点包括__________、__________和__________。

3．层架的构成是__________、__________和__________。

4．旋转式货架有多种形式，按照旋转角度的不同，可以分为__________和__________两种。

5．装卸搬运活动可以分解为__________、__________和__________。

6．仓库中常用的叉车有__________、__________、__________和__________。

7．无人搬运车有__________、__________和__________三种。

8．自动分拣系统通常由__________、__________、__________和__________构成。

9．在自动分拣系统中，将分拣信息转变为分拣指令的设定有__________、__________、__________和__________。

10．货架按结构贴点可以分为__________和__________。

11．仓库灭火的基本方法有__________、__________和__________。

12．常用的灭火剂有__________和__________。

13．自动报警灭火控制装置有多种类型，按自动化程度来分，可分为__________、__________和__________。

14．按灭火的角度可以把火灾分为__________、__________、__________和__________四类。

二、选择题

1．层架按照存储货物的（ ）分类，可分为轻型、中型和重型。

A．规格　　B．型号

C．复杂性　　D．重量级

2．悬臂式货架由3～4个塔型悬臂和（ ）相连而成。

A．纵梁　　B．横梁

C．立柱　　D．轨道

3．（ ）货架是专门用于存放堆码在托盘上的货物的传统货架。

A．移动式　　B．悬臂式

C．托盘　　D．旋转式

4．（ ）货架平时可以密集相连排列，存取货物时，货架沿轨道滑出，这样可以将仓库面积利用率提高到80%，主要用在档案管理等重要或贵重物品的保管中。

A．旋转式　　B．驶入/驶出式

C．移动式　　D．重力式

5．尤其适用多品种小件货物的存储保管的货架是（ ）。

A．自动货架　　B．旋转式货架

C．移动式货架　　D．托盘货架

6．电子秤的核心部件是（　　）。

A．加法和调零电路　　B．承重和传力机构

C．测量显示仪　　D．称重传感器

7．在相同的工作条件下，传感器由零负荷逐渐加载到额定负荷，然后再逐级卸载到零时，传感器输出特性曲线并不重合的特性被称为（　　）。

A．滞后　　B．非线性误差

C．不重复性　　D．输出灵敏度

8．自动分拣机的主体是（　　）。

A．喂料输送机　　B．分拣传送机构及分拣机构

C．计算机控制器　　D．分拣卸货道口

9．自动分拣系统的核心是（　　）。

A．供件系统　　B．分拣系统

C．下件系统　　D．控制系统

10．AHV——智能搬运车采用（　　）原理。

A．光纤陀螺仪　　B．IC 卡记录搬运路线指示图

C．无限通信　　D．自律分散控制

11．货架的基本功能是（　　）。

A．便于存储规格复杂多样的货物　　B．有效保护货物

C．提高仓库空间的利用率　　D．减少装卸搬运的投入

12．自动分拣系统的特点包括（　　）。

A．劳动强度很大　　B．能连续、大批量地分拣货物

C．分拣误差率极低　　D．分拣作业基本实现无人化

13．层架的构成是（　　）。

A．立柱　　B．横梁

C．层板　　D．托盘

14．重力式货架的缺点是（　　）。

A．只适用于大批量、少品种的配送中心使用

B．货物进出库作业时，叉车或堆垛机的行程最短

C．投资成本高

D．对托盘及货架的加工技术要求高

15．旋转式货架有多种形式，按旋转角度的不同可以分为（　　）两种。

A．垂直旋转式　　B．整体旋转式

C．分层旋转式　　D．水平旋转式

16．装卸搬运活动可以分解为（　　）。

A．堆码取拆作业　　B．挪动移位作业

C．分拣集货作业　　D．搬运组织作业

17．仓库中常用的叉车有（　　）。

A．平衡重式叉车　　B．前移式叉车

C．侧面式叉车　　D．窄通道叉车

18．无人搬运车有（　　）。

A．LHV　　B．AGV

C．LGV　　D．AHV

19．自动分拣系统通常由（　　）构成。

A．供件系统　　B．分拣系统

C．下件系统　　D．控制系统

20．在自动分拣系统中，将分拣信息转变为分拣指令的设定有（　　）。

A．人工键盘输入　　B．声音控制输入

C．条形码扫描输入　　D．计算机程序控制

三、简答题

1．什么是货架？货架由哪些部分组成？

2．货架可以分为哪些种类？

3．货架选用应遵循哪些原则？

4．简述自动分拣机的特点。

5．自动分拣系统由哪些部分组成？

6．常用的检验与计量设备有哪些？

7．仓储常用的安全设备有哪些？

项目三　物流运输设施与设备

【学习目标】

通过对项目三的学习，你应该达到以下目标：

1. 知识目标：掌握我国现有的各类运输设施与设备。
   理解各类运输设施的设置原则与方法。
2. 能力目标：学习各种运输方式中设备的运用。
   初步掌握他们的选用、使用、故障排除技能，以及简单操作技术。
3. 素养目标：理解运输设施与设备的经济分析原理。
   培养团队合作精神。

【案例引入】

巧用运输设备提高运输效益

某物流公司（代称 F 公司）在市场调查时发现，某著名电器生产商（代称 X 公司）生产的冰箱在往西南地区进行分销时基本上均采用公路运输承运。而同时，具有大致相同运输路线的某食品生产企业（代称 W 公司）生产的儿童休闲食品也采用了公路运输进行分销。F 公司的市场人员对 X 公司的冰箱和 W 公司的儿童休闲食品均采用公路运输的方式提出了疑问，因为在时间要求不是很强且运输距离在 800 公里以上的运输时采用公路运输并不是一个最佳方案。

详细的市场调查让市场人员大吃一惊：因为冰箱自身的特殊性，其在运输过程中只能立式放置，而铁路以路基为基础的限高不能超过 5 米，否则涵洞和隧道将不能通行（此为铁路部门规定）。冰箱加其外包装只能堆放一层，堆放两层即超高。由此看来，铁路运输成本反而高了。且由于铁路运输的安全性和时间性相对难以保证，X 公司放弃铁路走公路就不奇怪了。

而同时，W 公司的儿童休闲食品为易碎物品，在铁路运输过程中，由于缺乏对运输质量的信心，也选择了公路运输进行分销运输。

F 公司的市场人员敏感地意识到其中蕴涵着的商机。经过详细的分析，一个成熟的方案形成了：分别以 X 公司和 W 公司原公路运输价格的 80%承接了 X 公司的冰箱和 W 公司的儿童食品的分销运输（在这两个公司看来似乎都节约了成本），而在具体运作时却完全采用铁路进行搭配运输。

装卸时先将 X 公司的冰箱以立式的方式放置在铁路车皮的下部，再将 W 公司的儿童休闲食品堆放在冰箱的上部，使儿童食品充分利用了冰箱上空余的空间。由于铁路运输成本比公路运输成本低，F 公司的整合运输不仅使 X 公司和 W 公司均节约了成本，而且 F 公司自身也获得了较大的经济效益。

【知识要点】

知识要点一　运输设施与设备的概述

一、运输设施与设备在现代运输中的地位

“工欲善其事，必先利其器”。现代化的运输设施与设备在提高运输能力与效率、降低运输成本、保证服务质量等方面有着十分重要的影响。

（一）运输设施与设备的种类

运输设施与设备是运输系统中贯穿于运输全过程、深入到各作业细节的复杂的技术支撑要素，种类繁多，形式多样，主要有以下几大类。

1. 运输基础性设施

运输基础性设施包括：

（1）运输网络结构中的枢纽点：全国或区域铁路枢纽、公路枢纽、航空枢纽港、水路枢纽港、国家战略运输储备基地、辐射全国经济区域的运输基地等。

（2）运输网络结构中的线：铁路、公路、航道、输送管道等。

（3）运输基础信息平台：其任务是为企业的运输信息系统提供基础信息服务（交通状况信息、交通组织和管理信息等），承担不同运输企业间的信息交换枢纽支持，提供政府行业管理决策支持等。

这类设施一般具有公共设施性质，是宏观运输的基础，主要特点是：由政府投资建设，战略地位高，辐射范围大。

2. 运输功能性设施

运输功能性设施包括：

（1）以存放货物为主要职能的节点：如港口、中转仓库、货站等，货物在这种节点上的停滞时间较长。

（2）以组织物资在系统中运动为主要职能的节点：如流通仓库、流通中心、配送中心、流通加工点等。

（3）运输系统中的载体：如货运车辆、货运列车、货机、货运船舶等。

这类设施往往被运输企业所拥有，是提供运输功能性服务的基本手段。

3. 运输技术装备

运输技术装备是指进行各项运输活动所需的机械设备、器具等，可供长期使用，并在使用过程中基本保持原来实物形态的生产资料。

（1）运输仓储设备：主要指在工厂、码头、仓库等运用极为广泛的叉车、跨车、牵引车等搬运设备。

（2）起重机械：用来将重物提升、降落、移动、放置于需要的位置。起重机械是生产过程中不可或缺的物料搬运设备。起重机械包括：千斤顶、葫芦、桥式起重机、悬臂起重机、装卸桥等。

（3）集装单元器具：主要有集装箱、托盘、周转箱和其他集装单元器具。

（二）运输设施与设备在现代运输中的地位与作用

1. 运输设施与设备是运输系统的物质技术基础

运输设施与设备是进行运输活动的物质技术基础，也是生产力发展水平与运输现代化程度的重要标志。运输设施与设备作为生产力要素具有十分重要的地位和作用。

2. 运输设施与设备是运输系统中的重要资产

在运输系统中，运输设施与设备的价值所占资产的比重较大，现代运输设施与设备既是技术密集型的生产资料，也是资金密集型的社会财富。因此其造价昂贵，建设一个现代化的运输系统所需的运输设施与设备的购置资本数额相当可观；同时，购置设备后，为了维持设备正常运转、发挥设备效能，在设备长期使用过程中还需要持续不断地投入大量的资金。

3. 运输设施与设备涉及运输活动的每一个环节

在整个运输过程中，从运输功能来看，物料或商品要经过运输、装卸、储存等作业环节，而且伴随着附加的辅助作业，这些作业的高效完成需要借助不同的运输设施与设备。

4. 运输设施与设备是运输技术水平高低的主要标志

随着生产的发展和科学技术的进步，运输活动中各环节的技术水平得以不断提高。一个完善的运输系统离不开现代化运输技术装备的应用。

二、我国运输设施与设备现状

1. 运输基础设施初具规模

近年来，我国以干线铁路、高速公路、枢纽机场、国际航运中心为重点，大力推进运输基础设施建设。至 2004 年初，我国运输线路中，铁路营业里程 7.3 万千米、公路里程 179 万千米、高速公路里程 3 万千米、内河航道 12 万千米，拥有 600 多个深水泊位，全国交通枢纽 45 个，由此可以看出我国的运输基础设施已初具规模。

2. 运输技术设备市场活跃

我国的集装箱生产能力和国际市场份额都已居世界首位。各种运输设备制造企业及附属配件制造企业达 3000 多家，一些企业积极引进国外先进技术，注重消化吸收，自身技术水平得到有效提升，行业整体技术设备水平不断提高。

3. 运输基础设施尚需完善

主要表现在以下三个方面：

（1）交通运输基础设施的总体规模仍然很小，按国土面积和人口数量分别计算运输网络密度仅为 1344.48 千米/万平方公里和 10.43 千米/万人，远远低于主要工业化国家的平均水平。

（2）能够有效连接不同运输方式的大型综合货运枢纽和服务于区域或城市的运输基地、运输中心等现代化运输设施还比较缺乏，严重影响了运输集散和运输效率的提高。

（3）运输结构矛盾比较突出，各种运输方式尚未形成合理的分工关系，市场范围交叉严重，在同类货源上的盲目竞争使各种运输方式不能合理地发挥各自的优势。

4. 运输技术装备比较落后

运输装备的水平仍然较低，各种运输方式之间的装备标准不统一，运输器具的标准不配套，包装标准与运输设施标准之间缺乏有效的衔接，在一定程度上延缓了运输机械化和自动化水平的提高，影响了运输工具的装载率及仓储设施的空间利用率。

企业运输信息管理水平和技术手段比较落后，缺乏必要的公共运输信息平台，订单管理、货物跟踪等运输信息服务功能较弱，制约了运输运行效率和服务质量的提高。

虽然我国有个别企业的运输设备达到或接近了国际先进水平，但总的看来，我国的运输设施设备与国外相比，存在较大差距，基础设施还很薄弱，还需要不断努力来提高我国运输设施与设备的整体技术水平。

下面我们详细阐述我国现有的各类运输设施与设备。

知识要点二　公路运输设施与设备

公路运输设施与设备，是使运输对象进行空间场所移动成为可能的技术手段。公路运输设施与设备主要由运输车辆、公路及其相关建筑物、公路交通控制设备和汽车场站组成。

一、公路运输设施

公路运输场站设施主要是指组织运输生产所需的生产性和服务性的各类建筑设施，是公路运输的基本设施，主要包括：客运站、货运站、停车场（库）、保修场等。

1. 客运站

客运站是旅客集散、停放车辆、直接为旅客及运输经营者服务的场所，一般设在公路旅客集散点，其规模大小视当地的客运量而定。我国公路汽车客运站按其站务工作量（主要指旅客日发送量）并结合所在地的政治、经济、文化等因素，可分为一、二、三、四级。分级标准如下：

（1）凡具备下列条件之一者，可列为一级站。

- 站务工作量在 7000 及 7000 人次以上的车站；人口稀少及少数民族地区站务工作量在 5000 及 5000 人次以上的车站；
- 省、直辖市、自治区人民政府所在地如无 7000 人次以上的车站，可将具有代表性的一个车站列为一级站；
- 省（自治区）辖市，自治州（盟）人民政府和地区行政公署所在地如无 7000 人次以上的车站，可将站务工作量在 3000 及 3000 人次以上的车站列为一级站。

（2）凡具备下列条件之一者，可列为二级站。

- 站务工作量在 3000 及 3000 人次以上、不足 7000 人次的车站；
- 除已列为一级站的省、自治区、直辖市人民政府所在地及省（自治区）辖市、自治州（盟）人民政府和地区行政公署所在地的车站；
- 县级人民政府所在地如无站务工作量在 3000 人次以上的车站，可将站务工作量在 1500 及 1500 人次以上的车站列为二级站；
- 国家列为重点旅游区的车站。

（3）凡具备下列条件之一者，可列为三级站。

- 站务工作量在 500 及 500 人次以上、不足 3000 人次的车站；
- 除已列为一级和二级车站的县级人民政府所在地的车站；
- 一般旅游区车站。

（4）四级站。

- 凡站务工作量不足 500 人次的乡级人民政府及乡级以下行政单位所在地的车站，均列为四级站。

不同等级的车站在建设规模、服务设施、人员配备、服务项目等方面有不同的要求。划分车站等级有利于分类指导、提高企业素质、加快客运站点的建设和发展。客运站的主要工作分为商务和车务两部分。商务如售票、接受行李包裹的托运等；车务如车辆的调度、检查、加油、维修、接收和发送等。客运站一般设有售票处、问讯处、行李托运处、候车室、停车场等。大的客运站还有为旅客和车辆驾驶员提供食宿的设施。

城市公共汽车客运站按其用途分为线路起点站和中途站。由于城市市区客运运距较短、发车频率较高，其站务设施及服务项目比长途汽车客运站要相对少些。

2. 货运站

货运站是专门办理货物运输业务的汽车站，一般设在公路货物集散点。货运站可分为集运站、分装站和中继站等。集运站是集结货物或分送货物的场站；分装站是将货物按某种要求分开并进行配装的场站；中继站是供长途货运驾驶员及随车人员中途休整的场所。

货运站的主要工作是组织货源、受理托运、理货、编制货车运行作业计划，以及车辆的调度、检查、加油、维修等。站内一般设有营业室、调度室、停车场、驾驶人员食宿站等，有的还有装卸设备和装卸人员。

有些汽车货运站还是组织联运的基地，它将一些长途运输业务安排给其他运输方式，组织并协调各种运输方式的衔接和配合。有些汽车货运站既是运输组织中心，又是货运信息中心。

3. 停车场（库）

停车场的主要功能是停放并保管运输车辆。现代化的大型停车场还具有车辆维修、加油等功能。

停车场内的平面布置要方便运输车辆驶入、驶出和进行各类维护作业，多层车库或地下车库还需设斜道或升降机等，以便车辆进出。

二、公路运输车辆

公路运输车辆是指具有独立原动机和载运装置，能自行驱动行驶，专门用于运送旅客和货物的非轨道式车辆。汽车是公路运输的最基本运输工具，由车身、动力装置和底盘三部分组成。车身包括驾驶室和车厢两部分；动力装置是驱动汽车行驶的动力源，现代汽车的动力装置主要是汽油机和柴油机；底盘是车身和动力装置的支座，同时也是传递动力、驱动汽车、保证汽车正常行驶的综合体。

汽车按用途一般可分为载客汽车、载货汽车、专用运输车辆、特种车、牵引车和挂车等。

1. 载客汽车

载客汽车是指专门用于运送旅客的汽车。载客汽车按车身形式可分为客车和轿车；按客位形式可分为座式客车和卧铺客车；按客运能力大小可分为大型客车、中型客车和小型客车；按用途可分为城市公共汽车、市郊公共汽车和城间长途客车。

2. 载货汽车

载货汽车是指专门用于运送货物的汽车，又称载重汽车。载货汽车按其载重量的不同分为轻型、中型和重型三种。轻型载货汽车服务于规模不大、批量很小的货物运输，通常用于城市运输；中型载货汽车适用范围比较广泛，既可在城市承担短途运输任务，也可承担中、长途运输；重型载货汽车多用于经常性的大批量货物运输，如大型建筑工地、矿山等地区的货物运输。目前，我国中型载货汽车是主要车型，数量较多。

载货汽车的车身具有多种形式。敞车车身是载货汽车车身的主要形式，适用于运送各种货物；厢式车身可以提高货物安全性，多用于运送贵重货物；自卸汽车可以自动卸货，适用于运送散装货物，如煤炭、矿石、沙子等。

3. 专用运输车辆

专用运输车辆是按运输货物的特殊要求设计的，主要包括：① 厢式车，即标准的挂车或货车，货厢封闭；② 敞车，即挂车顶部敞开，可装载高低不等的货物；③ 平板，即挂车无顶和侧厢板，主要用于运输钢材和集装箱货物；④ 罐式挂车，用于运输流体类货物；⑤ 冷藏车，用于运输需控制温度的货物；⑥ 高栏板车，其车厢底架凹陷或车厢栏板特别高，以增大车厢容积。

4. 特种车

特种车通常是在普通汽车底盘上安装专用的设备或车身，专供特殊用途而制造的汽车，如消防车、救护车、垃圾车、洒水车和各种工程车等。

5. 牵引车和挂车

牵引车也称拖车，一般不设载客或载货车厢，是专门用于拖挂或牵引挂车的汽车。牵引车可分为半挂式和全挂式两种。半挂式牵引车与半挂车一起使用，半挂车的部分重量由半挂式牵引车的底盘承载；全挂式牵引车则与全挂车一起使用，其车架较短。除专门牵引车外，一般的载货汽车也可作为全挂式牵引车使用。

挂车本身无动力装置，而是通过杆式或架式拖挂装置，由牵引车或其他车辆牵引，因此它必须与牵引车组合在一起才能作为一个完整的运输工具。挂车的车身通常也做成车厢的形式，可以运送货物或旅客。

挂车分为全挂车、半挂车、双挂车及特种挂车，这四种车型的示意图如图 3-1～图 3-4 所示。全挂车由牵引车或作为牵引车使用的汽车牵引；半挂车与半挂式牵引车一起使用；轴式挂车是一种单轴车辆，专门用于运送长度较大的货物；重载挂车是大载重量的挂车，它可以是全挂车，也可以是半挂车，专门用于运送沉重的货物，其载重量通常可达到 200 吨～300 吨。由于挂车结构简单，保养方便，而且自重较小，因此在汽车运输中应用很广。

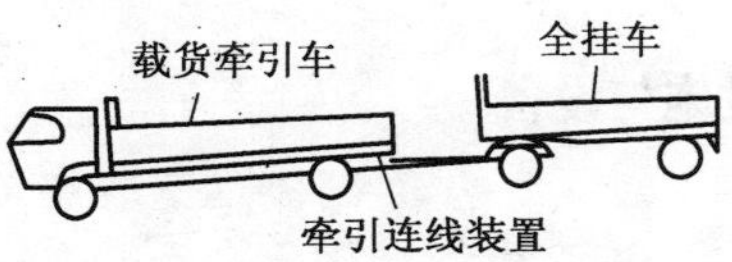

图 3-1 全挂汽车列车示意图

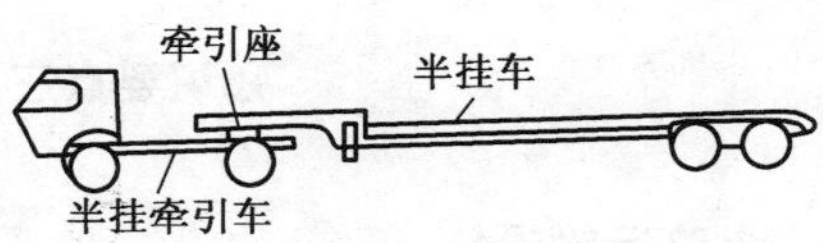

图 3-2 半挂汽车列车示意图

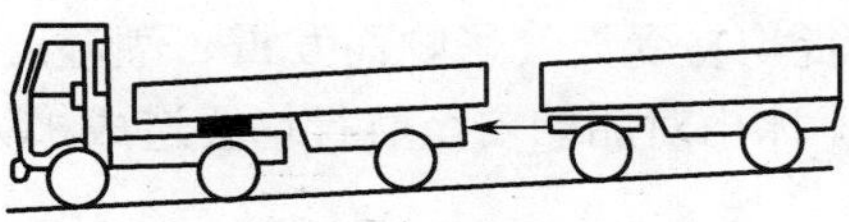

图 3-3 双挂汽车列车示意图

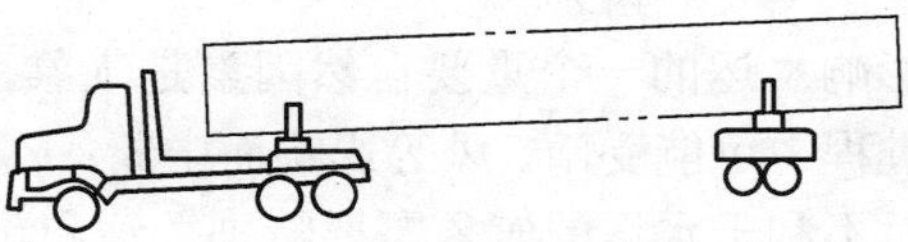

图 3-4 特种汽车列车

三、交通控制设备

交通控制设备主要有交通标志、路面标线和交通信号三类，其功能主要是对车辆、驾驶员和行人起限制、警告和诱导的作用。

1. 交通标志

交通标志是把交通指示、交通警告、交通禁令和指路等交通管理及控制法规用文字、图形或符号形象化地表示出来，设置于路侧或公路上方的交通控制设施，分为以下 4 种：

（1）警告标志。警告标志为唤起驾驶员对前方公路和交通条件的注意，如标示陡坡、急转弯、窄桥、铁路平交口及影响行车安全的地点的标志。

（2）禁令标志。禁令标志指禁止或限制车辆、行人通行的标志，如限速、不准停车、不准超车、不准左转等。

（3）指示标志。指示标志指指示车辆、行人行进或停止的标志，如绕道标志、目的地和距离标志等。

（4）指路标志。指路标志用来指出前方的地名或其他名胜古迹的位置和距离，预告并指示高速公路或一级公路的中途出入口、沿途的服务设施和必要的导向等。

齐全的交通标志能有效地管制和疏导交通，保障交通秩序，提高运输效率，减少交通事故。它是公路沿线设施中必不可少的组成部分。交通标志必须简单、明显、醒目，使驾驶员在极短的时间内能看清并识别，具有统一性，使不同地区或国家的驾驶员都能看懂。因此，其颜色、形状和符号三方面应符合规定要求。

2. 路面标线和路标

路面标线与交通标志具有相同的作用，将交通的警告、禁令、指示和指路用画线、符号、文字等标示嵌、划在路面缘石和路边的建筑物上，如道路中心线、车道边缘线、停车线、禁止通行区等。路面标线的颜色有白色和黄色两种，白色一般用于准许车辆越过的标线，如车道线、转弯符号等；黄色一般用于车辆不准许超越的标线，如禁止通行区、不准超车的双中心线等。

路标指沿道路中线、车道边线或防撞墙埋设的反光标志物。车辆夜间行驶时，在车灯照射下，路标的反光作用勾画出行车道或车道的轮廓，从而为驾驶员提供行驶导向。

3. 交通信号

交通信号是最主要的交通控制设备，是用于在时间上给互相冲突的交通流分配通行权，使各个方向和车道上的车辆安全有序地通过交叉口的一种交通管理措施。交通信号基本上可分为定时式和感应式两类。

知识要点三　水路运输设施与设备

一、水路运输设施

（一）自然因素

影响水运的一个重要自然因素是气象。比如：货物易受天气影响而发霉、潮湿；运输和装卸过程中可能受雨、风等影响而中断；风、雨、雾、冰山对船舶安全航行均会造成极大危害。因此对不利于水运的气象需要特别关注和预防。

1. 风

天气变化与气压的关系很大，气压发生明显变化时意味着天气将要发生变化。风是空气从高气压向低气压流动形成的。强风、热带风暴、台风和龙卷风的破坏力较大，严重影响运输安全。

2. 海浪

风作用于海面上，引起海水的波动，形成海浪。海浪用浪级表示其大小，一般分为10级。海浪过大造成船舶摇摆，影响船舶安全航行。还有一种是由于海底火山或地震引起的水面波动，称为海啸，是一种具有强大破坏力的海浪。

3. 雾

由于雾天导致的船舶碰撞事故占碰撞事故的大部分。雾对能见度的影响很大，风、雨等因素也能在一定程度上影响到能见度。能见度是指正常人视力在相应的天气条件下所看见的最远水平距离。雾按浓度分为轻雾、雾和浓雾。我国沿海有不同纬度和时间，各季节雾的变化各有特点，多发生在冷暖交替的春、秋季。

4. 潮汐

潮汐现象直接影响到船舶进出港、航行和港口生产活动。潮汐是海洋水体在太阳和月亮引力的作用下所做的振荡运动。这种相互作用引起海平面周期性的升降，即潮汐。潮汐周期波动与日、月、地球公转和自转及相互位置运动是一致的，所以潮汐周期涨落也是按日、月作用于地球的引力大小有规律地形成的，同时受到海岸轮廓和形态的影响，流速、流向和潮高在各地的情况各有不同。大潮汐期间若同时受到高水位或台风的影响，则会形成极高潮汐的风暴潮，对港口和船舶的危害极大。

（二）航道条件

航道是供船舶航行的水道，航标则是放置于水道附近用来引导船舶安全航行的标志物。

1. 海上航道

海上航道与内河航道呈现不同的特点。海洋面积占地球的70%，是水运的天然资源。我国的海域有渤海、黄海、东海和南海，其中渤海是我国的内海。与我国邻近的大洋是太平洋。我国海岸线绵延曲折、岛屿众多、水深湾长，多处可建天然良港。宽阔的海面为船舶提供了良好的航行条件，远洋海区水深、海面开阔，利于航行，但助航标志少、风浪较大。沿海地区助航标志多、浪较小，但通航密度大，有的地方水深较浅、航道狭窄，受潮流影响大。

2. 内河航道

内河航道受水文影响较大。水文的主要指标有流量、流向、水位、比降、含沙量等。河床和河岸的形成是水文和周边地质共同作用的结果。

3. 运河、船闸

运河是由人工开挖的航行水道，连接重要的河流、湖泊或城市。能够大幅度提高原有航道的作用，发挥极高的经济和社会效益。国际上著名的运河有苏伊士运河、巴拿马运河、基尔运河等。

船闸解决运河或水坝两侧存在的落差，保障船舶通过的水上建筑物。在重要航道上建设水坝均设置船闸，这样可以保证航线不因此断航。三峡工程设有一个万吨级的五级船闸和一个一级快速船闸，万吨船队可以不用解体而一次过坝。

4. 航标和海图

（1）航标。

航标是设置在航道上引导船舶安全航行的设施，分为海上航标和江河航标。海上航标设置于重要港口、沿岸岛屿和沉船等碍航物附近，以形状、颜色、灯光、发光间隔、时间长短、次数等来发挥作用。灯塔设置于岛屿高处或进出港口显著位置，同时还设雾笛等音响信号和无线电、雷达等导航信号系统。多数重要灯塔还有人值守，确保航标正常工作。

江河航标按航道等级不同分为三类：①一类航标晚上发光，保证船舶白天和晚上均可航行；②二类航标主要设置在较为发达的航道上，夜间只有主航道上的航标发光；③三类航标设置于低等级航道，晚上没有灯光信号不通航。不同的形状、灯光、闪动间隔、时间长短的航标发挥的功能作用也不同。航标由国家航道部门负责设置、维护与管理。

（2）海图。

供航海使用的图叫做海图，是掌握航区动态、计划航线、船舶航行必需的资料。海图按比例范围和发挥功用大小分为总图、航海图、海岸图、港湾图等。

海图以一定比例和一些特定的符号来反映海洋状况，海图上详细绘制与航行有关的各种要素，如港口、岛屿、海岸、水深、暗礁、沉船、海底电缆、潮流、灯塔位置等。使用海图要随时注意航海通告，及时做好海图改正工作，确保掌握最新的信息。

（三）港口

港口是指具有相应的设施，提供船舶靠泊、旅客上下船、货物装卸、储存、驳运及相关服务，并按照一定程序划定的具有明确界线的水域和陆域的综合体。既是水运货物的集散地，也是水陆运输的交汇点，是交通运输的重要枢纽和对外交流的窗口，在促进国际贸易和地区发展中起着举足轻重的作用。港口的发展会带动城市的经济繁荣，港口具备运输、仓储、保税、出口加工、旅游等多种功能，能为其他产业的发展提供重要支持和保障，也是所在城市、区域经济发展的一个重要基地。

1. 港口的功能

（1）运输装卸功能。

港口供船舶停靠、装卸货物、疏运旅客等生产作业；在恶劣天气下供船舶避风；货物汇集和储存；为船舶提供燃料、淡水和船员的生活用品等，桥吊如图 3-5 所示。

图 3-5　双 40 英尺桥吊

（2）工业功能。

现代港口不仅为现代工业提供运输服务，而且也提供了现代工业发展的理想场所。20 世纪 50 年代，随着世界经济的复苏，那些原先位于原材料产地的工业开始向临海地区转移。部分依靠港口深水条件并服务于航运业的工业（如造船、修船、港口工程等工业）也在港口布点。

（3）商业旅游功能。

旅客和物资的流转带动了金融、房地产、商业贸易的发展，港口以现代化的建筑及相对较好的地理位置成为了城市观光、旅游资源之一。

2. 港口的分类

由于港口与港口之间存在功能、位置、规模、能力、自然条件等方面的差异，不同的港口对国家国民经济发展的影响是不一样的。因此很多国家都根据用途功能、地理位置、自然条件和层次地位对港口进行了分类。

（1）按港口用途分类。

① 商港。又称贸易港，是以一般商船和货物运输为服务对象的港口。商港作为一般兼运各类货物，设有不同货种的作业区。它不但要有优良的自然条件，还必须具备工商业比较集中、经济比较发达、交通便利等条件，并具有从事海、陆、空联运的各种设施。

② 工业港。主要是供大型工矿企业输入原材料和输出产品而专门设置的港口，又称为业主码头。

③ 军港。是为军用舰艇驻泊、给养、训练和作战设置的专用港口。它在港口选址、总体布置和陆域设施等方面均有特殊要求。

④ 渔港。供渔船停泊、修理、给养和渔货装卸、冷藏加工及保鲜储运的港口，需具有生产、贸易和分运的功能。

⑤ 旅游港。是专为游艇停泊和保管而设计的特定形式的港池、码头及陆域设施的港口，常称为游艇基地。

⑥ 避风港。指专为船舶遇到突发性风暴时避风用的港口。

（2）按港口所在的地理位置分类。

① 海港。位于有掩护的海湾内或开敞的海岸上的港口。海港利用海湾、岬角等天然掩护，可避开或减少风浪、潮汐、沿岸输沙的影响。当天然掩护不能满足要求时可修建防波堤。

② 河口港。位于江河入海口处的港口。河口港一般建在河流下游潮区界内，有通海的航道，可满足河、海船舶停泊的需要。由于河口港所处的地域通常都具有经济发达、交通便利的优势，所以往往是国际上重要的国际贸易港。由于受潮汐和河道径流影响，进港航道一般容易出现泥沙淤积现象，形成拦门沙，因此航道的维护和治理往往是影响河口港发展的重要问题。

③ 河港。位于江、河、湖沿岸的港口。河道上游河港的特点是易受洪汛影响，不同季节的水位落差很大，给船舶停靠和装卸带来困难。中、下游的港口受潮汐和洪汛的双重影响，容易产生泥沙淤积问题。

④ 水库港。位于运河上的港口。

（3）按港口所在地的自然条件分类。

① 天然港。具有天然的船舶停靠和避风条件，有足够的水域面积和天然水深条件，底质适于锚泊的港湾。

② 人工港。经人工开辟的航道和港池，并建有防波堤的港口。

（4）按港口的层次地位分类。

这种分类是根据港口布局和港口在国民经济及综合运输体系中的地位、作用、所处的地理位置与功能进行的，主要有以下几种：

① 航运中心港：是港口高度集约化的产物，这类港口所在城市的经济、金融与贸易十分

发达，有广阔的经济腹地，有众多的固定航线通往国内和世界各主要港口。航运中心港一般都是集装箱枢纽港。

② 主枢纽港：是地理位置优越、辐射面广、货源充足、有较多固定航线、设施与设备先进、功能齐全的重要港口。这类港口一般位于综合运输主骨架的交汇点，是客货集散中枢和各种运输方式的相互衔接处。

③ 地区性枢纽港：这类港口的服务范围主要是某个地区，其航线数量、服务功能及服务设施与设备等方面都不如主枢纽港。但它具有优越的地理位置、较先进的服务设施与设备以及较齐全的服务功能，是地区客货集散中枢和综合运输的枢纽。

④ 地区性重要港口：是在地区经济发展及对外开放中发挥重要作用的港口。依托所在地区的重要城市，具有良好的陆路运输条件，对周边地区有一定辐射作用。

⑤ 其他中小港口：是指除上述以外的大量沿海中小港口，作为沿海地区交通基础设施的一部分，对所在地区的经济发展起到了积极的促进和保证作用，也是完善沿海港口布局的重要补充。

（5）按集装箱运输份额分类。

随着集装箱运输的发展，港口按集装箱吞吐量、服务范围、服务功能、服务设施与设备及现代化管理水平可分为以下几种：

① 国际集装箱枢纽港：是国际集装箱运输主干航线的起始港、终点港或主要挂靠港，是所在地区集装箱及货物集散的枢纽。

② 区域性枢纽港：是国际集装箱运输主干航线挂靠港或区域性国际航线起始港、终点港，本地区及邻近地区的集装箱货源较充足，且有一定数量的支线港（喂给港）。

③ 支线港（喂给港）：是区域性集装箱国际航线或分支航线的挂靠港，或是少数区域性国际航线及国内集装箱航线的起始港、终点港。

此外，港口根据装卸货物的不同还可分为综合性港口和专业性港口。综合性港口是指能够装卸多种货物的港口；专业性港口是指专门或主要从事某种货物装卸作业的港口，其特点是某种货物在其港口吞吐量中占有很大的比重，并具备装卸该种货物的先进专用装卸设施设备。

二、水路运输设备

（一）船舶

船舶是水路运输中必不可少的运输工具。随着水路运输的高速发展，先进科技在船舶设计、制造等方面的广泛运用，现代钢质运输船舶已替代过去的木质船，内燃动力机替代了风力和蒸汽动力。船舶向大型化、专业化、智能化方向发展。

1. 客船

客船是用于运输旅客和少量邮件的船舶。我国大多使用客货船，以运送旅客为主，在不宜设置客舱的位置安排货舱，捎带运输零担货物。客船按航行区域、技术要求和服务对象的不同大致分为远洋客船、沿海客船、旅游船、内河客船、车渡船等。为适应旅客快速和舒适的需要，一些适用于中短程、速度较快的中小型高速客轮也相继研发成功并投入使用，如气垫船、水翼艇、双体船等。远洋客运船舶的吨位较大，抗风浪等级高，航距远，各种设施齐全，速度也较快，又称为邮船。

2. 货船

货船指用于运输货物的船舶。按装载货种的不同分为杂货船、集装箱船、散货船、液货船、冷藏船、载驳船、滚装船等。

（1）杂货船。

杂货船又称为普通货船、通用干货船或统货船，主要用于装载一般包装、袋装、箱装和桶装的件杂货物。由于件杂货物的批量较小，杂货船的吨位也比散货船和油船小。典型的载货量在1～2万吨，一般为双层甲板，配备完善的起货设备。货舱和甲板分层较多，便于分隔货物，如图3-6所示。

图3-6 中国造最大杂货船

（2）集装箱船。

集装箱船又称为箱装船、货柜船或货箱船，是一种专门载运集装箱的船舶。其全部或大部分船舱用来装载集装箱，往往在甲板或舱盖上也可堆放集装箱。集装箱船的货舱口宽而长，货舱的尺寸按载箱的要求规格化。装卸效率高，大大缩短了停港时间。为获得更好的经济性，其航速一般高于其他载货船舶，最高可达30节以上，如图3-7所示。

图3-7 集装箱船全景图

（3）散货船。

散货船又称为散装货船，专用于运送煤炭、矿砂、谷物、化肥、水泥、钢铁等散装物资。目前其数量仅次于油船。其特点为：驾驶室和机舱布置在尾部，货舱口宽大；内底板与舷侧向上倾斜的边板连接，便于货物向货舱中央集中，甲板下两舷与舱口处有倾斜的顶边舱，以限制货物移动；有较多的压载水舱用于压载航行。按载运的货物不同又可分为矿砂船、运煤船、散粮船、散装水泥船、运木船等，如图 3-8 所示。

图 3-8　较大吨位的散货船

（4）液货船。

液货船是专门载运液体货物的船舶。液体货物主要有油、液化气、淡水和化学药液等，其中运量最大的是石油及其制品。按载运的货物不同又可分为原油船、成品油船、液体化学品船、液化气船等，如图 3-9 所示。

图 3-9　液化天然气船全景图

（5）冷藏船。

冷藏船是专门载运如水果、蔬菜、肉类和鱼类等需冷藏的货物的船舶。往往设有多层甲板，货舱内通常分隔成若干独立的封闭空间。船上具有大功率的制冷装置，可以在比较恶劣的环境中使各冷藏货舱内保持货物所需的适当温度，如图 3-10 所示。

图 3-10　大型冷冻船全景

（6）载驳船。

载驳船也称为子母船，是专门装运以载货驳船为货物单元的运输船舶。其运输方法是先将货物或集装箱装载在规格统一的驳船（子船）上，再将驳船装在载驳船（母船）上。到达目的港后，将驳船卸到水中，由拖船或推船将其分送到内河各地。载驳船的优点是不需占用码头泊位，不受港口水深限制，装卸效率高，便于海河联运。但由于造价高，货驳的集散组织复杂，其发展也受到了限制。

（7）滚装船。

滚装船是利用车辆上下装卸货物的多用途船舶，最初也称为滚上滚下船。将装有集装箱等大件货物的挂车和装有货物的带轮的托盘作为货运单位，由牵引车或叉车直接进出货舱进行装卸。滚装船通常在船尾设有货门和跳板，车辆可通过跳板、货门和各层甲板间活动的斜坡道或升降平台直接驶入各层甲板。因此滚装船不需要船上或码头上传统的起货设备而获得很高的装卸效率，如图 3-11 所示。

图 3-11　滚装船全景图

2. 船型主要尺度

船型的主要尺度有船长、型宽、型深、吃水。

（1）船长（L）。船长有三种表示方法：① 总长：船首至尾部的最大水平距离；② 垂线间长：首垂线至尾垂线的距离，又称两柱间长；③ 设计水线长：设计水线平面与船型首尾交点之间的水平距离。一般情况下，船长指垂线间长或设计水线长。

（2）型宽（B）。在船体的最宽处，由一舷的肋骨外缘量至另一舷的肋骨外缘之间的水平距离。

（3）型深（H）。船舯点处，沿舷侧龙骨上缘至上甲板下缘的垂直距离。对于甲板转角为圆弧形的船舶，则由平板龙骨上缘量至甲板型线与船舷型线的交点。

（4）吃水（T）。船舯部从龙骨上缘至设计水线的垂直距离。

3. 船舶性能

船舶的性能包括航行性能、载重性能、容积性能、装卸性能等。

（1）船舶的航行性能。

船舶航行于江河湖海，风雨、险滩、水流等各种情况十分复杂，这就要求船舶具有良好的航行能力，在各种情况下能安全、正常地航行。船舶的航行性能主要包括浮性、稳性、抗沉性、适航性、快速性和操纵性等。

（2）船舶的载重性能。

船舶作为运载货物的工具，其装载货物重量大小的能力主要取决于船舶的载重性能，通常从排水量和载重量两个方面来表示。

① 排水量。排水量指船舶浸入水中时排开水的重量。排水量分为空船排水量和满载排水量。空船排水量是船舶空载时的排水量，即空船的重量；满载排水量是船舶在满载吃水时排开水的重量，包括空船的重量、货物、燃料、淡水、船员、行李、给养物品及船舶常数的总和。

② 载重量。在船舶运输生产中更为重要的是船舶的载重能力，即船舶的载重量。载重量分为总载重量和净载重量。总载重量是指在某一规定的载重吃水线上，船舶允许装载的最大重量；净载重量是指所装载货物的最大重量，等于总载重量减去总储备量（包括航次所需的燃料、淡水、供应品、船员、行李等重量）和船舶常数。

国家主管机关根据船型、航区和季节等因素在船舶干舷勘定载重水线标志，以限制船舶的最大吃水，保证船舶在各航区安全行驶。

（3）船舶的容积性能。

船舶所具有的容纳各类货载体积的性能就是船舶的容积性能，通常由船舶的货舱容积、吨位和舱容系数来反映。船舶货舱容积是船舶实际能够容纳货物的空间。货舱容积按货物不同分为散装容积、包装容积和液货容积。

国家船检部门会将吨位标志勘绘于船舯两侧，以吨为计算和丈量的单位来表明船舶的实际货舱容积。

（二）港口设备

港口的所有作业基本上都借助于各种各样的机械工具，不同种类的货物还需配置专门的装卸和输送设备。港口码头前方的机械多数用于对船舶装卸，装卸机械是完成装卸工作的必需设备，其起重量的大小往往决定了来港货物单元的组成。港口后方的机械则多数用于库场与库场、库场与车辆之间的捣载，此类机械的起重量一般不是很大。

港内流动的装卸机械有较大型的轮胎起重机、履带式起重机、浮式起重机等；装卸搬运机械，如叉车、单斗车、索引车等；固定装卸机械有门座起重机、岸边起重机、集装箱起重机等；各种连续输送机械，如带式输送机、斗式提升机、气力输送机和螺旋输送机。专业化的码头通常都设有专门的装卸机械，如煤炭装船码头设有装船机；散粮卸船码头设有吸粮机；集装箱码头的前方设有集装箱桥，后方设有跨运车和重型叉车。

知识要点四　铁路运输设施与设备

铁路运输设施与设备是使运输对象进行空间场所移动成为可能的技术手段。铁路运输的特点是采用轨道运输方式，列车必须在铁路线路上行驶。

一、铁路运输设施

车站是铁路办理运输的基地，也是铁路系统的一个基层生产单位。铁路线路、车站以及设置的信号设备共同构成了铁路运输系统的基础设施。

（一）铁路车站设施

1. 车站概述

车站是铁路运输的基层生产单位。在车站上，除了办理客货运输的各项作业外，还要办理与列车运行有关的各项作业。车站不仅是铁路内部各项作业的汇合点，也是提高铁路运输效率和运输安全的保证，如图 3-12 所示。

图 3-12　铁路站场示意图

2. 车站的分类

目前，我国铁路上有大小车站几千个，根据它们所担负的任务量和在国家政治、经济上的地位，共分为六个等级，即特等站、一、二、三、四、五等站。车站按技术作业性质的不同可分为中间站、区段站和编组站。编组站和区段站可统称为技术站，但二者在车流性质、作业内容和设备布置上均有明显区别。车站按业务性质又分为货运站、客运站和客货运站。

（1）中间站。

中间站一般设在小城镇或县城，是为提高铁路区段通过能力、保证行车安全和为沿线城乡人民及工农业生产服务而设的车站。其主要任务是办理列车的到发、会让、越行和客货运业务。

1）中间站的物流作业包括：

① 行李、包裹的承运、保管、装卸与交付；

② 货物的承运、保管、装卸与交付；

③ 接发列车作业；

④ 列车的车辆摘挂作业，以及向货物线和专用线取送车辆的调车作业。

2）中间站的设备应根据作业性质和工作量大小而定，主要包括：

① 行包房；

② 货运设备，包括货物仓库、货物站台、货运室和装卸机具等；

③ 站内线路，包括到发线、牵出线和货物线等，它们分别用于接发列车、进行调车和货物的装卸作业；

④ 信号及通信设备。

此外，某些中间站还设有机车整备设备和列车检查设备等。

（2）区段站。

区段站多设在中等城市和铁路网上牵引区段的分界处。其主要任务是为邻接的铁路区段供应、整备机车，办理无改编货物列车的中转作业，编组区段列车和摘挂列车，并办理一定数量的列车解编作业及客货运业务。尽管区段站的作业和设备在数量和规模上都不是最大的，但作业和设备的种类却是比较齐全的。

1）区段站的有关作业包括：

① 行李、包裹的承运、保管、装卸与交付，作业量大于中间站；

② 货物的承运、保管、装卸与交付，作业量同样大于中间站；

③ 与货物列车有关的运转作业，主要办理无改编中转列车的接发和有关作业，对区段列车和沿零摘挂列车，要进行解体和编组作业，同时还办理向货场和企业专用线取送作业车等；

④ 机车业务。主要是换挂机车和乘务组，对机车进行整备、修理和检查等；

⑤ 车辆业务。办理列车的技术检查和车辆的修理任务。

由上述可知，区段站除办理中间站所需的作业外，还要进行机车和乘务组的调换以及列车的集结、检查和修理。故区段站也可说是设有机务段和编组场的中间站。所办理的作业无论从数量上还是种类上都远比中间站繁多。而在所办理的解编及中转列车中，又以无改编中转列车所占的比重为大。

2）区段站的有关设备包括：

① 货运设备、货场及其有关设备，包括装卸线、货物站台、仓库及装卸机械等；

② 运转设备，包括列车到发线、调车线、牵出线、机车走行线等；

③ 机务设备，包括机务段或机务折返段；

④ 车辆设备，包括车辆段、列车检修所和站修所等；

⑤ 信号及通信设备。

（3）编组站。

编组站是铁路网上办理大量货物列车解体和编组作业，并设有比较完善的调车设备的车站，有列车工厂之称。编组站通常设在几条主要干线的汇合处，也可以设在有大量装卸作业地点的大城市、港口或大工矿企业附近。其主要任务是解编各类货物列车，组织和取送本地区车流，供应列车动力、整备检修机车，货车的日常技术保养等四项。

编组站主要办理各类货物列车的解编作业，且多数是直达列车和直通列车，改编作业往往占全站作业量的60%以上，有的高达90%。

编组站的设备从种类上看一般与区段站一样，也有旅客和货物运转、客货运业务及机务、车辆等设备。

（4）铁路枢纽。

铁路枢纽是在铁路网点或铁路网端，由各种铁路线路、专业车站及其他为运输服务的设备组成的技术设备的总称。

铁路枢纽是客货流从一条铁路转运到另一条铁路线的中转地区，也是城市、工业区客货到发和联运的地区。除办理枢纽内各种与车站有关的作业外，在货物运转方面还办理各方向间的无调中转和改编列车的转线，以及枢纽车流交换的小运转列车作业。此外，还要提供列车动力，进行机车车辆的检修等作业。

（二）铁路线路设施

铁路线路是由路基、桥隧建筑物（包括桥梁、涵洞、隧道等）和轨道（包括钢轨、轨枕、连接零件、道床、防爬设备和道岔等）组成的一个整体工程结构。

1. 铁路线路的平面

铁路线路在空间的位置是用其中心线表示的。线路中心线在水平面上的投影叫做线路平面。它表明线路的直曲变化状态。直线和曲线是线路平面的组成要素。

在铁路线路上，直线和圆曲线不是直接相连的，它们之间需要插入一段缓和曲线，以保证行车平顺。缓和曲线的半径由无限大逐渐变化到等于它所衔接的圆曲线半径，车辆产生的离心力逐渐增加，从而有利于行车平稳、避免轮轨撞击。

2. 铁路线路的纵断面

线路中心线纵向展直后在铅垂面上的投影叫做线路纵断面，它表明线路的起伏变化情况，其高程为路肩高程。

（1）坡度。为了适应地面的起伏，线路上除了平道外，还有不同的坡道。因此，平道与坡道就成了线路纵断面的组成要素。坡道的陡与缓常用坡度来表示。坡度是指坡道线路中心线与水平夹角的正切值，它的大小通常用千分率（‰）来表示。

（2）限制坡度。每一个铁路区段都是由许多子道和不同坡度的坡道组成的。坡道的坡度不同，它们对列车重量的影响也就不同。在一个区段，决定一台某一类型机车所能牵引的最大货物列车重量的坡度，叫做限制坡度。限制坡度的大小影响一个区段甚至全铁路线的运输能力。

3. 路基与道碴

路基是指用以铺设铁轨设施的路面，而为了适合铁轨铺设，原有的过高路面必须挖掘成路堑，过低的必须填筑，使之成为路堤。道碴则是指铺设于路基上的碎石，其主要作用在于均匀分散轨枕所传来的列车压力，使其均匀地分布于路基上。若遇到雨天，道碴更可利于排水，避免轨枕积水，妨碍行车安全。

4. 钢轨与轨枕

钢轨是铁路系统中列车行驶的支撑设施，列车通过车轮与钢轨的摩擦得以前进、减速、制动停车，所以钢轨的材质对于行车安全而言尤为重要。就传统铁路的行车经验而言，单位长度越重的钢轨越能承受车轮的重压，适合大运量列车的行驶。

轨距是指两条平行钢轨的内侧距离，可分为宽轨、标准轨和窄轨三类。标准轨宽为 1.435m，凡轨宽大于此数者为宽轨，小于此数者为窄轨。我国大陆铁路主要采用标准轨距，目前各国现代化的高速铁路则都为标准轨。

轨枕是铺设于钢轨下面的坚固耐用物体，可以使两轨之间得以保持一定的轨距，以确保行车安全，并承受列车行驶所产生的压力。一般而言，轨枕必须具有良好的弹性以减少列车行驶所产生的剧烈震动。目前铁路运输系统上所使用的轨枕，依材质不同分为木枕、钢枕及混凝土枕三种，其中以木枕的性能为最佳。

5. 道岔

若想让行驶中的列车驶向其他路线，必须在不同路线的钢轨会合处装上特殊装置，用以引导车轮进入他轨，这项装置即为道岔。通常铁路列车经过道岔时，需降低行车速度。

6. 限界

为了确保机车车辆在铁路线路上运行的安全，防止机车车辆撞击邻近线路的建筑物和设备，而对机车车辆和接近线路的建筑物、设备所规定的不允许超越的轮廓尺寸线，称为限界。铁路基本限界可分为机车车辆限界和建筑接近限界。

（三）铁路通信信号设备

1. 信号设备

铁路信号设备是对铁路信号、联锁、闭塞等设备的总称。它的主要作用是保证列车运行与调车工作的安全，提高铁路通过能力，进站预告信号机如图 3-13 所示。

图 3-13　进站预告信号机

信号设备中的铁路信号是向有关行车和调车人员发出的指示和命令；联锁设备用于保证站内行车和调车工作的安全，提高车站的通过能力；闭塞设备用于保证列车在区间内运行的安全，提高区间的通过能力。

（1）信号。

铁路信号是指示行车和调车运行条件的命令，行车和调车人员必须执行信号传达的命令，才能确保安全和提高生产效率。

① 铁路信号通常用不同的颜色来显示其意义。我国规定有红、黄、绿三种基本颜色，其代表意义为：红色——停车；黄色——注意或减速行驶；绿色——按规定速度行驶。

② 铁路信号按感官可分为视觉信号和听觉信号两大类。视觉信号是以物体或灯光的颜色、形状、位置、数目或数码显示等特征表示的信号，如用信号机、机车信号、信号旗、信号牌、火炬等表示的信号；听觉信号是以不同声响设备发出音响的强度、频率、音响长短和数目等特征表示的信号。

③ 铁路信号按形式可分为手信号、移动信号和固定信号。用手拿信号灯、信号旗或用手势显示的信号叫手信号；临时设置的信号牌、信号灯等叫移动信号；在固定地点安装的信号设备叫固定信号，固定信号是铁路信号的主要形式。

固定信号机按构造和显示方式不同可分为臂板信号机、色灯信号机和机车信号机。

固定信号机按用途不同分为进站、出站、通过、预告、驼峰、复示、调车等信号机。我国铁路实行左侧行车，所以固定信号机一般设在列车运行方向的左侧。

（2）联锁设备。

车站联锁设备是保证车站内列车和调车作业的安全设备，也是提高车站通过能力的一种信号设备。

在车站上，为列车进站、出站所准备的通路称为列车进路，凡是为各种调车作业准备的通路则称为调车进路。一般每一个列车、调车进路的始端都应设立一架信号机进行防护，以保证作业时的安全。列车的进、出站和站内的调车工作通常是根据防护每一个进路信号机的显示状态进行的，而被防护的进路又是靠操纵道岔来排列的，因此在有关信号机和道岔之间、信号机和信号机之间应建立起一种互相制约的关系才能保证车站的安全，我们把这种制约关系叫做联锁。为完成这种联锁关系而安装的技术设备叫联锁设备。

联锁设备分为集中联锁（继电联锁和计算机联锁）和非集中联锁。编组站、区段站和电源可靠的其他车站如有条件均应采用集中联锁。在新建铁路线上条件暂不具备时，可采用非集中联锁。

（3）闭塞设备。

闭塞设备是用来保证列车在区间内运行安全、提高区间通过能力的区间信号设备。

在单线铁路上，为防止一个区间内同时进入两列对向运行的列车而发生正面冲突、避免两列同向运行的列车发生追尾事故，铁路上规定区间两端车站值班员在区间发车前必须办理的行车联络手续叫做行车闭塞手续。办理行车闭塞的设备叫闭塞设备。闭塞设备必须保证在一个区间内、同一时间里只能允许一个列车占用这一基本原则的实现。

行车基本闭塞方法主要采用两种，即半自动闭塞和自动闭塞。

2. 通信设备

为了有效地指挥列车运行、发布有关命令、实现路内各业务部门和单位职工密切配合与协同作业，将铁路各级机构联系成一个整体，以保证行车安全，提高运输能力和工作效率，必须设置一整套完善、先进的铁路通信设备。

通信设备是指挥列车运行、组织运输生产及进行公务联络等的重要工具。应做到迅速、准确、安全、可靠，使全国铁路的通信系统能成为一个完善、先进的铁路通信网。

铁路通信按传输方式可分为有线通信和无线通信两大类；按服务区域可分为长途通信、地区通信和站内通信等；按业务性质不同可分为公用通信、专用通信和数据传输等。

二、铁路机车车辆设备

（一）机车

机车是铁路运输的基本动力。由于铁路车辆大都不具备动力装置，需要把客车或货车连挂成列，由机车牵引沿着钢轨运行。在车站上，车辆的转线及货场取送车辆等各项调车作业也要由机车完成。因此，必须保证提供足够数量的牵引性能良好的机车，还必须加强对机车的保养与检修工作以及对机车的合理运用。

铁路采用的机车类型很多。从运用上分为客运机车、货运机车和调车机车。客运机车要求速度高，货运机车需要牵引力大，调车机车要求机动灵活；从动力上分为蒸汽机车、内燃机车和电力机车。

1. 蒸汽机车

这是早期的铁路机车类型。蒸汽机车主要由锅炉、汽机、走行部、车架、煤水车、车钩缓冲装置及制动装置等部分组成。

蒸汽机车的构造比较简单，制造和维修比较容易，成本比较低，因此最早被世界各国铁路采用。但是，蒸汽机车的牵引力不够大，热效率太低，其总效率一般只在5%～9%之间；煤水消耗量很大，需要大量的上煤和给水设备，而且会污染空气。因此在现代铁路运输中，蒸汽机车已逐渐被其他新型机车所取代。

2. 内燃机车

内燃机车以内燃机运转产生原动力，带动发电机产生电流作为动力来源，再由电流牵引马达，使其带动车轮转动。铁路上采用的内燃机绝大多数是柴油机。内燃机车按传动方式的不同可分为电力传动内燃机车和液力传动内燃机车两种。

内燃机车一般以柴油为燃料，热效率高，可达30%左右，内燃机车是各类机车中效率较高的一种。内燃机车机动灵活，机车的整备时间短，持续工作的时间长，上足一次油后能运行较长距离，初期投资比电力机车少，而且便于多机牵引。但内燃机车最大的缺点是对大气和环境有污染，机车构造也较复杂，制造、维修和运营费用都较高，制造大功率的车用柴油机也受到限制。

3. 电力机车

电力机车是利用机车上的受电弓将高压电流自轨道上空的接触电线网直接输入至机车内的电动机，再将电流导入牵引马达，使其带动机车车轮，118电力机车图如图3-14所示。

图3-14　118电力机车图

电力机车的构造比内燃机车相对简单些，所用电能可由多种能源（火力、水力、核能等）转换而来，电气设备工作稳定、安全可靠，而且具有功率大、效率高、不污染环境等多个优点。电力机车是被公认的最有发展前途的一种机车。

如表3-1所示给出了蒸汽机车、内燃机车及电力机车三种不同类型机车的比较表。

表3-1　不同类型机车比较表

项目/形式	蒸汽机车	内燃机车	电力机车
构造与造价	简单、低廉	复杂、较高	复杂、较高
运行速度	最慢	较快	最快
马力	最小	较大	最大

续表

项目/形式	蒸汽机车	内燃机车	电力机车
热能效率	最低	较高	最高
空气污染度	最严重	轻微	没有
维护难易度	容易	困难	容易

由表中可看出，为了满足铁路高速和重载的发展趋势，电力机车势必是将来铁路的发展方向。

目前世界上发展中的最新机车形式有涡轮机车和磁悬浮列车，这两种机车的研究正朝着速度快、牵引力大、低污染及节省能源的方向发展。

（二）货运车辆

铁路货运车辆是运送货物的工具，一般没有动力装置。铁路货运车辆种类繁多，但其结构大致相似。一般由车体、车底架、走行部、车钩缓冲装置和制动装置五个基本部分组成。

为了运送不同的货物，则需要配备各种类型、不同功能的货车。按轴数分，车辆有四轴车、六轴车和多轴车。四轴车的四根轴分别组成两个相同的转向架，我国铁路上的大部分车辆均采用这种形式。对于载重量较大的车辆，为使每一车轴加在线路上的重量不超过线路强度所规定的吨数（称为“轴重”），可以做成六轴车或多轴车；按载重量分，货车有 50 吨、60 吨、75 吨、90 吨等；按与物流有关的用途分，铁路货运车辆可分为行李车、货车和特殊用途车。

1. 行李车

行李车是设有行李间、办公室等设备，供旅客运送行李和包裹的车辆。随着经济的发展，城际间高附加值货物的运输服务需求日益增加，客户对铁路行李车承担的快递服务的要求也不断增加。

2. 货车

货车的种类很多，有通用货车、专用货车和特种货车等。通用货车指能装运多种货物的车辆，如棚车、敞车、平车等；专用货车指专供装运某些种类货物的车辆，如家畜车、罐车、保温车、水泥车、集装箱车等；特种货车指专供运送特大、特重、特长货物的车辆，如落下孔车、凹底平车、钳夹车等。

3. 特殊用途车

特殊用途车是指一般不直接用于运送货物、有特殊用途的车辆，如检衡车、发电车、救援车、扫雪车等。

知识要点五　航空运输设备与设施

一、航空运输设施

1. 航空港的意义及其组成

航空港是航空运输用飞机场及其服务设施的总称。飞机场简称机场，是用于飞机起飞、着陆、滑行、停放、维修等活动的场地，其中有为飞行服务的各种建筑物和设施。

在航空港内，除飞机场外，还有为客、货运输服务的设施，如候机楼、货运站等。航空港和飞机场是两个不同的概念，但在民用航空中往往混用，例如，北京的国际航空港习惯上称为北京首都机场。

（1）航空港的分类。

航空港是民航运输网络中的节点，是航空运输的起点、终点和经停点。航空港可实现运输方式的转换，是空中运输和地面运输的转接点，因此也可将航空港称为航空站。

① 按航线性质可分为国际航线航空港和国内航线航空港。

② 按航空港在民航运输网络系统中所起的作用，可分为枢纽航空港、干线航空港和支线航空港。

③ 按航空港所在城市的性质和地位，可分为Ⅰ类航空港、Ⅱ类航空港、Ⅲ类航空港和Ⅳ类航空港。

④ 按服务对象不同可分为军用航空港、民用航空港和军民合用航空港。

（2）航空港的构成。

航空港主要由飞行区、航站区及进出航空港的地面交通系统构成。

① 飞行区。飞行区是航空港的主要区域，占地面积最大。飞行区域有跑道、滑行道、停机坪和各种保障航行安全的设施，如无线电通信导航系统、目视助航设施等。航空港内供飞机起降用的跑道，根据飞行量和风向风力条件可以设一条或多条。

为保证飞机安全起飞和着陆，在飞行区上空划定净空区，即在机场及其邻近地区上空，根据在本机场起降飞机的性能规定若干障碍物限制，不允许地面物体超越规定的高度。这些限制面以上的空域称为净空区。净空区的划定可以随飞机性能的发展而改变。

② 客货运输服务区。客货运输服务区是为旅客、货物、邮件提供运输服务的设施所在区域。区内设施包括客机坪、候机楼、停车场等，其主要建筑是候机楼。区内还配备有旅馆、银行、公共汽车站、进出港道路系统等。货运量较大的航空港还设有专门的货运站。

③ 机务维修区。机务维修区是维修厂、维修机库、维修机坪等设施的所在区域，区内还有为保证航空港正常工作所必需的各项设施，如供水、供电、供热、供冷、下水等各种公用设施，以及消防队、急救站、自动电话站、储油库、铁路专用线等。

整个航空港的布局以跑道位置的安排为基础。根据跑道位置布置滑行道、客机坪、货机坪、维修机坪及其他飞机活动场所。客货运输服务区的位置通常位于连接城市交通网并紧邻飞行区的地方。

（3）机场场道。

① 跑道。跑道是提供飞机起飞、着陆、滑跑、起飞滑跑前和着陆滑跑后运转的场地。航空港的构成主要取决于跑道的数目、方位及跑道与航站区的相对位置。

跑道数目由航空运输量的大小决定。跑道的长度是航空港的关键参数之一，它与飞机的起降安全相关。跑道长度的确定主要考虑飞机的起降质量和速度、航空港所在环境、气象条件、跑道条件等因素。跑道的方位是指跑道的走向。跑道的方位主要与当地风向有关。根据航空港的用途、航空港所在地区的海拔高度和气温的不同，跑道长度一般为 1000～5000m，宽度为 45～100m。

② 滑行道。滑行道的主要功能是提供从跑道到航站区的通道，使已着陆的飞机迅速离开跑道，不与起飞滑跑的飞机相干扰，并尽量避免因延误随即到来的飞机着陆。同时，滑行道也提供了飞机由航站区进入跑道的通道，且将性质不同的航站的各功能分区连接起来。

③ 停机坪。停机坪包括站坪、维修机坪、隔离机坪、等候机位机坪、等待起飞机坪等。

停机坪上设有机位。航站楼空侧所设停机坪称为站坪，可供飞机滑行、停驻、装卸货物及加油。

2. 航空港设施与设备

（1）航站楼。

航站楼是航站区的主体建筑物。航站楼的设计不仅要考虑其功能，还要考虑其环境、艺术氛围及民族风格等。航站楼一侧连着机坪，另一侧又与地面交通系统相连。旅客、行李及货邮在航站楼内办理各种手续，并进行必要的检查以实现运输方式的转换。

（2）目视助航设施。

为了满足驾驶员的目视要求，保证飞机在安全起飞、着陆、滑行，应在跑道、滑行道、停机坪及相关区域内设置目视助航设施，包括指示标、信号设施、标志、灯光、标记牌和标志物。

（3）地面活动引导和管制系统。

地面活动引导和管制系统是指由助航设备、设施和程序组成的系统。该系统的主要作用是使航空港能安全地解决飞机运行中提出的地面活动需求，即防止飞机与飞机、飞机与车辆、飞机与障碍物、车辆与障碍物及车辆之间的碰撞等。

（4）地面特种车辆和场务设备。

进出港的飞机都需要一系列的地面服务，这些服务往往都是由工作人员操作各种车辆或设备来完成的。

为了保证飞机在飞行区内正常运行，航空港应配备维护设备、检测设备及驱鸟设备等。

3. 通信与导航设备

（1）通信设备。飞机用于和地面电台或其他飞机进行联系的通信设备包括高频通信系统、甚高频通信系统和选择呼叫系统。

（2）导航设备。飞机的导航主要依赖于无线电导航系统，其设备有甚高频全向无线电信标、测距仪系统、无方向性无线电信标系统及仪表着陆系统等。

（3）监视设备。目前实施空中交通监视的主要设备是雷达。它是利用无线电波发现目标并测定其位置的设备。

二、航空运输设备

1. 飞机的分类

飞行器可以分为航空器和航天器，前者是大气飞行器，后者是空间飞行器。航空器可分为轻于空气的航空器和重于空气的航空器，如飞机与各种直升机、滑翔机、旋翼机等都是重于空气的航空器。飞机是最主要的航空器类型，由于它的用途很多，其分类方法也很多。

（1）按用途分类。

由于飞机的性能、构造和外形基本上由用途来确定，所以按用途分类是最主要的分类方法之一。现代飞机按用途主要可分为军用机与民用机两类，另有一类专门用于科研和试验的飞机，称为研究机。

① 客机。用于运载旅客和邮件包裹，联络国内各城市与地区或国际间的城市。客机可按大小和航程进一步可分为洲际航线上使用的远程客机、国内干线使用的中程客机、地方航线上使用的近程客机。目前各国使用的客机大都是亚音速机和超音速客机两种，其最大巡航速度约

为二倍音速。

② 货机。用于运送货物，一般载重较大，有较大的舱门，或机身可转折，便于装卸货物。货机修理维护简易，可在复杂气候下飞行。

③ 民用教练机。用于训练民航飞行人员，一般可分为初级教练机和高级教练机。

④ 农业机、林业机。用于农业喷药、施肥、播种、森林巡逻、灭火等。大部分属于轻型飞机。

⑤ 体育运动机。用于进行体育运动（如运动跳伞等），可做机动飞行。

⑥ 多用途轻型飞机。这类飞机的种类与用途繁多，如用于地质勘探、航空摄影、空中游览、紧急救护、短途运输等。

（2）按构造分类。

按不同的构造可将飞机分为不同的类型。按机翼数目一般可分为双翼机和单翼机。按发动机类型可分为活塞发动机、螺旋桨飞机和喷气式飞机。按发动机数目可分为单发动机飞机、双发动机飞机、三发动机飞机和四发动机飞机。按起落地点可分为陆上飞机、雪上飞机、水上飞机、两栖飞机和舰载飞机。按起落方式可分为滑跑起落式飞机和垂直/短距起落式飞机。此外，还可按尾翼位置、数量或机身数量分类。

（3）飞机的主要性能。

不同用途的飞机对飞行性能的要求有所不同。对于现代飞机，主要有以下性能指标：

① 速度性能。反映飞机速度性能的指标主要有两个，即飞机的最大平飞速度和巡航速度。最大平飞速度是指飞机做水平直线飞行，当飞机的阻力与发动机的最大可用推力相等时，飞机所能达到的最大飞行速度；飞机的巡航速度即发动机每公里消耗燃油最少时的飞行速度。显然，当飞机以巡航速度飞行时，最为经济、航程最远或航时最长。

② 爬升性能。爬升性能主要指飞机的最大爬升速率和升限。飞机起飞后，在爬升过程中单位时间内能上升的最大高度即为爬升速率，其值越大，上升到预定高度的时间越短。当飞机爬升到某一高度，发动机的推力只能克服平飞阻力时，飞机就不能再继续爬升了，这一高度称为飞机的理论升限。通常使用的概念是实用升限，即飞机在爬升率为 5m/s 时所对应的飞行高度。

③ 续航性能。续航性能主要指航程和续航时间。航程是指飞机起飞后，爬升到平飞高度平飞，再由平飞高度下降落地，且中途不加燃油和润滑油所获得的水平距离的总和；续航时间是指飞机一次加油后在空中所能持续飞行的时间。

④ 起降性能。飞机的起降性能包括飞机起飞离陆速度、起飞滑跑距离、着陆速度和着陆滑跑距离。

在地面滑跑的飞机，当其前进速度所产生的升力略大于飞机的起飞重量时，飞机就能离陆了，此时飞机的速度即为离陆速度。起飞滑跑距离是指飞机从松开刹车沿跑道向前滑跑至机轮离开地面所经过的距离。

飞机着陆过程的速度分为着陆进场速度和着陆接地速度。着陆进场速度是指飞机下滑至安全高度进入着陆区时的速度；着陆接地速度为飞机在着陆区接触陆地时的速度。着陆距离可分成着陆下滑距离和着陆滑跑距离。着陆下滑距离指飞机开始下滑着陆至机轮接触地面时所经过的距离；着陆滑跑距离指从机轮着地开始滑跑至刹车时所经过的距离。

知识要点六 管道运输设施与设备

管道运输是指由钢管、泵站和加压设备等组成的运送气体、液体、固体等的运输方式。管道运输系统一般由管线和管线上的各个站点组成。

一、管道运输的基本设施及其分类

（一）管道运输的基本设施

管道运输系统与其他运输系统具有很大的差异，其中最主要的差别在于：管道运输系统中，运输工具都是固定的，不需要凭借运输工具的移动来完成运输任务。因此，管道运输系统所需的基本设施也异于其他运输系统。

管道运输系统的基本设施包括管道、储存库、压力站（泵站）和控制中心，管道是管道运输系统中最主要的部分，它的制造材料可以是金属、混凝土或塑胶，完全由输送的货物种类及输送过程中所要承受的压力大小来决定。由于管道运输的过程是连续进行的，因此管道两端必须建造足够容纳所承载货物的储存库。

（二）管道运输基本设施的分类

1. 站点

管线上的站点一般分为首站、中间站和末站三种。由于管道运输的货种的差别，其站点的类型和作业存在较大的差异。

（1）首站。

首站位于管线的首端，其作用一般为汇集货物并将其变成流体后加压送往中间站。除加压设备外，首站还应具备较强的储存能力及运输中的计量和预处理能力。

（2）中间站。

中间站位于管线上首站和末站之间，长距离运输时，中间站不止一个。中间站的作用主要是给管道加压，为管道运输提供能量。对于某些货物还需进行其他处理，如运输易凝高粘原油，中间站必须给原油加热以增加其流动性。

（3）末站。

末站位于管线的末端，其作用是接收管道输送的货物，然后送往使用单位或用其他运输方式转运出去。有些货物在末站还需进行处理，如煤浆的脱水、成型。因此，管道的末站应具备较强的储存能力、转运能力以及必要的作业能力。

比较典型的管道运输过程是原油的运输。原油运输管道的首站一般设在油田附近。开采出来的原油汇集到首站，首站经计量、脱水、脱杂质（必要的话再给原油加热），然后送往管道。

在运输过程中，管道内的压力逐渐降低，中间站给管道加压，恢复其流动所需的能量，这样一站一站接力，将货物运往末站。末站一般设在炼油厂或港口附近，末站用容器收集原油，然后用管线或其他运输工具将原油转运出去。

2. 泵站布置

油品在输油首站加压进入管道后，在流动中要克服摩擦阻力，能量不断减少，长距离输送油品必须建立中间加压泵站。每个泵站供给油品的最大压力能受泵的管材性能和强度的限制。

输送距离越长，所需的中间泵站越多。在地形起伏较大的地区，输油管道的末段通过高峰时，油品自该高点至终点所得的位能可能大于为克服流动时的摩擦阻力所需的能量，这样的高点称为翻越点。油品过翻越点后不仅可以自流，还会因位能有余而使流速加快，从而在管道中出现不满流。不满流不仅浪费能量，还会使冲击压力增大，在顺序输送的管道上则会导致混油量增大。

为避免不满流的危害，防止停输时管内油品的静水压力可能超过管道强度的容许值，在翻越点之后要采取措施增加摩擦阻力，如在管道沿线高差很大的管段上设减压站，并设置分隔静水压力的截断阀等。

3. 压气站设置

货物经由管道从甲地输送到乙地必须靠压力来推动，压力站就是管道运输动力的来源。一般管道运输压力的来源有气压式、水压式、重力式及最新的超导体磁力式。通常气体的输送动力来源靠压缩机来提供，这类压力站设置距离一般为 80～160km，液体的输送动力来源则是靠泵提供，这类的压力站设置距离为 30～160km。

为提高天然气压力或补充天然气沿管道输送所消耗的压力，需要设置压气站。是否需要建设起点压气站取决于气田压力。当气田压力能满足输气的需要时，可暂不建站。长距离输气管道必须在沿线建设若干个中间压气站。中间压气站的数目主要由输送距离和压缩比决定。

站距主要由输气量决定，每个压气站都要消耗一部分天然气做燃料，因此输气量逐站减少，从而使各站距也有所不同。在确定站距时，除了应根据通过该站的实际输气量和进出口压力值，还应综合考虑压气站址的地理、水源、电力、交通等条件。

二、管道运输的基本设备

（一）运输管道

管线一般用钢质的管道焊接而成，能承受较大的压力。根据运输货物的种类和运量的不同，管径和管道压力有大有小，如原油管道的管径为 273～1020mm，成品油管道的管径为 59～920mm。目前我国管道运行压力都在 5MPa 以下。

运输管道常按所输送的物品不同分为原油管道、成品油管道、天然气管道和固体料浆管道。

（1）原油管道。原油一般具有比重大、粘稠和易于凝固等特性。用管道输送时，要针对所输原油的特性采用不同的输送工艺。原油运输不外乎是自油田将原油输给炼油厂，或者输给转运原油的港口或铁路车站。其运输特点是运量大、运距长、收油点和交油点少，所以特别适合用管道输送。世界上的原油约有 85%以上是用管道输送的。

（2）成品油管道。成品油管道输送汽油、煤油、柴油、航空煤油、燃料油，以及从油气中分离出来的液化石油气等成品油。每种成品油在商业上有多种牌号，常采用在同一条管道中按一定顺序输送多种油品的工艺，这种工艺能保证油品的质量并准确地分批运到交油点。成品油管道的任务是将炼油厂生产的大宗成品油输送到各大城镇附近的成品油库，然后用油罐汽车转运给城镇的加油站或用户。有的燃料油则直接用管道输送给大型电厂，或用铁路油槽车外运。成品油管道运输的特点是批量多、交油点多。因此管道的起点段管径大、输油量大，经多处交油分输后，输油量减少，管径也随之变小，从而形成成品油管道多级变径的特点。

（3）天然气管道。输送天然气和油田伴生气的管道包括集气管道、输气干线和供配气管道。就长距离运输而言，输气管道指高压、大口径的输气干线，这种输气管道约占全世界管道总长的一半。

（4）固体料浆管道。固体料浆管道是20世纪50年代中期发展起来的，到70年代初已建成能输送大量煤炭料浆的管道。其输送方法是将固体粉碎，掺水制成浆液；再用泵按液体管道输送工艺进行输送。

运输管道按用途不同可分为集输管道、输油（气）管道和配油（气）管道三种。

（1）集输管道。集输管道（集气管道）是指从油（气）田井口装置经集抽（气）站到起点压力站的管道。主要用于收集从地层中开采出来的未经处理的原油（天然气）。

（2）输油（气）管道。以输气管道为例，它是指从气源的气体处理厂或起点压气站到各大城市的配气中心、大型用户或储气库的管道以及气源之间相互连通的管道，输送经过处理符合管道输送质量标准的天然气，是整个输气系统的主体部分。

（3）配油（气）管道。对于油品管道来说，它是指在炼油厂、油库和用户之间的管道；对于输气管道来说，是指从城市调压计量站到用户支线的管道，由于压力低、分支多、管网稠密、管径小，除大量使用钢管外，低压配气管道也可使用塑料管或其他材质的管道。

（二）管道施工设备

1. 吊管器

吊管器是将各种类型的钢管或防腐层钢管吊运到各种条件下的施工场地的设备。它可以安装在吊车、吊管机或液压挖掘机上，非常通用。真空泵向真空罐提供90%的真空度，在吸盘接触到管壁时，将吸盘与管壁间的间隙抽成真空而产生吸附力，吊起管子。由于可以更换吸块装置，一台真空吊管器可以装卸多种管径的管子，如图3-15所示。

图3-15 真空吊管器

2. 对口器

（1）内对口器在管子内部快速准确地完成两管口的对中，如图3-16所示。

（2）外对口器在管子外表面卡紧管子，完成两管口的对中，如图3-17所示。

3. 逆变焊机

逆变焊机实现只用一台焊机就能适用于所有焊接，其特殊的设计可以在现代管线施工现场实施经济、高效的管道全自动焊接。履带式综合焊接车如图3-18所示。

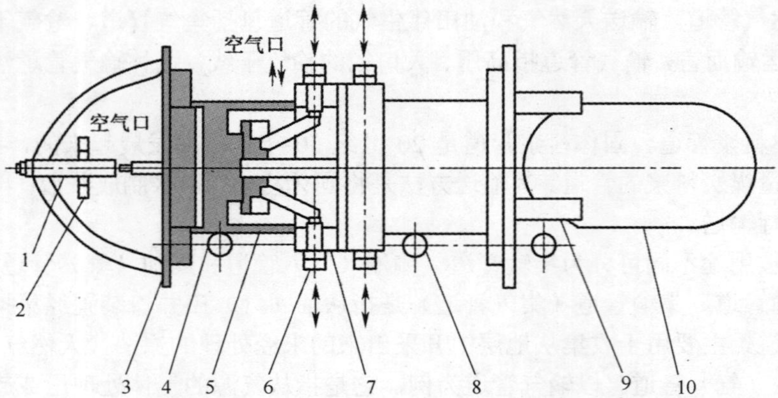

1-控制杆；2-控制阀；3-头部导向支承；4-活塞；5-缸体；6-涨块；7-分配器；

8-行走轮；9-储气瓶支架；10-储气瓶

图 3-16　内对口器

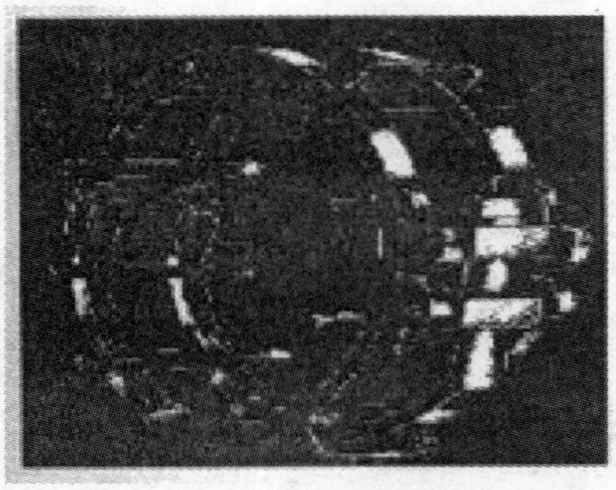

图 3-17　外对口器

图 3-18　履带式综合焊接车

4. 管道内喷涂机

主要用于管道内防腐施工时单根管子预制作业，主要结构组成有行走系统、供料系统和旋喷系统。该设备以 220V 交流电作为动力源，工作时启动行走电机，设备从管道一端爬行到另一端，停下来后打开旋喷电机开关，待转速升至稳定状态，反向起动行走电动机，喷涂机后退的同时启动供料泵供料。涂料从喷涂机自带的料仓中被输送到旋杯中，在强离心力的作用下经高效雾化后喷向管壁，如图 3-19 所示。

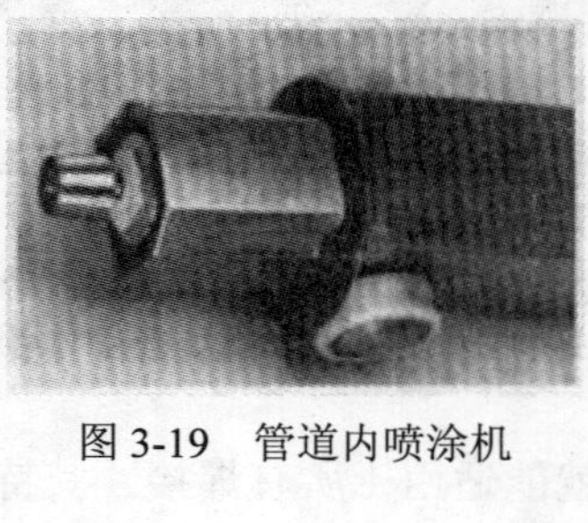

图 3-19　管道内喷涂机

5. 管道内涂层补口车

主要用于单根防腐已预制好的管子在安装焊接后，对管线内焊口处进行补口补伤处理。

其主要结构由行走、定位、供料、旋喷和控制五部分组成，如图 3-20 所示。

图 3-20　管道内涂层补口车

6. 管道内焊口磨光车

主要用于管道内焊口处，焊瘤、焊疤、焊碴的打磨处理以及局部内表面除锈。主要结构有行走系统、视觉光学定位系统、打磨系统和除尘系统，如图 3-21 所示。

7. 管道内窥车

主要用于管线内表面腐蚀、污垢等运行状态以及安装过程中的焊接、除锈、喷涂、补口补伤等施工质量的外观检测。工作中的检测信号经视频传送至管道外监视器上，可得到清晰、准确的图像显示并能实时记录，如图 3-22 所示。

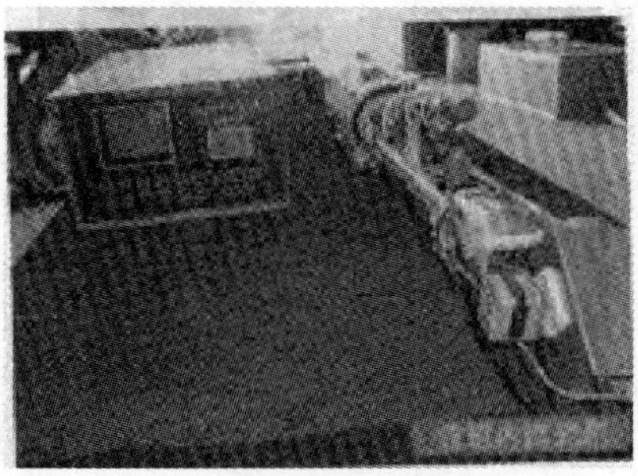

图 3-21　管道内焊口磨光车

图 3-22　管道内窥车

【实训任务】

一、实训目标

1. 熟悉公路分级和技术标准，汽车货运站的主要功能。
2. 掌握货运汽车的种类和基本结构。
3. 学会货运汽车的选择和使用管理等知识。
4. 训练具备根据货运汽车的基本参数及特点完成汽车选型任务的能力。

二、实训地点

北京烟草配送中心。

三、实训步骤

第一步：教师发放工作任务书。

任务书主要是明确此实训内容的目标、实施过程和预期结果等内容。一般的格式如表 3-2 所示。

表 3-2　工作任务书

班级		姓名		实训时间	
实训目标	在企业实地训练具备根据货运汽车的基本参数及特点，完成汽车选型任务的能力				
实施过程	资讯采集： 工作计划： 工作实施： 检查和评价：				
工作成果					
注意事项					

第二步：任务分配。

对任务进行分解，并根据任务目标进行学生分组。每组约 5 人，每组内部分工负责不同的内容，任务分配记录如表 3-3 所示。

表 3-3 任务分配表

任务	学生角色分配
在北京烟草配送中心实地训练公路货运车辆选择的能力	作业组共____人，其中： 安全检查员___ 人： 送货员____人： 司机____人： 统计核算员____ 人： 实训报告撰写____ 人： 其他____人：

第三步：布置实训任务。

在北京烟草配送中心实地训练公路货运车辆选择的能力，提交实训报告。

第四步：教师任务解释。

1．先概括交代公路运输的特点和功能。

2．能够根据交通量计算行车速度等指标，具备区分不同等级公路的能力。

3．教师示范货运汽车选型中对车辆的基本参数及特点的实际操作。

第五步：学生执行任务。

根据教师的讲解，结合自己的理解，制定时间进度计划，确定各组负责人，实施货运车辆选型的实训计划。

第六步：实训总结，形成实训报告。

根据本组实训内容，按照一定的逻辑性进行总结，形成实训报告以备成果展示。

四、成果展示

根据实训的结果，学生需要提交一份实训报告（字数不低于 3000 字）和一份 PPT 讲演稿。实训报告要注意格式，其中应尽可能增加一些图片、表格、数字等。报告里要体现出每人负责的内容。

五、实训评价

实训评价主要是通过实训课堂上讲解内容的完整性、表述得是否清楚、逻辑性如何、成员协作配合等方面。评价的标准如表 3-4 所示。

表 3-4　运输设备作业实训评价

<table>
<tr><th rowspan="2">考核要素</th><th rowspan="2">评价标准</th><th rowspan="2">分值（分）</th><th colspan="3">评分（分）</th></tr>
<tr><th>自评（20%）</th><th>小组（30%）</th><th>教师（50%）</th></tr>
<tr><td rowspan="4">运输设备作业实训</td><td>组织协作能力</td><td>25</td><td></td><td></td><td></td></tr>
<tr><td>作业设计及执行情况</td><td>35</td><td></td><td></td><td></td></tr>
<tr><td>实训报告写作</td><td>25</td><td></td><td></td><td></td></tr>
<tr><td>实训汇报内容</td><td>15</td><td></td><td></td><td></td></tr>
<tr><td colspan="3">评价人签名</td><td></td><td></td><td></td></tr>
<tr><td colspan="3">合计</td><td></td><td></td><td></td></tr>
<tr><td colspan="6">评语

教师：
年　月　日</td></tr>
</table>

【大赛试题】

一、填空题

1．交通枢纽是在两条或两条以上运输线路的交汇处和衔接处形成的，具有运输组织、__________、__________、__________、__________及其他辅助服务功能的综合性设施。

2．交通枢纽按地理位置可分为：①__________，如北京、济南等；②__________，如上海、大连等；③__________，如长江干流从宜宾到上海共有 13 个此类交通枢纽。

3．世界港口发展大体经历三代，第一代港口主要是__________；第二代港口除了货物的装卸、仓储外，还增加了工业和商业活动，使港口成为具有使货物增值效应的服务中心；第三代港口适应国际经济、贸易、航运和物流发展的要求，得益于港航信息技术的发展，使港口逐步走向国际物流中心。

4．现代港口的功能更加广泛，将朝着全方位增值服务中心的方向发展，具备 5 个“中心”的功能，即__________、__________、__________、__________和__________。

5．港口是运输网络中水陆运输的枢纽，是货物的集散地，船舶与其他运输工具的衔接点。它可以提供__________、__________、__________、__________、__________及其他相关业务，并具有明确的水域和陆域范围。

6．港口按运输角度可分为：①__________，拥有较小的码头或部分中型码头，主要挂靠支线运输船舶和短程干线运输船舶；②__________，拥有大型码头，地理位置优越，在水路运输发展的过程中已成为海上运输主要航线的连接点，同时又成为支线的汇集点；③__________，是国际运输主要航线的端点港，与内陆发达的交通运输网相连接，是水陆交通的枢纽。

7. 从运输、存储条件和装卸工艺的角度考虑，货物可分为四大类：__________、__________、__________和__________。

8．货物通过港口通常要经过__________、__________和__________三个环节。

9．集装箱码头主要有以下职能：①__________；②__________；③__________。

10．集装箱码头作为运输系统中货物的交汇点，其应有的必要设施包括__________、__________、__________、__________、__________、__________、__________、__________等。

11．控制塔又称为__________、__________、__________，是集装箱码头各项作业的指挥调度中心。它的作用是__________、__________和__________集装箱码头作业计划的执行。

12．车站是铁路运输的基本生产单位，它集中了和运输有关的各项技术设备，并参与整个运输过程的各个作业环节。车站按技术作业性质可分为__________、__________、__________；按业务性质可分为__________、__________、__________；按等级可分为特等站、一级～五级站。

13．铁路枢纽是在铁路网点或铁路网段，由__________、__________和__________组成的技术设备总称。

14．机场的功能：机场是供飞机__________、__________、__________、__________、__________的场所。

15．__________、__________和__________构成了民航运输网络。

16．机场主要由三部分构成，即＿＿＿＿＿、＿＿＿＿＿及＿＿＿＿＿的地面交通系统。

17．机场的其他设施还包括：＿＿＿＿＿、应急救援设施、＿＿＿＿＿、＿＿＿＿＿、＿＿＿＿＿、＿＿＿＿＿、货运区及航空公司区等。

18．机场类别：①按航线性质划分，可分为＿＿＿＿＿和＿＿＿＿＿；②按机场在民航运输网络系统中所起的作用划分，可分为＿＿＿＿＿、＿＿＿＿＿和＿＿＿＿＿；③按机场所在城市的性质和地位划分，可分为Ⅰ类机场、Ⅱ类机场、Ⅲ类机场和Ⅳ类机场；④按服务对象不同划分，可分为＿＿＿＿＿、＿＿＿＿＿和＿＿＿＿＿。

19．为了满足驾驶员的目视要求，保证飞机在安全起飞、着陆、滑行，应在跑道、滑行道、停机坪及相关区域内设置有目视助航设施，包括＿＿＿＿＿、＿＿＿＿＿、＿＿＿＿＿、＿＿＿＿＿和＿＿＿＿＿。

20．根据顾客需求，航空货运市场可以分为三类：①＿＿＿＿＿；②＿＿＿＿＿；③＿＿＿＿＿。

21．根据航空货运市场的调查与预测，估算航空货物在各机场之间的流量和流向，确定本公司的市场目标和市场份额。在此基础上，制定货物运输生产计划，主要包括＿＿＿＿＿、＿＿＿＿＿、＿＿＿＿＿、＿＿＿＿＿和＿＿＿＿＿等。

22．物进出港是一个组织严密的生产过程，有严格的工序控制和定时要求，有严格的操作规范和重量指标，包括＿＿＿＿＿、＿＿＿＿＿、＿＿＿＿＿等。

23．所谓公路交通枢纽，是指公路干线主枢纽，即在公路主骨架与水运主干道、＿＿＿＿＿和干线交汇处综合运输网重要节点上逐步形成的面向全社会的公路客货运站场及其服务系统。

24．物流中心现代化体现在中转大厅的结构要＿＿＿＿＿、＿＿＿＿＿、＿＿＿＿＿，并且设有现代化的＿＿＿＿＿、保温、＿＿＿＿＿、采光和防灾设备。

25．物流中心是由若干物流节点集约而成的，这些物流节点包括：＿＿＿＿＿、＿＿＿＿＿、配送中心、＿＿＿＿＿、＿＿＿＿＿和＿＿＿＿＿等，其中必不可少的是＿＿＿＿＿和＿＿＿＿＿，这些节点可以分布在一个城市的不同地方，不必强求在地域上集中于一点。

26．＿＿＿＿＿是物流领域的一个中心环节，在物流领域中起着重要的作用。

27．货架的选型原则：①＿＿＿＿＿；②＿＿＿＿＿；③＿＿＿＿＿。

28．仓库根据仓库所属领域可分为＿＿＿＿＿和＿＿＿＿＿。

29．仓库是＿＿＿＿＿、储存物品的建筑物和场所的总称。

30．物流系统的功能：①＿＿＿＿＿；②＿＿＿＿＿；③＿＿＿＿＿；④＿＿＿＿＿；⑤＿＿＿＿＿。

二、单选题

1．（　　）是运输网络中水陆运输的枢纽，是货物的集散地、船舶与其他运输工具的衔接点。

A．港口　　B．港界　　C．港区　　D．港口作业区

2．（　　）附属于某工矿企业，主要为企业自己使用的港口。

A．货主港　　B．商业港　　C．军用港　　D．避风港

3．用（　　）把品种繁杂、单元小的件杂货集装成规格化重件，可大大提高装卸效率，

缩短船舶在港时间，减少货损货差，节省包装费用，简化理货手续。

A．液体货　B．集装箱　C．件杂货　D．干散货

4．（　）多设在中等城市和铁路网上牵引区段的分界处，其主要任务是办理货物列车的中转作业、进行机车的更换或机车乘务组的换班以及解体、编组区段列车和摘挂列车。

A．编组站　B．区段站　C．货运站　D．中间站

5．（　）是铁路网上办理大量货物列车解体和编组作业，并设有比较完善的调车设备的车站，有列车工厂之称。

A．编组站　B．区段站　C．货运站　D．中间站

6．（　）是交通枢纽运营的基础，其主要目的是满足货主及车主在到、发、中转等运输生产活动中的各种要求而提供必要的场所和设施。

A．生产生活辅助服务系统　B．通信信息系统

C．计算机管理信息子系统　D．生产服务系统

7．（　）是整个枢纽有效运转的中枢神经系统，是各系统相互联系、提高运输效率的重要手段。

A．生产生活辅助服务系统　B．通信信息系统

C．计算机管理信息子系统　D．生产服务系

8．（　）是指货物装卸与保管之间的环节，依靠改进装卸和搬运技术，提高其技术效益。

A．运输功能　B．储存功能　C．搬运功能　D．包装功能

9．（　）多指采用砖石或木结构建筑，结构简单、建筑费用较低、人工与机械化操作都较方便的一类仓库。

A．立体自动仓库　B．露天仓库　C．平房仓库　D．楼房仓库

10．（　）是在单元货格式货架的基础上发展而来的，是为了提高仓库的面积利用率，将货架合并在一起，使同一层、同一列的货物互相贯通，形成能依次存放多个货物单元的通道。

A．移动货架式自动仓库　B．贯通式货架

C．单元货格式货架　D．旋转式货架

11．选择货架时，应考虑货架的结构强度和刚度满足载重量的要求，并有一定的安全系数，这是（　）。

A．实用性原则　B．安全可靠性原则

C．技术先进性原则　D．可靠性原则

12．按交通运输干线与场站空间分布形态分，（　）分布于陆上干线的尽头或陆地的边缘处。

A．伸长式枢纽　B．终端式枢纽

C．辐射半环形枢纽　D．辐射式枢纽

13．机场、航路和（　）构成了民航运输网络。

A．机队　B．机组　C．机场人员　D．网络

14．（　）是国际贸易中的主角。目前国与国之间的货运业中，海运以其低廉的价格占据着市场较大的份额，国际物流量的90%以上都是由海运完成的。

A．港口　B．港界　C．港区　D．港口作业区

15．（　）的主要业务是组织各种装卸机械在各个不同的运输环节中迅速有效地进行集

装箱装卸和换装作业，以及负责装箱和箱内货物的交接或保管。

A．集装箱码头　B．集装箱场堆　C．集装箱　D．集装箱船泊

16．（　）是专为停靠船舶使用的场所，应有一定的岸壁线，其长度应根据所要停靠的集装箱船舶的主要技术参数确定，并有一定的水深。

A．泊位　B．前沿　C．集装箱码头　D．港口

17．（　）又称集装箱堆场，是指储存和保管空箱和重箱的场地，是码头堆场中除前方堆场以外的部分。

A．集装箱码头　B．后方堆场　C．集装箱　D．集装箱船泊

18．（　）是在铁路网点和铁路网端建有几个在统一指挥下协同作业的专业车站或客货联合车站，并由必要的联络线及引入干线方向的进站线路等组成的铁路运输技术设备的总称。

A．铁路枢纽　B．工业枢纽　C．铁路网　D．港湾枢纽

19．（　）是为提高铁路区段的通过能力，保证行车安全和为沿线城乡及工农业生产服务而设立的车站。其主要任务是办理列车会让、越行和客货运业务。

A．中间站　B．区段站　C．编组站　D．铁路枢纽

20．（　）提供各种生产生活的辅助服务。为旅客和司乘人员提供必要的食宿服务，为车辆提供检测、维修、加油、清洗等服务，进一步提高运输服务水平，增强运输效率。

A．运输组织功能　B．辅助服务功能

C．中介代理服务　D．通信信息功能

三、简答题

1．港口在现代物流中的地位和作用是什么？

2．按运输设备的运输工具分，运输方式包括哪些？

3．公路主枢纽的功能和作用是什么？

4．管道运输的特点有哪些？

5．船舶的主要技术特征有哪些？

6．航空货物运输的特点有哪些？

7．机场的功能是什么？

8．简述选择运输方式的基本原则。

项目四　物流装卸搬运设备

【学习目标】

通过对项目四的学习，应该达到以下目标：

1. 知识目标：掌握识别常用的各类装卸搬运设备。
   学会常用装卸搬运设备的特点、分类及适用场所。
   了解常用设备的选用和使用知识。
2. 能力目标：学习装卸搬运的作业方式、选用方法和使用维护方法。
   掌握装卸搬运设备的合理配置。
3. 素养目标：积极参加教师组织的实验室或模型室的实习实训等教学活动。
   参加教师组织的参观考察等教学活动，全面增强感性认识。
   培养团队合作精神。

【案例引入】

上海联华公司装卸搬运系统的构建

联华公司创建于 1991 年 5 月，是上海首家发展连锁经营的商业公司。经过 11 年的发展，已成为中国最大的连锁商业企业。2001 年，销售额突破 140 亿元，连续 3 年位居全国零售业第一。联华公司的快速发展离不开高效便捷的物流配送中心的大力支持。目前，联华共有 4 个配送中心，分别是 2 个常温配送中心、1 个便利物流中心和 1 个生鲜加工配送中心，总面积 7 万余平方米。

联华便利物流中心总面积为 8000 平方米，由 4 层楼的多结构组成。为了实现货物的装卸搬运，配置的主要装卸搬运机械设备为：电动叉车 8 辆；手动托盘搬运车 20 辆；垂直升降机 2 台；笼车 1000 辆；辊道输送机 5 台；数字拣选设备 2400 套。在装卸搬运时，操作过程如下：卸下来货后，将其装在托盘上，由手动叉车将货物搬运至入库运载处，入库运载装置上升，将货物送上入库输送带。当接到向第一层搬送指示的托盘并经过升降机平台时，不再需要上下搬运，直接从当前位置经过一层的入库输送带自动分配到一层入库区等待入库；接到向二至四层搬送指示的托盘时，将由托盘垂直升降机自动传输到所需楼层。当升降机到达指定楼层时，由各层的入库输送带自动搬送货物至入库区。货物下平台时，由叉车从输送带上取下托盘入库。出库时根据定单进行拣选配货，拣选后的出库货物用笼车装载，由各层平台通过笼车垂直输送机送至一层的出货区，装入相应的运输车上。

先进实用的装卸搬运系统为联华便利店的发展提供了强大的支持，使联华便利物流运作能力和效率大大提高。

【知识要点】

知识要点一　概述

装卸搬运与运输和储存不同，运输是解决物品空间距离的，储存是解决时间距离的，装卸搬运不改变物品的时间或空间价值，因此往往不会引起人们的重视。可是一旦忽略了装卸搬运，生产和流通领域轻则发生混乱，重则造成生产活动停顿。装卸搬运在流通和生产领域具有“闸门”和“咽喉”的作用。装卸搬运技术和设备是企业合理组织装卸搬运活动的基础，是提高装卸搬运作业机械化程度的重要保证。

一、装卸搬运的概念

装卸（Loading and Unloading）是指物品在指定地点，以人力或机械装入运输设备或从运输设备上卸下的活动，即改变“物”的存放、支承状态的活动。搬运（handling/carrying）是指在同一场所内将物品进行以水平移动为主的物流作业，即改变“物”的空间位置的活动，两者统称为装卸搬运。

二、装卸搬运技术的构成和设备分类

（一）装卸搬运技术的构成

装卸搬运是物流的主要环节之一，贯穿于物流活动的全过程。装卸搬运活动的基本动作如图 4-1 所示。

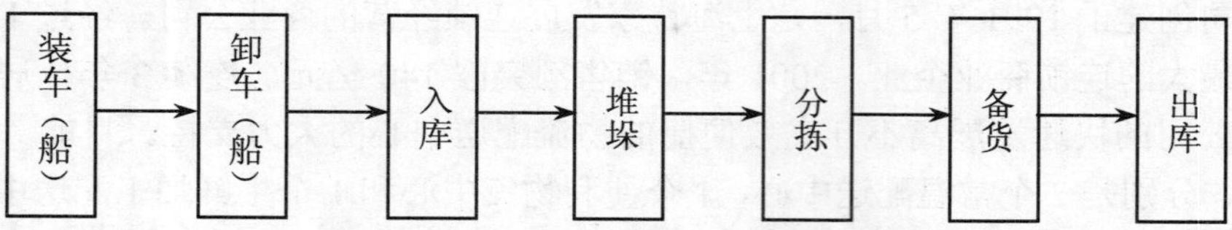

图 4-1　装卸搬运活动的基本动作

装卸搬运活动是随运输和保管等活动产生的必要活动。具体来说，装卸搬运主要包括：装货卸货作业、搬运移送、堆垛拆垛作业、分拣配货作业四种作业内容。

装卸搬运技术是指装卸搬运活动中所使用的各种装卸搬运设备和工具，以及由科学理论知识和实践经验发展而来的各种装卸搬运方法、技能和作业程序等，它一般由装卸搬运方式的选择、装卸搬运合理化、装卸搬运设备的运用等内容构成。

（二）装卸搬运机械设备功用及其分类

装卸搬运机械不仅用于完成船舶与车辆货物的装卸，还完成库场货物的堆码、拆垛、运输以及舱内、车内、库内货物的起重输送和搬运。

装卸搬运机械是实现装卸搬运作业机械化的基础。因此，合理配置和应用装卸搬运机械，安全、迅速、优质地完成货物装卸、搬运、码垛等作业任务是实现装卸搬运机械化、提高物流现代化的一项重要内容。

用装卸搬运机械装卸搬运的货物来源广、种类繁多，外形和特点各不相同，因此，装卸搬运机械种类很多，分类方法也很多，如表 4-1 所示。

表 4-1 装卸搬运机械的分类方法

分类标志	按主要用途或结构特征进行分类	按作业性质进行分类
类别	起重机械	装卸机械
	连续运输机械	搬运机械
	装卸搬运车辆	装卸搬运机械
	专用装卸搬运机械	

三、现代装卸搬运的作业方式

（一）决定装卸方法的条件

决定装卸方法的条件可以分为两大类：一类是由运输（配送）、保管、装卸三者相互关系决定的外部条件，如货物特征、作业内容、运输设备和运输仓储设施等；另一类是由装卸本身所决定的内在条件，如货物状态、装卸动作、装卸机械和作业组织等。此外，在装卸作业组织工作中还要考虑货车装卸的一般条件，如零担货物装卸、整车货物装卸、专用货车装卸等。

（二）单件作业法

一般装卸单件货物时，通常是逐件由人力作业完成的，对于一些零散货物（如搬家货物等）也常采用这种作业方法；长大笨重的货物、不宜集装的危险货物及行包等也采用单件作业法。

（三）集装作业法

集装作业法是将货物集装化后再进行装卸作业的方法。主要有托盘作业法，如粮食、食糖、啤酒等可采用专用箱式托盘形成成组货物单元实现托盘作业法；集装箱作业法；框架作业法，如玻璃产品等采用框架作业法；货捆作业法，如木材、建材、金属等货物最适于采用货捆作业法；滑板作业法；网袋作业法，适于粉粒状货物、各种袋装货物、块状货物、粗杂物品的装卸作业；挂车作业法等。

（四）散装作业法

（1）重力法。重力法是利用货物的势能来完成装卸作业的方法。

（2）倾翻法。倾翻法是将运载工具的载货部分倾翻而将货物卸出的方法。

（3）机械法。机械法是采用各种机械，使其工作机构直接作用于货物（如通过舀、抓、铲等作业方式）达到装卸目的的方法。常用的机械有带式输送机、堆取料机等。

四、装卸搬运合理化

装卸搬运是装卸搬运人员借助装卸搬运机械和工具作用于货物的生产活动，它的效率高低直接影响着物流整体效率。因此，科学组织装卸搬运作业、实现装卸搬运合理化对物流整体的合理化至关重要。

（一）装卸搬运合理化目标

（1）装卸搬运距离短。

（2）装卸搬运时间少。

（3）装卸搬运质量高。

（4）装卸搬运费用省。

（二）实现装卸搬运合理化的基本途径

（1）防止和消除无效作业。

尽量减少装卸次数，减少人力、物力的浪费和货物损坏的可能性，采用集装方式进行多式联运等都可以防止和消除无效装卸搬运作业。

（2）提高物品的装卸搬运活性。

1）装卸搬运活性的含义。

装卸搬运活性是指从物的静止状态转变为装卸搬运运动状态的难易程度。如果很容易转变为下一步的装卸搬运而不需要过多装卸搬运前的准备工作，则活性就高；如果难于转变为下一步的装卸搬运，则活性低。如表 4-2 所示。

表 4-2　处于不同状态的货物需要作业的环节

货物状态	需要进行的作业					不需要进行的作业数目
	集中	搬起	升起	运走	数目	
散放于地	√	√	√	√	4	0
存放于普通容器		√	√	√	3	1
存放托盘和集装箱上			√	√	2	2
放置静止车辆上				√	1	3
放置于运动的车辆上					0	4

在以上几个环节中，我们可以看出，下面的装卸搬运需要的作业环节一般要少于上一个环节，我们称其为活化。为降低装卸搬运的次数，减少搬运环节，在装卸搬运作业中，我们可以称其为步步活化。

2）活性指数的含义。

为了对活性进行区分并能有计划地提出活性要求，使每一步装卸搬运都能按一定活性要求进行操作，对不同放置状态的货物做了不同的活性规定，“活性指数”就是确定活性标准的一种方法。

3）活性指数等级。

活性指数分为 0～4 共 5 个等级，如表 4-3 所示。

表 4-3　活性指数

物品状态	搬运活性指数
散放在地上	0
装在箱中	1
搁在托盘上或其他支垫上	2
装在无动力车上	3
处于运行状态	4

在装卸搬运作业的工艺方案设计中，应充分应用活性理论，合理设计作业工序，不断改善装卸搬运作业，以达到作业合理化、节省劳力、降低消耗、提高装卸搬运的目的。

（3）充分利用重力并消除重力影响，进行少消耗的装卸搬运。

在装卸搬运时，尽量消除或削弱重力的影响也会获得减轻体力劳动及其他劳动消耗的可能性。

（4）合理利用装卸搬运机械设备。

为提高生产率、安全性、服务性和作业的适应性，应尽量采用机械设备。同时，要通过各种集装方式形成机械设备最合理的装卸搬运量，使机械设备能充分发挥自己的效能，达到最优效率，实现规模装卸搬运。

（5）保持物流的均衡顺畅。

（6）合理选择装卸搬运方式，不断改善作业方法。

知识要点二　起重机械

一、起重机械的作用与分类

起重机械是一种循环、间歇运动的机械，用来垂直升降或水平移动货物，以满足货物的装卸、转载等作业要求。它是现代企业实现生产过程和物流作业机械化、自动化，改善物料装卸条件，减轻劳动强度，提高装卸搬运作业质量，降低成本，提高生产率必不可少的重要机械设备。

起重机械的类型很多，可按多种方法进行分类。按其综合特征进行分类如图 4-2 所示。

- 起重机械
  - 轻小型起重机械
    - 千斤项
    - 手扳葫芦
    - 手拉葫芦
    - 电动葫芦
  - 桥式类型起重机
    - 悬挂梁式起重机
    - 通用桥式起重机
    - 龙门起重机
      - 轨道龙门起重机
      - 轮胎龙门起重机
    - 装卸桥
      - 抓斗装卸桥
      - 集装箱装卸桥
      - 多用途装卸桥
    - 缆索起重机
  - 臂架类起重机
    - 桅杆起重机
    - 甲板起重机
    - 固定旋转臂式起重机
    - 流动起重机
      - 汽车起重机
      - 轮胎起重机
      - 履带起重机
    - 门座起重机
      - 港口门座起重机
      - 水工门座起重机
      - 船台（坞）起重机
      - 安装门座起重机
      - 多用途门座起重机
    - 浮式起重机
  - 堆垛类起重机
  - 升降机

图 4-2　起重机械分类框图

二、起重机的基本参数

根据国家标准 GB6974.2－86《起重机械名词术语——起重机械参数》，中国目前已生产制造与使用的各种类型起重机械的部分主要技术参数如下：

（一）质量和载荷参数

（1）起重量 G：被起升重物的质量。主要有有效起重量、额定起重量、总起重量、最大起重量。

（2）起重力矩 M：幅度 L 和相应起吊物品重力 Q 的乘积。

（3）起重倾覆力矩 M_A：起吊物品重力 Q 和从载荷中心线至倾覆线距离 A 的乘积。

（4）起重机总质量 G_o：包括压重、平衡重、燃料、油液、润滑剂和水等在内的起重机各部分质量的总和。

（二）起重机尺寸参数

（1）幅度 L：起重机置于水平场地时，空载吊具的垂直中心线至回转中心线之间的水平距离（非回转浮式起重机为空载吊具垂直中心线至船艏护木的水平距离）。

（2）悬臂有效伸缩距 l：离悬臂最近的起重机轨道中心线至位于悬臂端吊具中心线之间的距离。

（3）起升高度 H：起重机水平停车面至吊具允许最高位置的垂直距离。对吊钩和货叉，算至它们的支承表面；对其他吊具，算至它们的最低点（闭合状态）；对桥式起重机，应空载置于水平场地上方，从地面开始测定其起升高度。

（4）下降深度 h：吊具最低工作位置与起重机水平支承面之间的垂直距离。对吊钩和货叉，从其支承面算起；对其他吊具，从其最低点算起（闭合状态）；桥式起重机从地面起算下降深度，应空载置于水平场地上方，测定其下降深度。

（5）起升范围 D：吊具最高和最低工作位置之间的垂直距离。

（6）起重臂长度 L_b：起重臂根部销轴至顶端定滑轮轴线（对小车变幅塔式起重机，为至臂端形位线）在起重臂纵向中心线方向的投影距离。

（7）起重机倾角：在起升平面内，起重臂纵向中心线与水平线的夹角。

（三）运动速度

（1）起升（下降）速度 V_n：稳定运动状态下，额定载荷的垂直位移速度。

（2）微速下降速度 V_m：稳定运动状态下，安装或堆垛最大额定载荷时的最小下降速度。

（3）回转速度ω：稳定运动状态下，起重机转动部分的回转角速度。规定为在水平场地上离地 10m 高度处，风速小于 3m/s 时，起重机幅度最大且带额定载荷时的转速。

（4）起重机（大车）运行速度 V_k：稳定运动状态下，起重机运行的速度。规定为在水平路面（或水平轨面）上，离地 10m 高度处，风速小于 3m/s 时的起重机带额定载荷时的运行速度。

（5）小车运行速度 V_t：稳定运动状态下，小车运行的速度。规定为离地面 10m 高度处，风速小于 3m/s 时，带额定载荷的小车在水平轨道上运行的速度。

（6）变幅速度 V_r：稳定运动状态下，额定载荷在变幅平面内水平位移的平均速度。规定为在离地 10m 高度处，风速小于 3m/s 时，起重机在水平路面上，幅度从最大值至最小值的平均速度。

（四）与起重机运行线路有关的参数

跨度 S：桥架型起重机支承中心线之间的水平距离。

（五）一般性能参数

1. 工作级别：考虑起重量和时间的利用程度以及工作循环次数的起重机械特性。

（1）起重机的利用等级。

起重机在有效寿命期间有一定的工作循环总数。起重机作业的工作循环是从准备起吊物品开始，到下一次起吊物品为止的整个作业过程。工作循环总数表征起重机的利用程度，它是起重机分级的基本参数之一。工作循环总数是起重机在规定使用寿命期间所有工作循环次数的总和。

工作循环总数与起重机的使用频率有关。为了方便起见，工作循环总数在其可能范围内分成 10 个利用等级（U_0～U_9），如表 4-4 所示。

表 4-4　起重机利用等级

利用等级	总的工作循环次数 N	附注
U_0 U_1 U_2 U_3	1.6×10^4 3.2×10^4 6.3×10^4 1.25×10^5	不经常使用
U_4	2.5×10^5	经常轻闲地使用
U_5	5×10^5	经常中等地使用
U_6	1×10^6	不经常繁忙地使用
U_7 U_8 U_9	2×10^6 4×10^6 $>4\times10^6$	繁忙地使用

（2）起重机载荷状态。

载荷状态是起重机分级的另一个基本参数，它表明起重机的主要机构——起升机构受载的轻重程度。载荷状态与两个因素有关：一个是实际起升载荷 G 与额定载荷 G_n 之比 G/G_n，另一个是实际起升载荷 G 的作用次数 N 与工作循环总数 N_n 之比 N/N_n。如表 4-5 所示列出了起重机载荷状态。

表 4-5　起重机载荷状态

载荷状态	名义载荷谱系数 K_F	说明
Q1——轻	0.125	很少起升额定载荷，一般起升轻微载荷
Q2——中	0.25	有时起升额定载荷，一般起升中等载荷
Q3——重	0.5	经常起升额定载荷，一般起升较重载荷
Q4——特重	1.0	频繁起升额定载荷

（3）起重机工作级别。

起重机的工作级别（即起重机的分级）是由起重机的利用等级（如表 4-4 所示）和载荷状态（如表 4-5 所示）所决定的，起重机的工作级别用符号 A 表示，分为 8 级，即 A1～A8 级。

起重机的工作级别如表 4-6 所示。

表 4-6 起重机的工作级别

载荷状态	名义载荷谱系数 K_F	利用等级									
		U0	U1	U2	U3	U4	U5	U6	U7	U8	U9
Q1——轻	0.125			A1	A2	A3	A4	A5	A6	A7	A8
Q2——中	0.25		A1	A2	A3	A4	A5	A6	A7	A8	
Q3——重	0.5	A1	A2	A3	A4	A5	A6	A7	A8		
Q4——特重	1.0	A2	A3	A4	A5	A6	A7	A8			

2. 机构工作级别

按机构利用等级（机构在使用期限内处于运转状态的总小时数）和载荷状态划分的机构工作特性，起重机机构的利用等级和载荷状态将起重机分为 M1～M8 共八种工作级别。

三、常用起重机械

（一）桥式类起重机

1. 桥式起重机

桥式起重机是横架于车间、仓库及露天堆场的上方，用来吊运各种货物的机械设备，通常称为桥吊、天车或行车，如图 4-3 所示。桥式起重机的主要优点是起重量大、速度快、作业面幅射大、效率高，广泛用于车间、仓库、货场装卸搬运货物。其缺点是需在装卸作业场地修建桥墩，造成建造费用较高，作业上不够方便，再加上其只能在跨度范围内布置货位，所以货位面积较小。

图 4-3 桥式起重机

2. 龙门起重机

龙门起重机又称龙门吊或门式起重机，它的外形类似“门形”，由支承在两条刚性或一刚一柔的支腿上的主梁构成。龙门起重机具有场地利用率高、作业范围大、适应面广、通过性强等特点，主要用于库场等室外场所，担负单件和成组的长大笨重货物的吊运、装卸、安装等作业过程中的货物装卸搬运任务，是企业生产经营活动中实现机械化和自动化的重要生产力。

3. 岸边集装箱装卸桥（岸桥）

岸边集装箱起重机是在码头前沿进行集装箱装卸作业的装卸设备，有各种不同的结构形式：常规型岸边集装箱起重机、双小车岸边集装箱起重机、双 40 英尺岸边集装箱起重机和双 40 英尺箱双小车岸边集装箱起重机。

（二）臂架类起重机

1. 固定式起重机

桅杆起重机是一种固定式起重机，如图 4-4 所示，其臂架下端与桅杆下部铰接，臂架上端通过钢丝绳与桅杆相连。臂架能够绕铰接点实现俯仰运动，整个机构也可以进行回转运动。

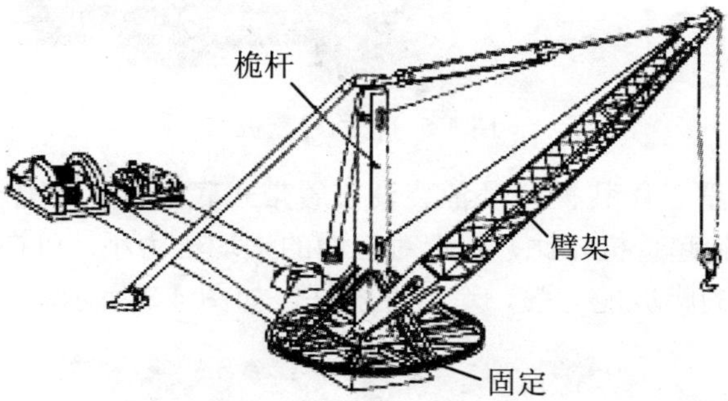

图 4-4　桅杆动臂起重机

2. 移动式起重机

移动式起重机是指在带载或空载情况下，能在无轨道路或专用轨道行驶，机体靠重力保持稳定的臂架式旋转起重机。这类起重机机动灵活，稳定性较好，操纵简单方便，移动迅速，广泛用于厂矿、货场等部门的装卸和安装作业。

移动式起重机按运行部分的结构不同，可分为汽车起重机、轮胎起重机、履带起重机和轨道起重机。其中，轮胎起重机和汽车起重机的拥有量大，使用普遍。

汽车起重机在通用或专用汽车底盘上装上起重工作装置及设备的起重机称为汽车起重机。汽车起重机具有通过性好、机动灵活、行驶速度快、可迅速转移作业地点、到达目的地能够快速投入工作等优点，并且制造容易、较经济。特别适合于流动性作业场所不固定的场合。其汽车车身较长，转弯半径较大，且只能在起重机的两侧和后方进行作业，如图 4-5 所示。

图 4-5　汽车起重机

轮胎起重机是将起重工作装置和设备装在专门设计的自行轮胎底盘上，两者之间的差距越来越小，出现了快速越野型轮胎起重机，如图 4-6 所示。

图 4-6　轮胎起重机

履带式起重机将起重工作装置和设备装设在履带式底盘上，靠行走支撑轮在自身封闭的履带上滚动运行。与轮胎起重机相比，履带对地面的平均压力小，可在松软、泥泞的恶劣地面上进行作业。此外，它的爬坡能力强，牵引性能好，如图 4-7 所示。

图 4-7　履带式起重机

装在沿地面轨道行走的门形底座上的全回转臂架起重机是码头前沿的通用起重机械之一。门座起重机的工作地点相对比较固定，可以以较高的生产率完成船到岸、船到车、船到船之间等多种装卸作业，如图 4-8 所示。

图 4-8　门座起重机

3. 浮式起重机

浮式起重机是以专用浮船作为支撑和运行装置，浮在水上作业，可沿水道自航或托航的水上比价起重机。广泛应用于海河港口，可单独完成船到岸或船到船的装卸作业。根据其工作装置的工作特性可分为全回转浮式起重机、非全回转浮式起重机和非回转浮式起重机三种类型。

全回转浮式起重机：起重装置可绕回转中心线相对浮船做360° 以上连续转动的浮式起重机，如图4-9所示。

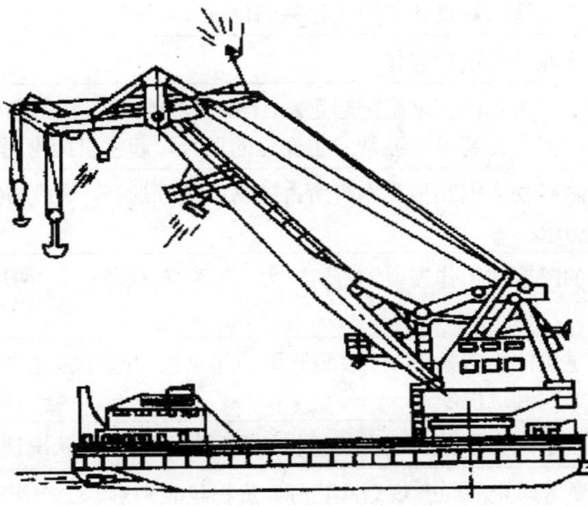

图4-9 全回转浮式起重机

非全回转浮式起重机：起重装置只能绕回转中心线相对于浮船做小于360° 的回转运动，如图4-10所示。

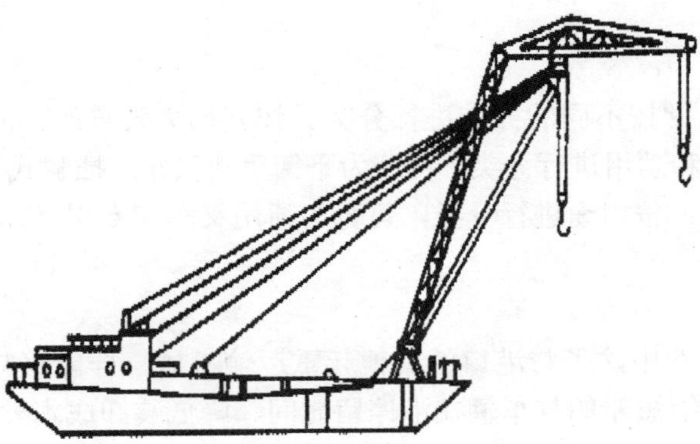

图4-10 非全回转定臂浮式起重机

四、起重机的选型

起重机的选型如表4-7所示。

表 4-7　起重机的选型

项目	选型方法
类型	常根据装卸搬运的场所、货种、作业性质进行选择，如工作场所为仓库、车间，则应主要选择桥式起重机；货场、车站、造船生产线则应选择龙门起重机
结构型式	首先考虑到起重机的主体结构。主体结构的选择要坚持两个原则：一是经济性原则；二是性能和标准化原则，性能方面，如要求有合适的工作速度和动作平稳性，标准化方面，如部件通用化、标准化程度等。然后，根据起重机的应用场合和装卸搬运货物种类合理选择工作机构、取物装置和操纵方式。对起重机的结构要充分考虑设计规范规定的标准，当场地或作业环境所限而必须选用非标准结构时，用户应与设计制造厂对设计方案进行共同论证
性能参数	一般根据使用场合和作业性质进行选择
	常以起重机可能遇到的最大起吊物来确定起重量，同时考虑转载工作的条件或工艺过程的要求。起重机不允许超载使用，因此在起吊物经常发生变化的场合，起重机应考虑一定的裕量
	起升高度要考虑越过障碍物高度和吊具本身所占的高度进行选择，一般与室内和厂房高度有关，大致为 16m 左右，室外不限
	起重机的跨度按厂房的跨度或工作需要（如场地大小）选择。起重机的幅度按工作范围或船舶尺寸大小等因素选择
	工作速度直接影响起重机的生产效率，一般装卸用的起重机的起升速度和小车运行速度都较高，安装作业要求的起重机的起升速度较低
	起重机的工作级别是一个综合参数，根据起重机的利用等级和载荷状况选择合适的工作级别
数量	确定起重机台数时，要考虑企业经营规划和目标、货物年装卸量、生产作业任务、现场起重机械布置和配置方案、起重机台班产量定额等因素

知识要点三　叉车

叉车又称铲车、叉式装卸车，是装卸搬运机械中最常见的具有装卸和搬运双重功能的机械。

一、叉车的分类

叉车的种类很多，常按不同的标准进行分类。按其动力装置的不同，可分为内燃式叉车和电动式叉车；按功能和功用进行分类，可分为平衡重式叉车、插腿式叉车、前移式叉车、插腿式叉车、集装箱叉车；按用途进行分类，可分为通用叉车和专用叉车。

二、叉车的特点

叉车在物流装卸作业中除了与港口的其他起重运输机械一样能够减轻装卸工人繁重体力劳动、提高装卸效率、缩短船舶与车辆在港停留时间、降低装卸成本外，还具有其他特点：

（1）机械化程度高。可以实现装卸工作的完全机械化，不需要工人的辅助体力劳动。

（2）机动灵活性好。

（3）可以一机多用。

（4）能提高仓库容积的利用率，堆码高度一般可达 3～5m。

（5）有利于开展托盘成组运输和集装箱运输。

（6）与大型起重机械相比，其成本低、投资少，能获得较好的经济效果。

三、叉车的技术参数和性能指标

叉车的技术参数包括性能参数、尺寸参数和质量参数。

（一）叉车的主要技术参数

1. 额定起重量Q和载荷中心距C

额定起重量是指门架处于垂直位置，货物重心位于载荷中心距范围以内时，允许叉车举起的最大货物t；载荷中心距是指设计规定的额定起重量的标准货物重心到货叉垂直段前壁的水平距离，单位为mm。额定起重量和载荷中心距是叉车的两个相关指标。

2. 最大起升高度H_{max}和自由起升高度

最大起升高度是指叉车在平坦坚实的地面上满载，轮胎气压正常，门架处于垂直位置，货叉满载起升至最高位置，从叉面至地面的垂直距离。

自由起升高度是指不改变叉车的总高时，货叉可能起升的最大高度。具有自由起升性能的叉车可在净空不小于叉车总高的库门通过或在低矮的船仓或车厢内作业。

3. 门架的倾角

门架的倾角是指无载叉车在平坦、坚实的地面上，门架自垂直位置向前或向后倾斜的最大角度。门架前倾是为了便于叉取和卸放货物；后倾的作用是当叉车带货行驶时，防止货物从货叉上滑落，增加叉车行驶时的纵向稳定性。

4. 起升速度V

起升速度是指叉车在坚实的地面上满载时，门架处于垂直位置，货叉上升的平均速度。

5. 最大运行速度V_{max}

最大运行速度是指叉车满载时，在干燥、平坦、坚实的地面上行驶的最大速度。

6. 最大爬坡度

最大爬坡度是指叉车在正常路面情况下，以低速档等速行驶时所能爬坡的最大坡度，以度或百分数表示，分为空载和满载两种情况。

7. 最小转弯半径R_{min}

最小转弯半径是指在平坦的硬路面上，叉车空载低速前进并以最大转向角转弯时，车体最外侧所划出轨迹的半径。

8. 最大牵引力

最大牵引力分为轮周牵引力和拖钩牵引力。原动机发出的转矩经过减速传动装置，最后在驱动轮轮周上产生切向力，称为轮周牵引力。轮周牵引力在克服叉车行驶时，本身遇到外部阻力后，在叉车尾部的拖钩上剩余的牵引力称为拖钩牵引力。

9. 最小离地间隙h

最小离地间隙是指除车轮外，车体上固定的最低点至车轮接地表面的距离。它表示叉车无碰撞地越过地面凸起障碍物的能力。

10. 其他技术参数

除上述参数外，还有外形尺寸、前后桥负荷、轮压、轴距和轮距等。

（二）叉车的性能指标

1. 叉车的装卸性

指叉车起重能力和装卸快慢的性能。装卸性能的好坏对叉车的工作性能和生产率有着直接的影响。一般来说，叉车的起重量大、载荷中心距大、工作速度高，则装卸性能好。

2. 叉车的牵引性

表示叉车行驶和加速的快慢、牵引力和爬坡能力的大小等性能。一般来说，叉车起步快、加速能力强、爬坡能力强、牵引力大，则牵引性好。

3. 叉车的稳定性

指在作业过程中抵抗倾翻的能力，是保证叉车工作安全的重要指标。因此，为保证叉车的安全作业，必须遵守叉车的操作规程，科学地进行作业，保证叉车具有良好的稳定性。

4. 叉车的制动性能

表示叉车在行驶中根据要求降低车速、停车的性能。制动性能关系着叉车的工作安全性，通常以一定行驶速度下的制动距离大小来衡量。制动距离小，则制动性能好。

5. 叉车的机动性

表示叉车机动灵活的性能。最小转弯半径小、直角通道的最小宽度小、回转通道的最小宽度小，则叉车机动性好。

6. 叉车的通过性

指叉车克服道路障碍通过各种路面的能力。叉车的外形尺寸小、轮压小、离地间隙大、驱动轮牵引力大，则叉车的通过性好。

7. 叉车的经济性

反映叉车造价和营运费用，主要包括动力消耗、加工制造成本、使用方便、维护保养方便、耐用的程度和组织管理水平等。

四、叉车的型号

叉车的型号标注，国家规定由五项组成：组型代号、主参数、动力形式（用燃料代号表示）、传动方式和改进代号。

（1）厂牌。有的企业用两个汉语拼音字母表示，有的用两个汉字表示。厂牌由厂家自定。

（2）改进代号。按汉语拼音字母顺序表示。

（3）主参数代号。以额定的起升质量（吨）×10 表示，原机械工业部部颁标准的起升质量不乘 10。

（4）传动形式代号。机械传动不标字母，动液传动标字母 D，静液传动标字母 J。

（5）动力类型代号。汽油机标字母 Q，柴油机标字母 C，液态石油气机标字母 Y。

（6）结构形式代号。P 表示平衡重式，C 表示侧叉式，Q 表示前移式，B 表示低起升高度插腿式，T 表示插入插腿式，Z 表示跨入插腿式，X 表示集装箱叉车，K 表示通用跨车，KX 表示集装跨车，KM 表示龙门跨车。

叉车的型号举例如下：

（1）CPQ10B——表示平衡重式叉车，以汽油机为动力，机械传动，额定起升质量为 1 吨，同类同级叉车第二次改进。

（2）CPCD160A——表示平衡重式叉车，以柴油机为动力，动液传动，额定起升质量为 16 吨，同类同级叉车第二次改进。

（3）CCCD100——表示侧式叉车，以柴油机为动力，动液传动，额定起升质量为 10 吨，基型。

五、常用叉车

（一）平衡重式叉车

平衡重式叉车是叉车中应用最广泛的一种，约占叉车总数的 80%以上。它分为电瓶式叉车和内燃式叉车。平衡重式叉车不仅可以通过司机单独操作完成货物的装卸、搬运和堆垛作业，还可以通过变换叉车属具扩大叉车的使用范围和作业效率，适用于室外作业，如图 4-11 所示。

图 4-11　平衡重式叉车

（二）前移式叉车

前移式叉车具有两条前伸的支腿且支腿较高，支腿前端有两个轮子。支腿的作用是确保叉车在负载时的稳定性。从结构形式上看，前移式叉车分为叉架前移式和门架前移式两种，主要适合于通道较窄的室内仓库作业，如图 4-12 和图 4-13 所示。

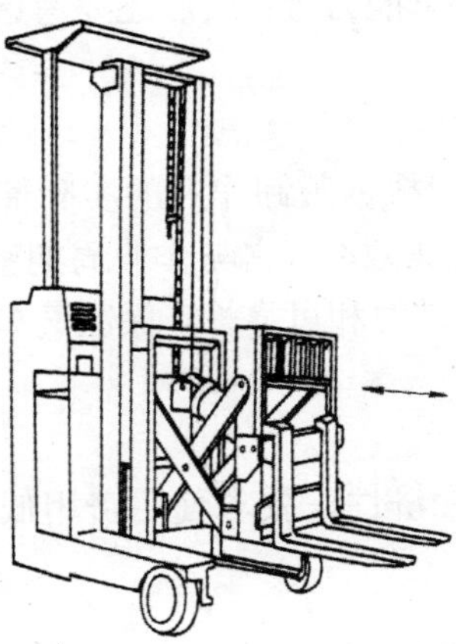

图 4-12　叉架前移式叉车

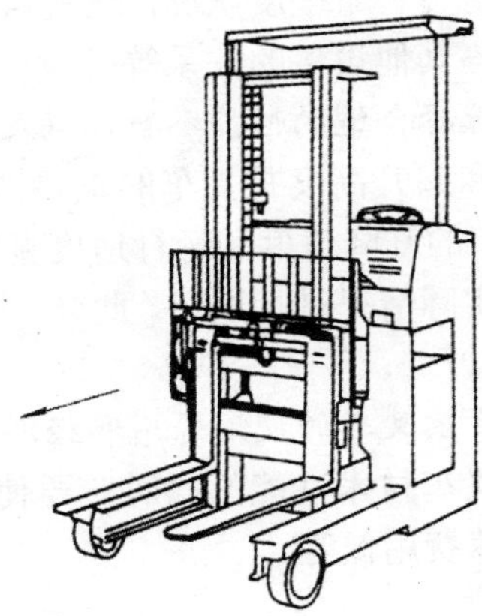

图 4-13　门架前移式叉车

（三）侧面式叉车

侧面式叉车在叉货时，先将千斤顶顶着地，门架向外推出，叉取货物后，货叉起升，门架退后，然后下降货叉，将货物放在平台上。将千斤顶收起后，叉车即可行驶，如图 4-14 所示。侧面式叉车适合于窄通道作业，主要用于搬运长大件货物。

（四）插腿式叉车

插腿式叉车的特点是叉车前方带有小轮子的支腿能与货叉一起伸入货板叉货，然后由货叉提升货物，如图 4-15 所示。一般由电动机驱动，蓄电池供电。它的优点是起重量小、车速低、结构简单、外形小巧，适于在通道狭窄的仓库内作业。

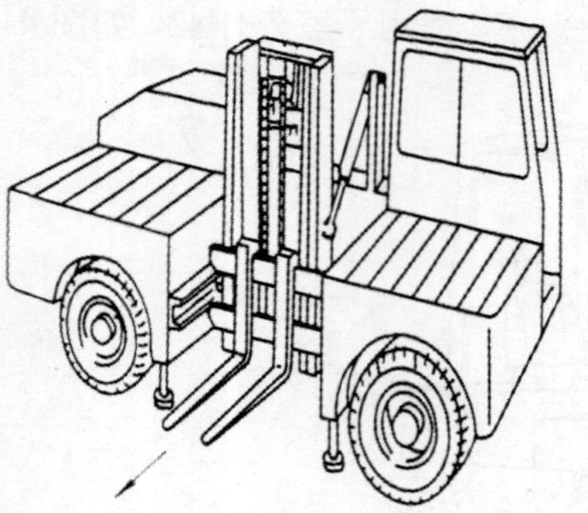

图 4-14　侧面式叉车

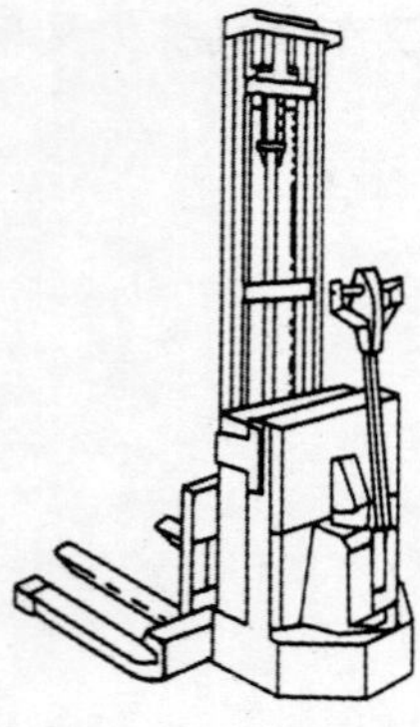

图 4-15　插腿式叉车

六、叉车的选用

配备和选择叉车时，应根据使用条件、周围环境、性能参数、经济性等进行综合选择。

（一）选择叉车的条件

选用叉车时，首先应考虑作业场地是室内还是室外、装卸搬运作业的数量、作业区的日吞吐量、搬运距离远近、单一负荷的重量和外形尺寸、作业周期、有包装货物的堆垛层数和高度等；其次应考虑作业区的大小及通道的长短，库房形状、构造、出入口的高度和宽度，作业区场地的光滑度和平整度状况，地基强度、地面质量和承重能力等；最后还要考虑整个系统自动化程度及与其他设备的关系等。

（二）选择合适的性能参数，满足使用性能的要求

起重量和起升高度是叉车的重要性能参数，选用时应根据装卸作业的实际情况和有关标准而定。叉车的升降速度和运行速度直接关系到叉车的作业效率，它与作业周期密切相关，选择时要根据实际情况进行选择。此外，还要考虑叉车的通过性和可靠性，保证叉车具有良好的使用性能。

（三）考虑叉车的使用费用和经济效益

在满足叉车技术性能的同时，要使叉车具有良好的经济性，要求使用费用低、燃料消耗少、维修保养费用低等。

知识要点四　连续输送机械

一、连续输送机械的特点、一般构成和应用

（一）连续输送机械的特点

连续输送机械是以形成连续物流方式沿一定线路输送散货和成件包装的机械。与具有间

歇动作的起重机械相比，其具有以下优点：

（1）输送能力大。连续输送机械的输送路线固定，加上散料具有连续性，所以装货、输送、卸货可以连续进行；输送过程中极少紧急制动和启动，因此可以采用较高的工作速度，效率很高，而且不受距离远近的影响。

（2）结构比较简单。连续输送机械沿一定线路全长范围内设置并输送货物，动作单一，结构紧凑，自身质量较轻，造价较低。因受载均匀、速度稳定，所以工作过程中所消耗的功率变化不大。在相同输送能力的条件下，连续输送机械所需的功率一般较小。

（3）输送距离较长。不仅单机的输送长度日益增加，而且可由多台单机组成长距离的输送线路。

（4）自动控制性好。由于输送路线固定、动作单一、载荷均匀、速度稳定，所以比较容易实现自动控制。

其缺点是：

（1）通用性较差。每种机型一般只适用于输送一定种类的货物。

（2）必须沿整条输送线路布置。输送线路一般固定不变。在输送线路变化时，往往要按新的线路重新布置。在需要经常改变装载点及卸载点的场合，需将输送机安装在专门机架或臂架上，借助它们的移动来适应作业要求。

（3）大多不能自动取料。除少数连续输送机能自行从料堆中取料外，大多数要靠辅助设备供料。

（4）不能输送笨重的大件物品。不宜输送质量大的单件物品或集装容器。

（二）连续输送机械的一般构成

连续输送机械系统通常由远距离运输、转载、取料、堆积等设备构成。

（1）运输机械：由带式运输机（皮带机）、气垫带式运输机、螺旋运输机、气力运输机、刮板运输机等运输机械组成。

（2）转载设备：一般由转载漏斗、其他转载设备及转载房等构成。

（3）取堆设备：有斗轮取料机、真空泵取料机、卸船机、卸车机等。

（三）连续输送机械的应用

由于连续输送机械具有在一个区间内能连续输送大量货物、搬运成本低、搬运时间比较准确、货流稳定的特点，因而被广泛用于现代物流系统中。从国内外大量自动化立体仓库、物流配送中心、大型货场来看，其设备除起重机外，大部分都是连续输送机组成的搬运系统，如进出库输送系统、自动分拣输送系统、自动装卸输送系统等。

发展到目前为止，输送机械不仅是生产加工过程中组成机械化、自动化、连续化的流水线作业的运输线中不可缺少的组成部分，也是自动化仓库、配送中心、大型货场的生命线。

在实际应用中，除了采用各种通用连续输送机（如带式输送机）和特种输送机（如特种带式输送机）外，往往还根据生产作业的需要，将各种输送机安装在不同结构形式且具有多种工作机构的机架或门架上构成某种专用机械。以港口的散粒物料连续装卸船为例，我国的各个散粒物料出口专业化码头均装备了以带式输送机为主体的散粒物料装船系统；而在散粒物料进口专业化码头上则有以各种输送机为主体的散粒物料连续卸船系统，如用于散粮码头卸船作业的双带式卸船机、埋刮板卸船机、气力吸粮机等；用于化肥卸船作业的螺旋卸船机；用于煤炭卸船作业的链斗卸船机；用于卸驳船作业的悬链式链斗卸船机。这些散粒物料连续装卸机械的迅速发展开拓了连续输送机械新的发展领域。

（四）连续输送机械输送物料的种类

连续输送机械输送的货物有成件货和散粒货物物两大类：成件货物是指有固定外形的单件物品，如机械零部件、袋装、箱装、桶装等货物。在选择连续输送机械对成件物品进行输送时，需考虑的物品的主要特征有：单件质量、外形尺寸（长、宽、高）、形状及包装形式等；散粒货物是指不进行包装而成批堆积在一起的由块状、颗粒状、粉末状组成的成堆物料，如矿石、煤炭、砂子和粮食等。其物理机械特性有：粒度和颗粒组成、堆积密度、湿度、堆积角、外摩擦系数等。

连续输送机械输送货物种类和物料的物理机械特性对机械的选型和设计有重要的影响，在机械的选型和设计时必须考虑货物的物理机械特性。

二、带式输送机

（一）带式输送机的一般结构及组成

带式输送机又称带式运输机，是一种通用性的连续运输机械，以电动机作为动力，胶带作为输送带，利用摩擦力连续传送货物。

1．一般结构

带式输送机由无端输送带、支承装置、驱动装置、张紧装置、各种滚筒（驱动滚筒、改向滚筒、张紧滚筒）卸料装置及机架等部件组成，如图 4-16 所示。带式输送机的这些主要装置都安装在机架上，机架可以是固定的，也可以是移动的。前者称为固定式带式输送机，后者称为移动式带式输送机。

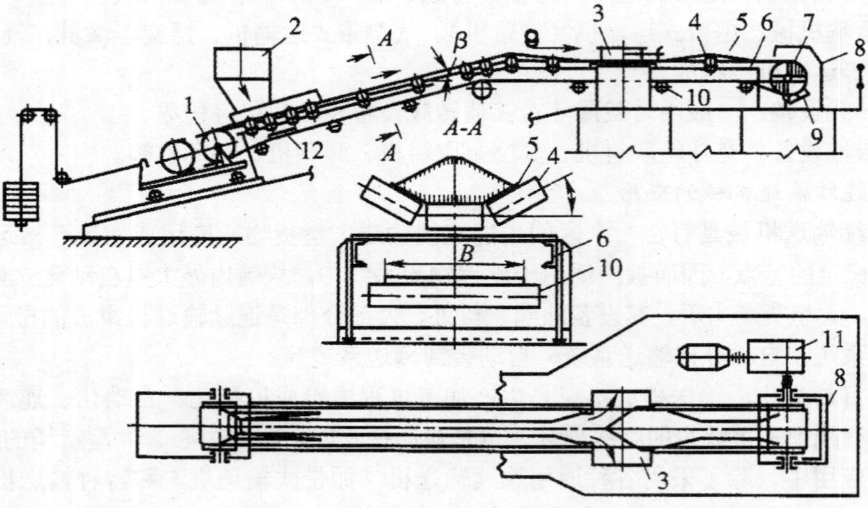

1-张紧滚筒；2-装载装置；1-犁形卸载挡板；4-槽形托带；5-输送带；6-机架；7-驱动滚筒；

8-卸载罩壳；9-清扫装置；10-平托盘；11-减速箱；12-空段清扫器

图 4-16　托辊胶带输送机一般结构

2．工作原理

输送带既是承载货物的构件，又是传递牵引力的牵引构件，依靠输送带与滚筒之间的摩擦力平稳地进行驱动。如图 4-16 所示，输送带绕过驱动滚筒和张紧滚筒，并支承在许多托辊上。工作时，由电动机通过减速装置使驱动滚筒转动，依靠驱动滚筒与输送带之间的摩擦力使输送带运动，货物随输送带运送到卸载地点。

3. 带式输送机的主要部件

（1）输送带。

输送带既是牵引构件，又是承载构件，即用来传递牵引力和承放货物。因此，要求输送带强度高、自重小、伸长率小、挠性好、抗磨耐用和便于安装维修。输送带是带式输送机的最重要也是最昂贵的部件，输送带的价格约占输送机总投资的 30%。传统中使用的有橡胶带和塑料带两种。

小贴士：随着科技的发展，输送带的新品种不断出现，下面主要介绍两种新产品：

- 钢丝芯胶带：是将老产品的棉织物或化纤织物芯层用高强度钢丝绳替代，以提高抗拉强度，而且带的厚度及伸缩率也大大减小，从而减小驱动滚筒的直径，减少张紧装置，结构更紧凑，使单机长距离输送成为现实。
- 花纹胶带：是将胶带的承载面设计成凹凸的花纹，从而增大输送带与物料之间的摩擦力，增大输送倾角。提升同样的高度，输送带的长度大为减小，从而节省了占地面积。

输送带不同的芯体材料的柔性、延伸率、耐腐蚀性及耐水性等都不一样，制造成本也不同。由于芯体是受力构件，其层数取决于对胶带的强度要求，强度要求高则层数多。因此选用输送带时，应根据工作条件、工作环境和受力情况等综合分析后，选其芯体材料及层数。

（2）支承装置。

支承装置的作用是支承输送带和输送带上所载物料，减少输送带的下垂，保证输送带正常运行，不发生跑偏。常用的支承装置有由托辊和支架组成的托辊组。托辊的使用数量较大，上托辊的分布间距通常为 1.1～1.2m，装料处为正常值的 1/2～1/3，间距过大会引起输送带下垂，过小则引起功率消耗过多。输送件货时，若件货单件重量超过 20kg，则托辊组的间距应小于该件货输送方向长度的一半。

托辊的形式有四种：缓冲托辊、槽形托辊、调心托辊和平形托辊。

- 缓冲托辊。用在输送带的受料处，以减小受料时输送带所受的冲击力，所以在结构上应具有弹性，通常有橡胶托辊和弹簧托辊两种，如图 4-17 所示。
- 槽形托辊。用于输送带的中间，设计了槽角后，可以增大输送带的载货横断面积，并防止带跑偏。但设置槽角后，输送带弯曲应力增加，使用寿命减短，如图 4-18 所示。

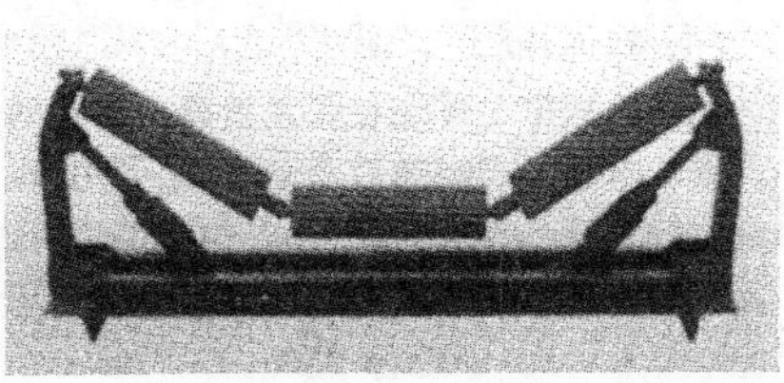

图 4-17　弹簧缓冲托辊

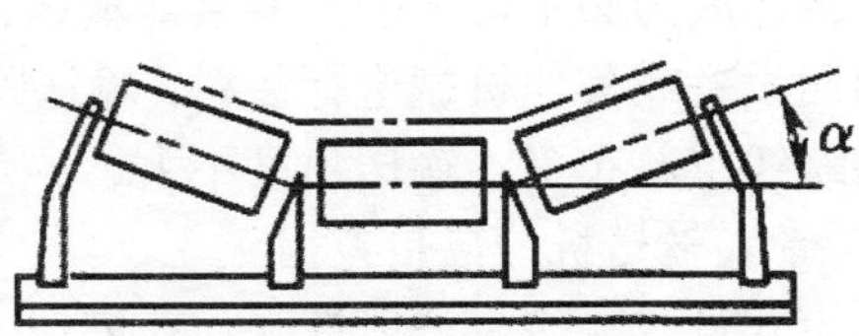

图 4-18　槽型托辊

- 调心托辊。主要功能是调整输送带的横向位置，使其不会跑偏而保持输送带的正常运行。用于长度大于 50m 的带式输送机上，一般每隔 10 个托辊组设置一个调心托辊组。

- 平形托辊。为下支承托辊，还可用于件货的输送。间距一般为3m，如图4-19所示。

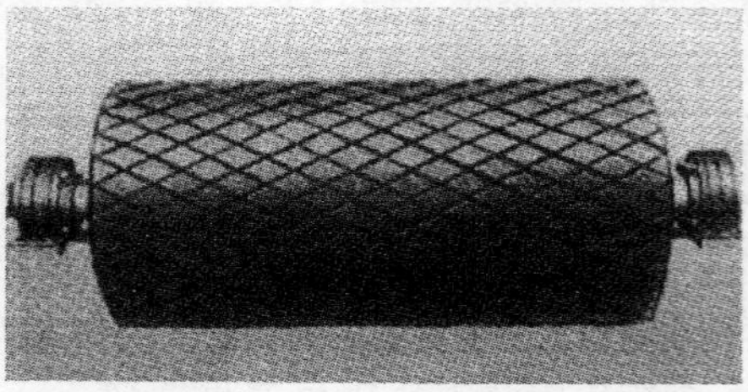

图4-19 平形托辊

（3）驱动装置。

驱动装置的作用是驱动输送带运动，实现货物运送。主要包括：动力部分、传动部分（减速器和连轴器）、驱动滚筒等。固定带式输送机大多采用滚筒驱动，即借助滚筒表面与输送带之间的摩擦力使输送带运转。通常以电动机作为原动力，经减速器和联轴器带动滚筒，再驱动输送带。驱动装置具有结构紧凑、重量轻、便于布置、操作安全等优点。但存在电动机散热条件不好，检修不便的缺点。短距离和小功率输送机均采用单滚筒驱动，长距离输送机则采用多滚筒驱动。

（4）张紧装置。

张紧装置的作用有两个：一是使带条具有适当的初张力，以保证带条与驱动滚筒之间产生必要的摩擦力，在传递牵引力时不打滑；二是补偿带条在工作过程中的伸长，减小带条运动时的摇晃和在托辊组之间的垂度。张紧装置的结构形式主要有螺旋式、小车重锤式、垂直重锤式三种。

（5）装载和卸载装置。

对装载装置的要求是装载均匀、防止洒漏、冲击尽量小。根据这样的要求，进料斗的槽宽一般为带宽的2/3，槽壁倾斜度尽量小，使物料离开槽壁时的速度方向与输送带运动方向尽量接近，当然这个倾斜角要比物料对槽壁的摩擦角稍大些。成件物品可用导板装载或直接放在输送机上，散料可用装载槽或漏斗。

（二）带式输送机的特点及应用

1. 带式输送机

带式输送机既可以作水平方向运动，又可以做小倾角的倾斜输送。在各种连续输送机械中，它具有生产率高、输送距离长、结构简单、工作平稳、无噪声、使用方便和能量消耗小等优点。所以，在国民经济各个部门都得到广泛应用，特别是在港口大宗散货的装卸作业中，带式输送机已成为必不可少的主要装卸输送设备。但带式输送机的主要缺点是：不能自动取货，需要辅助设备或其他机械进行装料；输送路线固定，当货流方向变化时，往往要对带式输送机的输送路线重新布置；输送角度不大。

2. 带式输送机的应用范围

固定式带式输送机适应性强，在港口、车站、货栈、库场应用较广泛，尤其适用于煤炭、矿石等散货的输送。

移动式带式输送机主要用作装卸输送，机动性强，使用效率高，输送方向和输送长度均可改变，能及时布置输送作业线，达到作业要求。

3. 带式输送机选型需考虑的主要因素

（1）输送长度。

带式输送机的输送长度受输送带本身强度和运动稳定性的限制。输送距离越大，驱动力越大，输送带所受的张力也越大，带条的强度要求就越高。当输送距离很长时，若安装精度不够，则输送带运行时很容易跑偏成蛇形，使带条的使用寿命降低。所以采用普通胶带输送机，单机长度一般不超过400m，采用高强度的夹钢丝绳芯胶带输送机和钢丝绳牵引的胶带输送机，单机长度已达10km之多。

（2）布置形式。

带式输送机主要用来沿水平和倾斜方向输送物料，有多种布置形式可供选择。在具体选用时，应根据输送工艺的需要进行选择。带式输送机沿倾斜方向输送时，其允许倾角取决于被输送物料与输送带之间的动摩擦系数、物料的堆积角、输送带的运动速度等。为了避免物料从输送带上下滑，最大允许倾角应比输送物料与输送带之间的动摩擦角还要小。

（3）输送机的技术参数。

常见输送机的技术参数如表4-8所示。

表4-8 常见输送机的技术参数

	输送量（t/h）	运距（m）	带速（m/s）	带宽（mm）	传动滚筒直径（mm）	电动机功率（kW）	质量（t）
伸缩带式输送机	200	800	1.6	650	500	2×22	46 .5
	200	800	1.6	650	500	2×22	46.05
	400	800/600	2	800	500	2×40	58.75
	400	800	2	800	500	2×40	53.24
	630	1000	1.9	1000	630	2×15	89
	630	1000	1.9	1000	630	2×15	79
固定带式输送机	200	800	1.6	650	500	2×22	
	200	800	1.6	650	500	2×22	42.5
	400	800/600	2	800	500	2×40	53.7
	400	800	2	800	500	2×40	43.7
	630	1000	1.9	1000	630	2×75	68
	630	1000	1.9	1000	630	2×15	68

（三）带式输送机的其他类型

根据输送带支承装置的不同，其他常见的带式输送机有气垫带式输送机、磁垫带式输送机和封闭型带式输送机。

1. 气垫带式输送机

气垫带式输送机用托槽与输送带之间有一定厚度的空气层作为滑动摩擦的“润滑剂”，使运动阻力减小。

空气层是鼓风机将具有一定压力的气流送入气室（气室的顶部即为输送带的托槽），当气流沿气室纵长分布并由托槽上的小孔流出时，在胶带与托槽之间形成的。目前，这种输送机已在大连和天津港散粮码头使用。

气垫带式输送机的优点是：可以节省大量的支撑滚柱滚动轴承，运转部件少，维修费用低；运行阻力小，使输送带的张力减小，能量消耗降低，适于采用较高的带速；全长有托槽支撑，可采用较轻薄的轻型输送带，降低了用胶量和造价；弧形断面的托槽使物料在运输过程中处于稳定状态，不需要设置防止输送带跑偏的装置，适于可逆运转。缺点是：气垫式输送机不适于输送大块物料，因为块度和相对密度大的物料有较大的集中载荷，会使局部区段的气膜破坏，增加磨损，加大功率。

2. 磁垫带式输送机

利用磁铁的磁极“同性相斥、异性相吸”的原理，将胶带磁化成磁弹性体，则此磁性胶带与磁性支承之间产生斥力，使胶带悬浮。磁垫带式输送机的优点在于它在整条带上能产生稳定的悬浮力，工作阻力小且无噪声，设备运动部件少，安装维修简单。

3. 封闭型带式输送机

在托辊带式输送机的基础上加以改进，输送带改成圆管状（三角形或扁圆形等）断面的封闭型带，托辊采用多边形托辊组环绕在封闭带的周围。其最大的优点是可以密闭输送料，在输送途中，物料不飞扬、洒落，减少污染。

三、刮板式输送机

1. 结构组成和工作原理

在牵引构件（链条）2 和 5 上固定着刮板，并一起沿着机座槽内运动。牵引链条环绕着头部驱动链轮 1 和尾部张紧链轮 9，并由驱动链轮来驱动，由张紧链轮进行张紧。被输送的物料可以在输送机长度上的任意一点装入敞开槽内，并由刮板推动前移。输送机的卸载同样可以在槽底任意一点打开的洞孔处来进行，这些洞孔是用闸门关闭的。

刮板输送机分为上、下工作分支，上工作分支供料比较方便，可在任何位置将物料供入敞开的导槽内；具有下工作分支的输送机在卸料方面较为方便，因为物料可以直接通过槽底的洞孔卸出。在个别情况下，当需要向两个方向输送物料时，则两个分支可同时成为工作分支。牵引构件可以根据刮板的宽度采用一根或两根链条。

刮板输送机如图 4-20 所示。

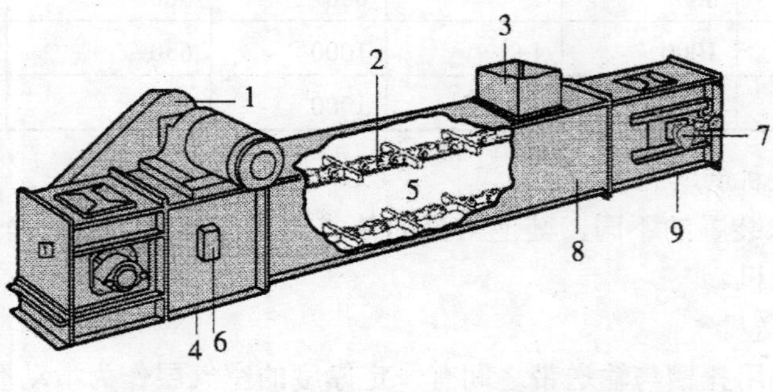

1-头部；2-上刮板链条；3-加料口；4-卸料口；5-下刮板链条；

6-加料堵料探测器；7-断链指示器；8-中间段；9-尾部

图 4-20 刮板输送机

2. 类型

按刮板输送机输送物料方向上水平段与倾斜段的不同，组合方式可分为多种形式。但不管是哪种布置形式，其倾斜角通常在 30° 以内，很少达到 40° 。因为随着倾斜角β的增加，输送机的生产率显著降低。为了避免物料的挤压并减少功率的消耗，在弯曲段需要较大的过渡半径，通常取 R=4～10m。

3. 特点

刮板输送机的主要优点是：结构简单，当两个分支同时成为工作分支时，可以同时向两个方向输送物料，可同时方便地沿输送机长度上的任意位置进行装载和卸载。可以用来输送各种粉末状、小颗粒和块状的流动性较好的散粒物料，如块煤、矿石、砂子、焦炭、水泥及谷物等。

它的缺点是：物料在输送过程中会被捻碎或者挤压碎，所以不能用来输送脆性物料。由于物料与料槽及刮板与料槽有摩擦（尤其是输送摩擦性大的物料时），会使料槽和刮板的磨损加速，同时也增大了功率的消耗。

因此，刮板输送机的长度一般不超过 50～60m；而生产率不超过 150～200t/h。只有在采煤工业中，当生产率在 100～150t/h 以内的情况下，其输送机的长度可达到 100m。

四、埋刮板输送机

1. 结构组成与工作原理

埋刮板输送机是由刮板输送机发展而来的，但其工作原理与刮板输送机不同，在其机槽中，物料不是一堆一堆地被各个刮板刮运向前输送的，而是以充满机槽整个断面或大部分断面的连续物料流形式进行输送的。由于刮板链条埋在被输送的物料中，与物料一起向前移动，所以称为埋刮板输送机，如图 4-21 所示。刮板链条既是牵引构件，又是带动物料运动的输送元件，因此，它是埋刮板输送机的核心部件。

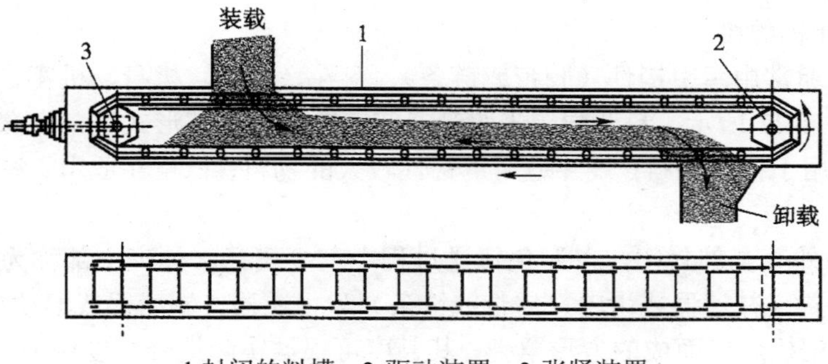

1-封闭的料槽；2-驱动装置；3-张紧装置

图 4-21　水平输送埋刮板输送机

埋刮板输送机除了可进行水平和倾斜输送及垂直提升之外，还能在封闭的水平或垂直平面内的复杂路径上进行循环输送。

埋刮板输送机的工作原理是利用散粒物料具有内摩擦力，以及在封闭壳体内对竖直壁产生侧压力的特性来实现物料的连续输送的。在水平输送时，由于刮板链条在槽底运动，刮板之间的物料被拖动向前成为牵引层。当牵引层物料对其上的物料层的内摩擦力大于物料与机槽两侧壁间的外摩擦力时，上层物料就随着刮板链条向前运动。

在垂直输送时，机槽内的物料不仅受到刮板向上的推力和下部不断供入的物料对上部物料的支撑作用，同时，物料的侧压力会引起运动物料对周围物料产生向上的内摩擦力。当以上作用能够克服物料与槽壁间外摩擦力及物料自身的重力时，物料就形成连续整体的物料流随刮板链条向上输送。

2. 适用范围

埋刮板式输送机既适用于水平或小倾角方向输送物料，也可以在垂直方向输送。水平输送距离最大为 80～120m，垂直提升高度为 20～30m，通常用在生产率不高的短距离输送上，如散货堆场、装车作业等。所运送的物料以粉状、粒状或小块状物料为佳，如煤、砂子、谷物等。物料的湿度以用手捏团后仍能松散为宜。不宜输送磨损性强、块度大、粘性大、腐蚀性大的物料，以避免对设备造成损伤。

埋刮板式输送机结构简单可靠，体积小，维修方便，进料卸料简单。埋刮板输送机分为普通型和特殊型。普通型埋刮板输送机用于输送物料特性一般的散粒物料；而特殊型埋刮板输送机用于输送有某种特殊性能的物料，如用于输送高温物料的热料型、防止泄漏和渗透以及防止粉尘爆炸的气密型、磨磋性较强物料的耐磨型等。

此外还有为化工、粮食、电站、港口等部门设计的各种专用系列的机型，如纯碱专用系列、粮食专用系列及大运量型、电站专用系列及给料型、港口专用的埋刮板卸船机等。特殊型和专用型埋刮板输送机的输送原理与普通型完全相同，只是在普通型的基础上针对性地加强了某一方面的结构或材料，使之更加适应于某一种或某一类物料，以满足其特殊输送要求。

五、斗式提升机

斗式提升机是以带条（或链条）作为牵引构件，以装载料斗作为承载构件，用于垂直方向或接近垂直、大倾角方向连续提升粉粒状物料的连续输送机械。

（一）斗式提升机的组成与工作过程

1. 斗式提升机的组成

斗式提升机通常由牵引构件（胶带或链条）、料斗、机头、机身、机座、驱动装置和张紧装置组成，如图 4-22 所示。料斗固定于胶带（或链轮）上，其形式通常有深斗、浅斗、三角斗三种，深斗适用于松散物料；浅斗适用于粘性较大的物料；三角斗适用于密度较大且成块状的物料。

整个设备的外壳全部封闭，以避免输送过程中灰尘飞扬。外壳上部称为机头，内装有驱动装置、传动装置（减速器或齿轮、皮带或链条）和止逆器（制动器或滚动止逆器）；中间为机身，通常为薄钢板焊接而成的方形罩壳，其长度可根据实际提升高度调节；下部为机座，装有张紧装置（或链轮）。机座上设有供料口，机头上设有卸料口。

2. 斗式提升机的工作过程

在牵引构件（胶带或链条）1 上，每隔一定间距安装一个装载料斗 2。头部滚筒（或链轮）由电动机带动的驱动装置 6 驱使转动。尾部滚筒（或链轮）起张紧作用。为了防止突然停车而产生的反转运动，在传动装置中装有停止器 11。整个提升机在全高度上安装了铁皮罩壳。物料从下部的供料口进入料斗内，提升至头部滚筒卸料，斗内的物料经卸料口 13 被卸出。

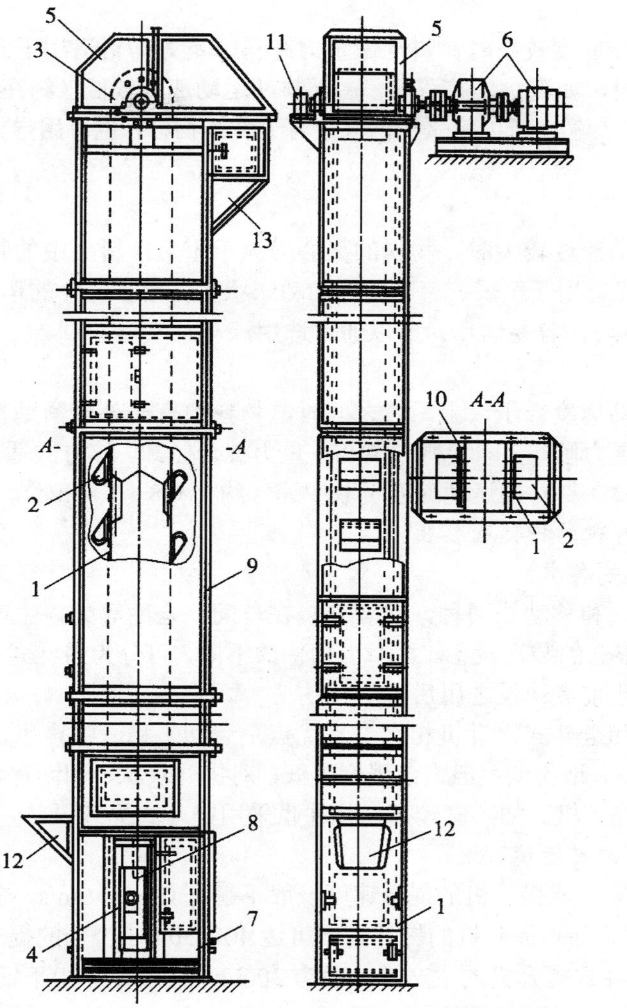

1-牵引构件；2-装载料斗；3、6-驱动装置；4-张紧装置；5-上部罩壳；7-下部罩壳；
8-导轨；9-中部罩壳；10-导向装 11-停止器；12-借料口；13-卸料口

图 4-22　斗式提升机

斗提机的装料方式有两种：顺向进料（或称挖取法）和逆向进料（或称装入法）。

（1）顺向进料。料斗的运动方向与进料方向一致，料斗对物料采取挖取的方式，挖得越深，装得越满。但机座内的物料高度应低于张紧轮（或链轮）的水平轴线位置，以免料斗装得过满而超载，在提升过程中洒落。此方法适用于输送粉末状、小颗粒和磨磋性小的物料，如煤粉、谷物和水泥等。

（2）逆向进料。料斗的运动方向与进料方向相反，料斗对物料采取装入的方式。这种方式适用于块度大且密度高的物料，如用顺向进料法很难将料斗装满。装料时料斗的运行速度较低，否则物料不易装满。

斗式提升机的卸料过程就是料斗进入头轮之后，随头轮做旋转运动而将物料倒出的过程，可以分为重力式、离心式和混合式三种。

（1）重力式。

当驱动轮的旋转速度较小时，料斗做重力卸料。重力卸料适用于湿度高、粘性大、散落性差的物料或块物料，如煤块、矿石等。由于料斗运动速度较低（约在 0.4～0.8m/s），卸料时间较长，有利于料斗卸空，所以可采用深斗。对于脆性物料，也可用导槽斗来降低物料卸落高度，防止物料碎裂。

（2）离心式。

当驱动轮的运动速度较大时，物料的离心力大于重力，料斗中的物料紧贴料斗的外壁，做离心卸料。该方式适用于干燥、流动性好的粉末状置；由于料斗的运动速度较高，可达 1～3.5m/s，物料流动性好，容易卸尽，所以通常选用深斗。

（3）混合式。

当驱动轮的运动速度介于以上两者之间时，物料中有一部分紧贴料斗外壁被离心抛出，另一部分沿内壁做重力倾卸，即物料做离心—重力混合倾卸。该方式适用于湿度大、流动性差的粉状或小颗粒物料。料斗的运动速度可取中速（约为 0.8～1.5 m/s），一般多采用浅斗。

（二）斗式提升机的种类及参数

1. 斗式提升机的种类

斗提机有固定式和移动式两种，前者安装在车间、仓库等处，生产能力较大；后者使用方便灵活，多作为粮仓的装卸设备。按牵引构件的不同，可分为带斗式和链斗式两种，物料温度低于 60°，适用于前者；反之用后者。

带斗式提升机和链斗式提升机相比，其优点是运动平稳、噪声小，可采用较高的提升速度，重量轻、尺寸小、造价低。但带条强度较低，对提升块状、潮湿等难以挖取、阻力大的物料必须采用链斗式提升机。如高度较高，往往也采用链斗式提升机。

2. 斗式提升机的主要参数

（1）提升速度。斗式提升机的提升速度一般不超过 0.8～1.0m/s，个别也有高达 4 m/s 的。

（2）提升高度。斗式提升机的提升高度可达 40～50m，个别的提升高度可达 350m。

（3）生产率。斗式提升机的生产率一般为 300t/h。近年来，由于钢丝绳芯输送带的应用，牵引构件的强度提高，其生产率可高达 2000t/h。

（4）型号。我国目前生产的斗式提升机中，D 型为带斗式，PL 型、HL 型、ZL 型系列均为链斗式提升机。斗宽有 160mm、250mm、350mm、450mm、900mm 等几种规格。

六、螺旋式输送机

（一）螺旋式输送机的一般结构

螺旋式输送机又称为绞龙，由带有螺旋片的转动轴在封闭的料槽内旋转，用螺旋叶片的旋转运动推动物料沿着料槽运动，达到输送物料的目的。螺旋叶片是输送机的主要部件，物料就是依靠叶片的旋转被推进的，在推进过程中，物料被不断搅拌，同时叶片也受到摩擦，特别是螺旋和料槽有强烈的磨损，所以功率消耗较大。

（二）螺旋输送机的类型

螺旋输送机可以水平或小倾角输送散料，也可以垂直输送；既可以固定安装，也可以制成移动式。根据输送物料的特性、要求和结构的不同，螺旋输送机分为水平螺旋输送机、立式螺旋输送机、可弯曲螺旋输送机和螺旋管输送机等。

1. 水平螺旋输送机

水平螺旋输送机的结构如图 4-23 所示，由驱动装置（马达、减速器，联轴器）、螺旋器、轴承、料槽、盖板、进料口、出料口等几部分组成。

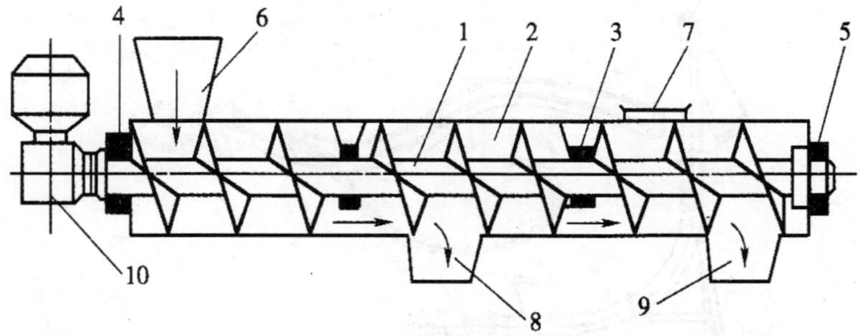

1-轴；2-料槽；3-中间轴承；4-首端轴承；5-末端轴承；6-装载漏斗；
7-中间装载口；8-中间卸载口；9-末端卸载口；10-驱动装置

图 4-23　移动式的水平螺旋输送机

根据机体的结构，螺旋输送机可以分为头节、中间节、尾节三部分，其中，头、尾两节的长度基本固定，中间节的长度可以根据实际需要确定。进料口和出料口并非一定要装于首尾两端，整个输送长度上都可以装料和卸料。料槽将输送机整体封闭，防止灰尘飞扬。螺旋可以制成左旋、右旋或左右旋，从而改变输送的方向。

2. 立式螺旋输送机

立式螺旋输送机与水平螺旋输送机在结构上大致相同，也是由驱动装置（马达、减速器、联轴器）、螺旋、轴承、料槽、进料口、出料口等几部分组成，但工作原理不一样。在输送过程中，物料随着螺旋做高速旋转，由于离心力的作用，物料在料槽内形成若干同心圆层，物料的最外层紧贴槽壁，两者之间产生的摩擦力的大小是物料是否向上输送的关键。

当螺旋转速不高时，物料受到的离心力不能克服物料与螺旋表面的摩擦力，物料与螺旋一起做旋转运动，保持相对静止状态；当螺旋转速较高时，物料受到的离心力大于物料与螺旋表面的摩擦力，物料向螺旋的外缘移动，对料槽壁产生压力和摩擦力，只有当这个摩擦力能够克服物料与螺旋表面之间的摩擦力及物料重力的分力时，物料才能向上输送，否则只能旋转，不能上升。我们将此时的转速称为临界转速，只有当输送机的转速大于临界转速时，物料才能实现向上输送。

立式螺旋输送机的主要特点是输送量小、输送高度小、转速较高、能量消耗大。特别适于输送流动性好的粉粒状物料，提升高度一般不大于 30m。

3. 弯曲螺旋输送机

弯曲螺旋输送机与水平螺旋输送机和垂直螺旋输送机的主要不同之处是螺旋和料槽。合成橡胶制成螺旋叶片，然后粘在高强度的挠性心轴上，再配以不同形状的弹性料槽，螺旋与料槽接触，所以不设置中间轴承。一根螺旋就可以按不同要求弯成任意形状，从而达到空间多方位输送物料的目的。这种输送机通常输送粉状、颗粒装的物料及污泥等。

与普通的螺旋输送机相比，弯曲螺旋输送机（如图 4-24 所示）具有以下优点：

（1）无中间支撑轴承，结构简单，安装、维修方便。

（2）由于螺旋和料槽都为非金属，所以工作时噪声较小，耐腐蚀。

（3）可以实现多向输送。

其主要缺点是输送距离不大，通常不超过 15m。

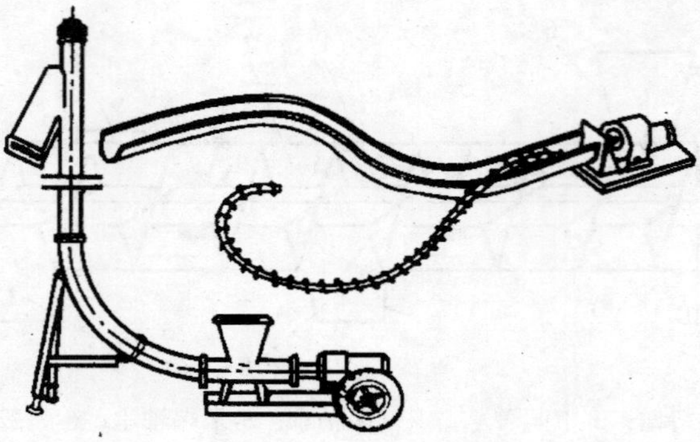

图 4-24　弯曲螺旋输送机

（三）螺旋输送机的特点及适用范围

螺旋输送机的主要优点是结构简单、紧凑，占地小，无空返，可在任何地方装载和卸载，被运送物料密封，工作可靠，维修方便。其缺点是功率消耗较大，叶片和料槽易磨损，物料易被磨碎，对超载敏感，易堵塞。

螺旋输送机的输送量通常为 20～40m^3/h，最大可达 100 m^3/h，常用的输送长度一般为 30～40m，只有少数情况下才达到 50～60m。生产率一般不超过 100t/h，最大可达 380t/h。对于垂直的螺旋输送机，其输送高度则一般不超过15m。主要用于粮食、化工、机械制造和交通运输等工业部门，用来输送谷物、面粉、化肥、水泥、煤、砂等。

七、气力输送机

气力输送机是利用具有一定速度和压力的空气流带动粒状物料在密闭管路内进行输送的连续作业输送装置。

（一）气力输送机的基本结构及工作原理

1．气力输送机的基本结构

（1）动力装置。是气流增压输送设备的总称。常用的有空气压缩机，鼓风机、真空汞及驱动电机，作用是提供具有一定速度和压力的空气流来完成物料的输送。

（2）供料器。是用来将散粒物料供入输料器并与气流形成一定混合比的装置。其结构及工作原理取决于被输送物料的物理性质和气力输送装置的形式，一般采用能使物料在气流中悬浮的供料装置，且装在输送系统的首端。

（3）输料器。包括输送气体及其与物料混合物的管路和附属管件，是物料输送的通道。

（4）分离器。气力输送装置输送的是物料与空气的混合物，分离器就是在物料被输送到终端时，把物料从气固双相流中分离出来的装置。

（5）除尘器。物料经过分离器后，大部分物料被分离出来，但一些细小的颗粒或粉末则难以分离出来，因而从分离器排出的气流中会含有一些细微的物料和大量的灰尘。设置于分离器后的除尘器一方面可以回收这一部分物料，另一方面可以降低对环境的污染，对广泛使用的吸送式气力输送机还可以减少鼓风机的磨损。

（6）卸料器及卸灰器。其作用是将经分离后的物料从分离器中卸出，把灰尘从除尘器中排出，并防止外界空气倒流进入输送系统。因此，卸料器装于分离器下部，卸灰器装在除尘器下面。

2. 气力输送机的工作原理

将物料处于具有一定速度的空气中，空气和物料形成悬浮的混合物（双相流），当空气的速度处于临界范围时，物料呈悬浮状态，物料的重力与空气的动力达到平衡；低于临界范围，物料下降；高于临界范围，物料被输送，通过管道输送到卸料地点，然后将物料从双相流中分离出来卸出。其输送方向可以是垂直或水平。

（二）气力输送机的分类

物料和空气的混合物能在管路中运动而被输送的必要条件是：在管路两端形成一定的压力差。按压力差的不同，气力输送机可分为吸送式、压送式和混合式三种。

1. 吸送式气力输送机

其工作原理是：利用风机 12 对整个管路系统进行抽气，使管道内的气体压力低于外界大气压，形成一定的真空度。吸嘴 1 在压力差的作用下，外界的空气透过料层间隙和物料形成混合物进入吸嘴，并沿管道输送。当空气和物料的混合物经过分离器 7 时，带有物料的气流速度急剧降低并改变方向，使物料与空气分离，物料经分离器底部的卸料器 15 卸出，含尘空气经第一级除尘器 9 和第二级除尘器 10 净化后，由风机通过消声器 11 排入大气中。吸送式气力输送机如图 4-25 所示。

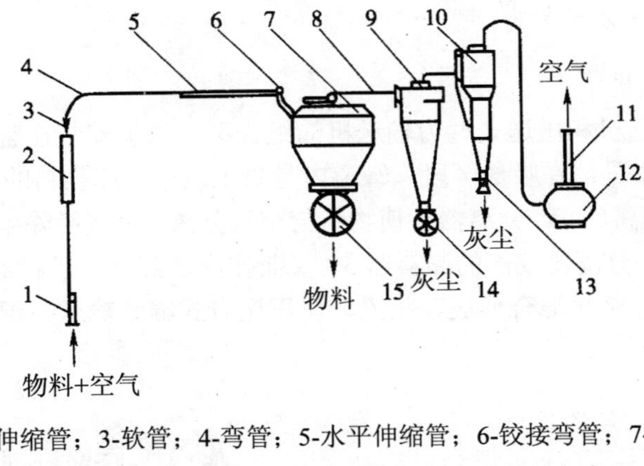

1-吸嘴；2-垂直伸缩管；3-软管；4-弯管；5-水平伸缩管；6-铰接弯管；7-分离器；8-风管；9、10-除尘器；11-消声器；12-风机；13-阀式卸灰器；14-旋转式卸灰器；15-旋转式卸料器

图 4-25　吸送式气力输送机

吸送式气力输送机在港口主要用于卸船，它可以装几根吸料管同时从几处吸取物料，但输送距离不能过长。由于随着输送距离的增加，阻力也不断加大，这就要提高管道内的真空度，而吸送系统的真空度不能超过 50.7～60.8kPa，否则空气会变得稀薄，携带能力降低，引起管道阻塞以致影响正常工作。此外，为了保证风机可靠工作并减少零件的磨损，进入风机的空气必须严格除尘。

2. 压送式气力输送机

风机安装在整个系统的最前端。其工作原理是：利用风机 1 将空气压力（高于 101.3kPa）提高，输送进管道，使管道中的气体压力高于外界大气压。物料由供料器 4 送入输送管与空气形成混合物，并沿管道输送至卸料点。当空气和物料的混合物经过分离器 6 时，物料被分离出来，经卸料器卸出，含尘空气经除尘器 7 和 8 净化后排入大气。压送式气力输送机如图 4-26 所示。

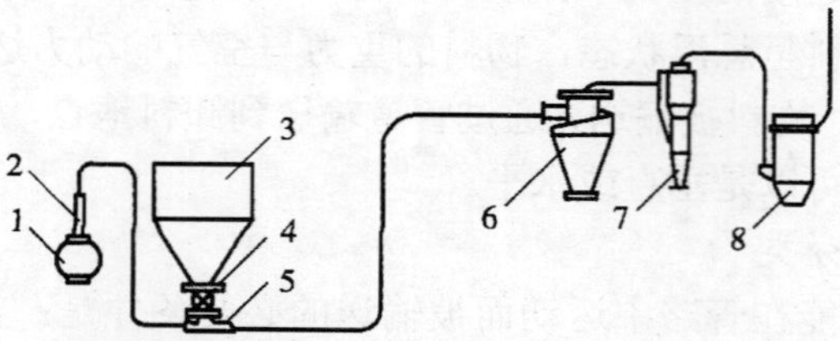

1-风机；2-消声器；3-料斗；4-旋转式供料器；5-喷嘴；6-分离器；7-第一级除尘器；8-第二级除尘器

图 4-26　压送式气力输送机简图

压送式气力输送机可实现长距离的输送，生产率较高。它可以由一个供应点向几个卸料点输送，风机的工作条件较好。但要把物料送入高于外界大气压的管道中，供料器结构就比较复杂，因为供料器要将物料送入高压管路中，必须防止管路内的高压空气冲出。

压送式气力输送机在散装水泥的装卸作业中应用较多。

小贴士：在广西防城港散装水泥出口泊位，水泥由专用铁路车厢卸至水泥圆筒储仓和由筒仓装至海船船舱，均采用了压送式气力输送装置。此外，国内散装水泥专用汽车和现有的小型自卸船也采用气力压送方式卸货。

3. 混合式气力输送机

它是吸送式气力输送机和压送式气力输送机的组合型。风机安装在整个系统的中间，既吸气，又压气。其工作原理是：在吸送区段，管道内是负压，空气和物料的混合物从吸嘴 1 吸入输送管道 2，输送一段距离后，经分离器 3 使物料与空气分离，空气经除尘器 4 经风机 6 再压入压送区段管道内，物料经分离器底部的卸料器 5（又兼作压送部分的供料器）卸出，并送入压送部分的输料管道中，再与空气混合形成双相流，以压送方式继续输送。混合式气力输送机如图 4-27 所示。

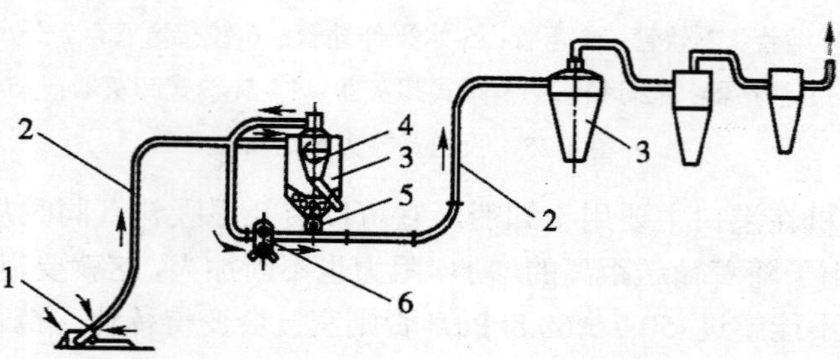

1-吸嘴；2-管道；3-分离器；4-除尘器；5-卸料器；6-风机

图 4-27　混合式气力输送机简图

混合式气力输送机综合了吸送式气力输送机和压送式气力输送机的优点，吸取物料方便且能较长距离输送；可以从几个地点吸取物料，同时向几个不同的目的地输送。但结构比较复杂，进入压送部分鼓风机的空气大部分是从吸送部分分离出来的，所以含尘量较高。

（三）气力输送机的特点

气力输送机作为一种比较先进的输送方式已得到越来越广泛的应用，如表 4-9 所示为气力输送机与其他输送机特点的比较。

表 4-9　气力输送机与其他输送机的特点比较

比较项目	气力输送机	螺旋输送机	带式输送机	链式输送机	斗式提升机
输送物飞散	无	有可能	有可能	有可能	有可能
混入异物污损	无	无	有可能	无	无
输送物残留	无	有	无	有	有
输送路线	自由	首线的	直线的	直线的	直线的
分叉	自由	困难	困难	困难	不能
倾斜、垂直输送	自由	可能	斜度受限制	构造复杂	可能
输送断面	小	大	大	大	大
设备维修量	容易，主要是弯头	令面的	比较小	全面的	装载斗、链条
输送物最高温度（℃）	600	150	50	150	150
输送物最大块度（mm）	30	50	无特殊限制	50	50
最大输送距离（m）	2000	50	14600	150	30
设备能耗费	以输送 10t/h 矾±500m 距离为例的估算值				
功率（kW）	150		25	45	
功率比较（%）	100		16.7	30	
费用比较（%）	100		270	150	

气力输送机的主要优点如下：

（1）利用管道输送不受管路周围条件和气候变化的影响。

（2）输送生产率高，有利于实现散货装卸自动化，降低了装卸成本。

（3）能够避免物料受潮、污损或混入其他杂物，保证输送物料的质量。

（4）输送管道能灵活布置，适应各种装卸工艺。

（5）结构较简单，机械故障较少，维修方便。

气力输送机的主要缺点如下：

（1）动力消耗大，如生产率为 200t/h 的吸粮机，其鼓风机的电动机功率为 240kW。

（2）被输送物料有一定的限制，不宜输送潮湿的、粘性的和易碎的物料。

（3）在输送颗粒大、坚硬的物料时，管道等部件容易磨损。

（4）风机噪声大，必须采取消音措施，否则会造成噪声公害。

目前，气力输送机的生产率可达4000t/h，输送距离达2000m，输送高度可达100m。

知识要点五　装卸搬运设备的合理配置

一、装卸搬运设备配置的原则

设备配置就是要在设备的适用性和先进性之间寻找一个适当的均衡点，使设备既能满足需求，又不因为配置过高导致投资过大及作业能力的浪费。为保证装卸搬运设备系统的高效、经济，在进行设备配置时应考虑以下原则。

1. 适用性与先进性相结合

装卸搬运设备的配置必须以能够适应作业的需求为基本原则。仓库的作业量大、作业频繁时，需要充分掌握作业发生的规律，考虑配备作业能力较高的大型专用机械设备；作业量小、作业不频繁时，只要根据作业量的平均水平配备构造简单、造价低廉而又能保持相当作业能力的中小型通用机械设备即可。

此外，装卸搬运设备都有一定的经济寿命，因此在配置设备时，还要充分考虑仓库或配送中心未来的发展和技术的进步，使设备能够在其经济寿命周期内保持适当的技术先进性和作业能力空间。

2. 经济性原则

经济性是衡量装卸搬运系统的重要指标。装卸搬运是一个不直接产生经济效益的物流作业环节，装卸搬运设备的购置成本和使用及维修保养成本就直接反映了该环节的经济效益。设备配置的目标就是在满足作业需求和合理的技术先进性的前提下，实现设备在整个购置、安装、运行、维修、改造、更新直至报废的全过程内的总成本最小，即设备的LCC（Life Cycle Cost，全寿命周期成本）最小。

3. 系统化原则

装卸搬运设备的配套是保证前后作业相互衔接、相互协调，装卸搬运工作连续稳定进行的重要条件。因此，在进行设备配置时，还要对整个装卸搬运系统进行流程分析，充分考虑各个作业工序之间的衔接，以使配置的设备相互适应，减少作业等待时间，提高作业效率。

二、装卸搬运设备的选择

（一）以满足现场作业为前提

（1）装卸机械首先要符合现场作业的性质、物资特点和特性要求。如在有铁路专用线的车站、仓库等，可选择门式起重机；在库房内可选择桥式起重机；在使用托盘和集装箱作业的生产条件下，可尽量选择叉车或集装箱专用起重机。

（2）机械的作业能力（吨位）与现场作业量之间要形成最佳配合状态。装卸机械吨位的具体确定应对现场要求进行周密的计算和分析。在能完成同样作业效能的前提下，应选择性能好、节省能源、便于维修、利于配套、成本较低的装卸机械。

（3）其他影响条件。影响物流现场装卸作业量的最基本因素是吞吐量，此外还要考虑堆码、卸垛作业量、装卸作业的高峰量等因素。

（二）控制作业费用

装卸机械作业发生的费用主要有设备投资额、运营费用和装卸作业成本等。

（1）设备投资额。

设备投资额是平均每年机械设备投资的总和（包括购置费用、安装费用和直接相关的附属设备费用）与相应的每台机械在一年内完成装卸作业量的比值。

（2）装卸机械的运营费用。

装卸机械的运营费用是指某种机械一年运营总支出（包括维修费用、劳动工资、动力消耗、照明等）和机械完成装卸量的比值。

（3）装卸作业成本。

装卸作业成本是指在某一物流作业现场，机械每装卸一吨货物所支出的费用，即每年平均设备投资支出和运营支出的总和与每年装卸机械作业现场完成的装卸总吨数之比。

（三）装卸搬运机械的配套

装卸搬运机械的配套是指根据现场作业性质、运送形式、速度和搬运距离等要求，合理选择不同类型的相关设备。

按装卸作业量和被装卸物资的种类进行机械配套，在确定各种机械生产能力的基础上，按每年装卸 1 万吨货物需要的机械台数与每台机械所担任装卸物资的种类和每年完成装卸货物的吨数进行配套。

此外，还可以采用线性规划方法来设计装卸作业机械的配套方案，即根据装卸作业现场的要求列出数个线性不等式，并确定目标函数，然后求出最优的各种设备台数。

【实训任务】

一、实训目标

1．熟悉各类装卸搬运设备的构造与工作原理。
2．学会装卸设备和机械的操作要求和操作方法。
3．掌握装卸搬运的基本操作要领。
4．训练叉车基本的操作规范和要领。

二、实训地点

北京烟草配送中心。

三、实训步骤

第一步：教师发放工作任务书。

任务书主要是明确此实训内容的目标、实施过程和预期结果等内容。一般的格式如表 4-10 所示。

表 4-10　工作任务书

<table>
<tr><td>班级</td><td></td><td>姓名</td><td></td><td>实训时间</td><td></td></tr>
<tr><td>实训目标</td><td colspan="5">在企业实地训练叉车基本的操作规范和要领</td></tr>
<tr><td>实施过程</td><td colspan="5">资讯采集：

工作计划：

工作实施：

检查和评价：</td></tr>
<tr><td>工作成果</td><td colspan="5"></td></tr>
<tr><td>注意事项</td><td colspan="5"></td></tr>
</table>

第二步：任务分配。

对任务进行分解，并根据任务目标，进行学生分组。每组约 5 人，每组内部分工负责不同的内容，任务分配记录如表 4-11 所示。

表 4-11 任务分配表

任务	学生角色分配
在北京烟草配送中心实地训练叉车基本的操作规范和要领	作业组共____人，其中： 安全检查员___ 人： 操作员____人： 记录员____ 人： 实训报告撰写____ 人： 其他____人：

第三步：布置实训任务。

在北京烟草配送中心实地训练叉车基本的操作规范和要领，提交实训报告。

第四步：教师任务解释。

1．由教师介绍叉车的各个仪表、操作机构和手柄的位置及其用处和作用。
2．教师示范叉车起动发动机和熄火的操作方法。
3．教师示范货架的升降和门架的前后倾操作。
4．教师示范操作货架的升降和门架的前后倾。
5．教师讲解操作的安全事项。

第五步：学生执行任务。

根据教师的讲解，结合自己的理解，制定时间进度计划，确定各组负责人，实施叉车实训计划。

第六步：实训总结，形成实训报告。

根据本组实训内容，按照一定的逻辑性进行总结，形成实训报告以备成果展示。

四、成果展示

根据实训的结果，学生需要提交一份实训报告（字数不低于 3000 字）和一份 PPT 讲演稿。实训报告要注意格式，其中应尽可能增加一些图片、表格、数字等。报告里要体现出每人负责的内容。

五、实训评价

实训评价主要是通过实训课堂上讲解内容的完整性、表述得是否清楚、逻辑性如何、成员协作配合等方面。评价的标准如表 4-12 所示。

表 4-12　叉车实地训练评价

<table>
<tr><th rowspan="2">考核要素</th><th rowspan="2">评价标准</th><th rowspan="2">分值（分）</th><th colspan="3">评分（分）</th></tr>
<tr><th>自评（20%）</th><th>小组（30%）</th><th>教师（50%）</th></tr>
<tr><td rowspan="4">北京烟草配送中心叉车实地训练</td><td>组织协作能力</td><td>25</td><td></td><td></td><td></td></tr>
<tr><td>作业设计及执行情况</td><td>35</td><td></td><td></td><td></td></tr>
<tr><td>实训报告写作</td><td>25</td><td></td><td></td><td></td></tr>
<tr><td>实训汇报内容</td><td>15</td><td></td><td></td><td></td></tr>
<tr><td colspan="3">评价人签名</td><td></td><td></td><td></td></tr>
<tr><td colspan="3">合计</td><td></td><td></td><td></td></tr>
<tr><td colspan="6">评语

教师：
年　月　日</td></tr>
</table>

【大赛试题】

一、填空题

1. 在同一地域范围内，将改变物资的__________和__________的活动称为装卸搬运。“装卸”是指以__________为主的实物运动形式，“搬运”是指以__________为主的实物运动形式。

2. 装卸与搬运设备不仅用于生产企业内部物料或工件的__________和船舶与车辆货物的__________，还完成库场货物的__________、__________、__________及舱内、车内、库内的__________。

3. 装卸与搬运设备按主要用途或结构特征可分为__________、__________、__________、__________。

4. 装卸与搬运设备的特点有：__________、__________、__________。

5. 起重设备主要由__________、__________、__________及__________组成。

6. 起重设备按其结构特点和用途可分为__________、__________和__________。

7. 起重设备的工作程序是：__________货物，提升后进行一个或数个动作的__________，将货物放到卸载地点后__________，然后返程做下一次动作准备，是一种__________动作的设备。

8. 起重设备有__________、__________、__________和__________四大工作机构。

9. 移动式起重机是沿__________行走的__________起重机，或支承在__________的__________起重机。缆索起重机是挂有取物装置的起重小车沿__________运行的起重机。

10. 起重机的起重量是指起重机在__________情况下所能提升重物的质量。臂架型起重机的最大起重量是指最__________幅度时的__________起重量。

11. 桥式起重机是依靠桥架沿厂房轨道的__________移动、起重小车的__________移动以及吊钩装置的__________运动来进行工作的。它具有__________、__________、__________、__________、__________，且运行时不妨碍作业场地的其他工作的特点。

12. 门式起重机用__________、__________、__________、__________四个主要要素表示其型号。

13. __________是门式起重机的另一种形式，其跨度大于 35m、起重小车的运行速度较高、起重量不大于 40t、同时具有刚性和柔性支腿，工作对象都是大批量的散状物料或成批件物品。

14. 臂架类型起重机由__________、__________、__________、__________四个机构组成的。通过这些机构的配合动作可使起重机在一个__________空间范围内起重和搬运货物。随着幅度增加或吊臂仰角的减小，起重量要__________。

15. 岸边集装箱起重机由__________和__________组成的门架沿着与岸边__________的轨道行走，桥架支承在__________上，行走小车沿着__________轨道往返于水、陆两侧吊运集装箱，进行装船和卸船作业。

16. 用自动化立体仓库来存取货物单元的设备主要是__________和__________。

17. 桥式堆垛起重机是在桥式起重机小车上增加__________的立柱机构。立柱上有__________和__________。立柱分为__________型和__________型。__________立柱的货叉固定在立柱下端，__________立柱的货叉可沿立柱上下移动。

18．__________和各种__________、__________、__________组成了自动化立体仓库的货物存取与传送系统。

19．连续输送机械是以__________的方式沿着一定的线路从装货点到卸货点__________输送__________、__________和__________货物的机械装置。

20．连续输送机械一般由__________、__________、__________等设备构成。

21．机械式输送机是依靠__________运动进行输送的。按结构形式不同可分为__________和__________。

22．散粒货物的物理机械特性有：__________、__________、__________、__________、__________等。

23．带式输送机是以带条作为__________和__________的连续输送机械，它具有__________、__________、__________、__________、__________、__________和__________等优点。

24、橡胶带常用的连接方法有__________、__________和__________三种。

25、托盘按其基本形状和用途分为__________、__________、__________、__________、__________。

26．叉车按货叉安装位置的不同分为__________、__________和__________等。

27．装卸搬运机械一般由__________和__________组成。装卸搬运机械的技术性能有__________、__________和__________。

28．叉车由__________、__________和__________三大部分组成，其底盘由__________、__________、__________和__________组成。

29、制动系的作用是使行驶的车辆__________或__________，使停歇的车辆__________。根据制动系的作用，车辆应有两套相互独立的制动装置。一套是__________装置，另一套是__________装置。

30．叉车的起升机构由__________、__________、__________和__________组成。

二、单选题

1．下列不属于装卸搬运设备的是（　　）。

A．分拣设备　　　　B．托盘

C．起重堆垛设备　　　　D．带式输送机

2．下列不属于装卸搬运技术装备应用特点的是（　　）。

A．适应性强　　　　B．单位成本高

C．设备能力强　　　　D．机动性较差

3．门式起重机属于（　　）。

A．轻小型起重机械　　　　B．桥式类起重机械

C．臂架类起重机械　　　　D．堆垛类起重机械

4．流动式和轨道式起重机械是按（　　）的。

A．综合特性分类　　　　B．用途分类

C．使用场合分类　　　　D．体积大小分类

5．反映起重机械工作繁忙程度和载荷轻重程度的参数是（　　）。
A．工作级别　B．轮压　C．起重力矩　D．起升高度

6．下列属于输送机械的是（　　）。
A．堆料机　B．斗式提升机
C．机船　D．翻车机

7．下列运输机械中，与其他三个选项不是同一类的是（　　）。
A．气力输送机　B．斗式提升机
C．机船　D．辊子输送机

8．中短距离曲线路径输送需烘干的稻谷可应用下列（　　）。
A．板式输送机　B．刮板式输送机
C．振动式输送机　D．气力输送机

9．下列不属于堆垛用起升车辆的是（　　）。
A．平衡重式叉车　B．插腿式叉车
C．托盘搬运车　D．托盘堆垛车

10．应用最广泛的叉车是（　　）。
A．平衡重式叉车　B．插腿式叉车
C．内燃式叉车　D．前移式叉车

11．适用于窄通道作业，有利于装搬条形货物的叉车是（　　）。
A．内燃式叉车　B．电动式叉车　C．插腿式叉车　D．侧面式叉车

12．托盘中使用量最大的是（　　）。
A．平托盘　B．柱式托盘　C．箱式托盘　D．轮式托盘

13．平托盘按叉车的插入方式分类，较为灵活的是（　　）。
A．单向叉入型　B．双向叉入型　C．三向叉人型　D．四向叉人型

14．塑料纸平托盘一般是（　　）。
A．单面型　B．单面使用型　C．双面使用型　D．单面单翼型

三、多选题

1．下列属于臂架类起重机械的有（　　）。
A．桅杆起重机　B．甲板起重机　C．流动起重机
D．门座起重机　E．浮式起重机

2．起重机的工作速度有（　　）。
A．起升速度　B．变幅速度　C．旋转速度
D．变频速度　E．下落速度

3．下列运输机械中，能用于中短距离且需倾斜给料的机械有（　　）。
A．带式输送机　B．刮板式输送机　C．埋刮板式输送机
D．斗式提升机　E．辊子输送机

4．带式输送机的布置形式有（　　）。
A．水平式　B．倾斜式　C．带凸弧曲线式
D．带凹弧曲线式　E．带凸凹弧曲线式

5. 下列属于特种专用托盘的有（　　）。

A. 航空托盘　　B. 油桶专用托盘　　C. 长尺寸物托盘

D. 高密度合成板托盘　　E. 托盘货架式托盘

6. 我国联运托盘的规格尺寸主要有（　　）。

A. 800mm×800mm　　B. 800mm×1000mm　　C. 800mm×1200mm

D. 1000mm～1000mm　　E. 1000mm×1200mm

四、简答题

1. 搬运装卸设备是如何分类的？
2. 常见的起重设备有哪些？
3. 起重设备的基本技术参数有哪些？
4. 简述门式起重机和桥式起重机的工作特点。
5. 巷道堆垛机械是如何分类的？
6. 巷道堆垛起重机的主要用途是什么？其安全保护措施有哪些？
7. 连续输送机械有哪些特点？
8. 带式输送机的主要装置有哪些？
9. 叉车的主要参数有哪些？平衡重叉车、前移式叉车和侧面式叉车如何保持工作稳定性？
10. 怎样对装卸搬运车辆进行合理配置和选择？

项目五　物流包装设备

【学习目标】

通过对项目五的学习，应该达到以下目标：

1. 知识目标：掌握包装印刷机械的内容。
   理解包装机械与包装印刷机械的其他相关理论知识。
2. 能力目标：学习各种包装机械的分类、功能和结构。
   熟悉各种常用包装机械的含义和图形。
   掌握相关包装机械与包装印刷机械的使用技能。
3. 素养目标：能够制定科学高效的包装作业方案。
   培养团队合作精神。

【案例引入】

纳米生物学在包装及食品包装机械中的应用

纳米生物学的出现为食品工程的发展提供了一个崭新的平台。纳米技术使基因工程变得更加可控，人们可以根据自己的需要制造多种多样、便于人体吸收的纳米生物产品，农、林、牧、副、渔业也可能因此发生深远变革，人类的食品结构也将随之发生变化。用纳米生物工程和化学工程合成的“食品”将极大丰富食品的数量和种类，与之相应的包装和食品机械也将应运而生。

由于纳米陶瓷具有良好的耐磨性、较高的强度和较强的韧性，可用于制造刀具、包装和食品机械的密封环、轴承等提高其耐磨性和耐蚀性，也可用于制作输送机械和沸腾干燥床关键部件的表面涂层。

日本东京已有人在实验室研制成功自洁玻璃和自洁瓷砖。其表面有一层薄纳米 TiO_2，在光的照射下，对任何粘污在表面上的物质（包括油污、细菌）由于纳米 TiO_2 的催化作用，使这些碳氢化合物进一步氧化成气体或很容易被擦掉的物质。TiO_2 可用于制作包装容器、食品机械的箱体和生产车间等。

德国一家研究所以纳米硅基陶瓷制成的特种不污染耐磨透明涂料，涂在玻璃、塑料等物体上，具有防污、防尘、耐刮、耐磨、防火等功能。可用于包装和食品机械上与食品直接接触的零部件的表面涂层。

纳米 SiC 和 Si_3N_4 在较宽的波长范围内对红外线有较强的吸收能力，可用作红外吸波和透波材料及功能性薄膜或纤维，纳米 Si_3N_4 非晶块能够从黄光到近红外光选择性地吸收，也可用于特殊窗口材料，以纳米 SiO_2 做成的光纤对 600nm 以上波长光的传输损耗小于 10dB/km，以纳米 SiO_2 和纳米 TiO_2 制成的微米级厚的多层干涉膜的透光性好，反射红外线能力强，与传统的卤素灯相比，可节省 15%的电能。这些特性可用在食品机械的红外干燥和红外杀菌设备上。

经研究证明，将 30～40nm 的 TiO_2 分散到树脂中制成薄膜，成为对 400nm 波长以下的光有强烈吸收能力的紫外线吸收材料，可作为食品杀菌袋和保鲜袋的最佳原料。

纳米 SiO_2 光催化降解有机物水处理技术无二次污染，除净度高，其优点是：①具有巨大的比表面积，可将有机物最大限度地吸附在其表面；②具有更强的紫外线吸收能力，因而具有更强的光催化降解能力，可快速将吸附在其表面的有机物分解掉，这对污水处理量较大的食品企业提供了有力的技术支持。

介孔固体和介孔复合体是近年来纳米材料科学领域中引人注目的研究对象，由于这种材料有较高的孔隙率（孔洞尺寸为 2～50nm）和较高的比表面，因而在吸附、过滤和催化等方面有重要的应用前景。对纯净水、软饮料等膜过滤和杀菌设备又提供了一个广阔的发展空间。

食品机械的工作环境恶劣，对润滑剂要求较高，而通常润滑剂易损耗、易污染环境。磁性液体中的磁性颗粒尺寸仅为 10nm，因此不会损坏轴承，而基液也可用润滑油，只要采用合适的磁场就可以将磁性润滑油约束在所需的部位，保证了机器的正常运转。

纳米磁致冷工质发展的趋势是由低温向高温发展，构成磁性的纳米团簇，当温度高于 15K 时，其磁熵变高于 GGG（Gd3Ga5012），成为 15～30K 温区最佳的磁致冷工质。1997 年，美国利用自旋系统磁熵变的致冷方式研制成以 Cd 为磁致冷工质的磁致冷机。它与通常的压缩气体式致冷方式相比，具有效率高、功耗低、噪声小、体积小、无污染等优点，这为食品冷冻和冷藏设备开辟了新的途径。

橡胶和塑料是包装和食品机械中应用较多的原材料。但通常的橡胶是靠加入炭黑来提高强度、耐磨性和抗老化性的，制品为黑色，不宜用在食品机械上。纳米材料的问世使这一问题迎刃而解。

新的纳米改性橡胶的各项指标均有大幅度提高，尤其抗老化性能提高了 3 倍，使用寿命长达 30 年以上，且色彩艳丽，保色效果优异。普通塑料产量大、应用广、价格低，但性能逊于工程塑料，而工程塑料虽性能优越，但价格高，限制了其在包装和食品机械上的大范围应用。用纳米材料对普通塑料聚丙烯进行改性，达到工程塑料尼龙-6 的性能指标，且工艺性能好、成本低、可大量采用。

以上仅在几个方面列举了纳米材料在包装与食品机械上的应用，但已充分显示出纳米技术和材料举足轻重的地位。相信在包装与食品工业行业的技术人员的努力探索和开发下，纳米材料的明天将更加灿烂夺目。

【知识要点】

知识要点一　包装设备概述

包装机械是指完成全部或部分包装过程的一类机器。包装过程包括充填、裹包、封口等主要包装工序以及与其相关的前后工序，如清晰、干燥、杀菌、计量、成型、标记、紧固、多件集合、储装组装、拆卸及其他辅助工序。

从广义上说，现代包装机械的含义和领域很广，包括各种自动化和半自动化的包装机、运输包装机械、包装容器的加工机械、装潢印刷机械等。这些相互密切联系的机械设备组成了现代化的包装机械体系。

一、包装机械的功能

包装机械与其他自动机械一样，它的功能主要体现在以下几个方面：

（1）实现包装机械化和自动化，从而大大提高生产效率。

例如：一条洗衣粉包装自动线，几个人操作可以替代几百人的工作；某公司生产的啤酒灌装机的生产率高达36000瓶/h（640mL），这是手工灌装无法比拟的。

（2）提高包装质量，增强保护内装物的可靠性。

传统的手工包装无法使成千上万件包装和内装物保持在同一个包装质量水平上，采用机械包装就可以根据设计要求，按照需要的样式和大小做到规格化、标准化包装，从而保证包装质量符合国家标准。由于计量准确，物品包装的外观整齐、封口严密，提高了物品的包装质量并可延长物品的保质期，增强了市场销售的竞争力。

（3）可以降低包装成本，节省原材料，节约总投资费用。

例如：当棉花、烟草等松散物品采用压缩包装机打包时，可以大大缩小体积，节省包装材料，还节省了仓库容积，增大储存量、减少保管费用，运输时还可以多装，从而节省运输费用。采用包装机械包装液体和粉状物品时，可以减少液体物品外涌、粉尘物品飞扬等，这样既能防止物品的散失，又能保护环境，节约原材料，降低成本。

（4）可以改善工作环境，减轻工人劳动强度，加强劳动保护，防止环境污染。

例如：粉尘或有毒物品采用人工包装，难免影响环境及包装工人的身体健康，采用机械包装不仅速度快、质量好、效率高，而且可以减少或防止污染。

（5）可以节约基建投资。

用包装机械来包装物品，物品、包装材料和包装容器的供给都比较集中，包装工序可以安排得比较紧凑，充分利用高度空间，减少了人工包装物品所需的占地面积，这样可以节约基建投资。

（6）可以促进包装工业的发展。

包装作业的机械化促进了包装材料、容器等领域有新的发展，从而使包装工业得到更快的发展。

二、包装机械的种类与构成

1. 包装机械的种类

包装机械设备可分为以下三类：

（1）包装材料或容器的加工制造机械设备。

如制瓶、制罐机械，塑料容器加工机械等。

（2）装潢印刷机械设备。

包装印刷机械的范围较广，机械种类和型号比较复杂，有制版机械、印刷机械、印后加工机械等。

印刷机的种类很多，有很多分类方法，主要分类如下：

按印版类型分为凸版印刷机、平版印刷机、凹版印刷机、孔版印刷机。

按印刷幅面大小分为微型八开印刷机、小型四开印刷机、对开印刷机、全张印刷机、双全张印刷机。

按印刷面分为单面印刷机和双面印刷机。

按印刷色数分为单色印刷机和多色（双色、四色、五色、六色、八色）印刷机。

按印刷纸张的形式分为单张纸印刷机和卷筒纸印刷机。

按印刷过程施加压力的形式分为平压平型印刷机、圆压平型印刷机和圆压圆型印刷机。

（3）物品包装机械设备。

物品包装机械设备是指完成全部或部分包装过程的机器。

1）按包装机械的功能分类。

我国标准以包装机械物品的主要功能的不同作为划分的原则，将包装机械分为 12 大类，常用包装机械型号如表 5-1 所示。同一类别中的包装机械物品按其功能原则可进一步划分。

表 5-1　常用包装机械型号

机型	种类	功能	型号
充填机	容积式充填机	量杯式充填机	CL×××
		计量泵式充填机	CA×××
		螺杆式充填机	CG×××
		插管式充填机	CW×××
		料位式充填机	CD×××
		定时式充填机	CT×××
		柱塞式充填机	CS×××
	称重式充填机	净重式充填机	CM×××
		毛重式充填机	CL×××
	计数式充填机	单件计数式充填机	CJD×××
		多件计数式充填机	CJU×××
		转盘计数式充填机	CJP×××
		履带计数式充填机	CJL×××
	重力式充填机		CJ×××
	推入式充填机		CF×××
	拾放式充填机		CZ×××
灌装机	负压灌装机		GF×××
	常压灌装机		GC×××
	等压灌装机		GD×××
封口机	无封口材料的封口机	热压式封口机	FR×××
		熔焊式封口机	FH×××
		压纹式封口机	FW×××
		折叠式封口机	FZ×××
		插合式封口机	FC×××

续表

机型	种类	功能	型号
封口机	有封口材料的封口机	滚压式封口机	FG×××
		卷边式封口机	FB×××
		压力式封口机	FY×××
		旋合式封口机	FX×××
	有辅助封口材料的封口机	结扎封口机	FA×××
		胶带封口机	FJ×××
		黏合封口机	FN×××
		缝合封口机	FF×××
		钉合机	FD×××
裹包机	半裹式裹包机		
	全裹式裹包机	折叠式裹包机	BZ×××
		扭结式裹包机	BN×××
		单（接）缝式裹包机	BJ×××
		覆盖式裹包机	BF×××
	缠绕式裹包机		BC×××
	拉伸式裹包机		BL×××
	贴体式包装机		BT×××
	收缩包装机		BS×××
多功能包装机	充填一封口机		DC×××
	灌装一封口机		DG×××
	成型-充填-封口机	箱（盒）成型一充填一封口机	DXX×××
		袋子成型一充填一封口机	DXD×××
		冲压成型一充填一封口机	DXC×××
		泡罩包装机	DP×××
		熔融成型一充填一封口机	DXR×××
		开箱（盒）一充填一封口机	DKX×××
		开袋一充填一封口机	DKD×××
		开瓶一充填一封口机	DKP×××
	真空包装机		DZ×××
	充气包装机（或真空一充气包装机）		DQ×××
贴标机械	黏合贴标机		TN×××
	收缩贴标机		TS×××
	订标签机		TD×××
	挂标签机		TG×××

续表

机型	种类	功能	型号
清洗机	干式清洗机		QG×××
	湿式清洗机		QS×××
	机械式清洗机		QJ×××
	电解式清洗机		QD×××
	电离式清洗机		QL×××
	超声波式清洗机		QC×××
干燥机械	热式干燥机		ZR×××
	机械式干燥机		ZJ×××
	化学式干燥机		ZH×××
杀菌机械	热式杀菌机		SR×××
	超声波杀菌机		SC×××
	电离杀菌机		SL×××
	化学杀菌机		SH×××
捆扎机械	机械式捆扎机		KX×××
	液压式捆扎机		KY×××
	气动式捆扎机		KQ×××
	捆结机		KJ×××
	压缩打包机		KS×××
集装机械	集装机		JZ×××
	堆码机		JD×××
	集装件拆卸机		JC×××
辅助包装机械	打印机		UY×××
	整理机		UZL×××
	重量选别机		UX×××
	异物检验机		UJ×××
	辅送机		US×××

2）按包装机械的自动化程度分类。

- 全自动包装机。指自动完成主要包装工序和其他辅助包装工序的机器。
- 半自动包装机。指由人工供给包装材料（容器）和内容物，但能自动完成其他包装工序的机器。

3）按包装物品的类型分类。

- 专用包装机。指专门用于包装某种物品的机器。
- 多用包装机。指通过更换或调整有关机构，用于包装两种或两种以上物品的机器。
- 通用包装机。指在指定范围内适用于包装两种或两种以上不同类型物品的机器。

2. 包装机械的构成

尽管包装机械种类繁多，应用范围广泛，但就其基本结构和原理而言，一般都是由原动机、传动机构、工作机械、控制系统和机身等部分组成的。

（1）动力部分。包装机械的原动机一般都是由电动机或附加有液压泵和压缩机的电动机驱动的。

（2）传动机构。传动机构因不同机型而异，但主要传动零件不外乎齿轮、凸轮、棘轮、皮带、链条、螺杆等。

（3）工作机构。工作机构是整个包装机械的核心部分，常采用活动机械构件或机械手来实现，即由机械、电动或气动元件配合起来执行的。

（4）控制系统。各机构间的自动循环是由控制系统协调的。控制方法有电控制、气动控制、光电控制和射流控制，其中最普遍的是机电控制。

（5）机身。机身是整个机械的刚性骨架，所有的机构或装置都安装在它上面。机身必须稳固，重心要尽可能低，这样才有利于机械平稳运转。

三、包装机械的特点

包装机械主要应用于食品、医药、化工及军事等多种行业，具有以下特点。

（1）种类繁多。包装对象和包装工艺的多样化使包装机械在原理和结构上存在很大差异，即使是完成同样包装功能的机械，也可能具有不同的工作原理和结构。例如：颗粒药片包装可以采用热成型－充填－热封口包装机或对塑料瓶采用计数充填机和旋盖机等完成。

（2）更新换代快。由于包装机械不断向高速化发展，机械零部件极易疲劳，并且随着社会的进步，对包装机械的要求也越来越严格，为满足市场需求，包装机械应及时更新换代。

（3）电动机功率小。由于进行包装操作的工艺力一般都较小，所以电动机所需的功率也较小，单机一般为 0.2～20kw。

（4）多功能性。包装机械不属于经常性消耗物品，是生产数量有限的专业机械，为提高生产效率、方便制造和维修、减少设备投资，目前包装机械大都具有通用性和多功能性。

知识要点二　包装机械

一、包装机械常用装置

1. 给料装置

包装加工过程中需先将内装物送到机器的料仓中，再借助给料装置将内装物送往计量装置计量后，完成定量包装。物品的给料方式有重力式、振动输送式、带式输送式、链条输送式、螺旋输送式、泵送式、转轮及滚道输送式等。

（1）重力给料装置。

它是一种简便的给料方式，位于包装机上部料仓中的内装物中，在重力作用下即向低位流送，但在流送过程中应防止结拱和搭桥等堵塞现象。

（2）振动输送给料装置。

它是以振动输送机作为内装物的给料装置。它是运用振动技术对松散颗粒内装物进行中短距离输送而给料的。这种装置的优点是耗能少、能送高温物品，并可同时进行内装物的分选、定向、冷却、干燥多种作业，能防止尘土飞扬和杂物掺入。缺点是振动噪声大，输送物品有局限性。

（3）带式输送给料装置。

它是一种应用广泛的连续输送机，适用于输送散粒物品、块状物品及成件物品，其形式有单条输送带的输送机、多条输送带组合的输送机、串联或并列组合的输送机等。

（4）螺旋输送给料装置。

它是一种简单的连续式输送机，适用于输送松散状态的干燥物品，也适用于块状或成件物品。黏性大、温度高的物品不宜用螺旋输送机输送，因为容易造成阻塞而中断输送。

（5）链条输送给料装置。

它是用环形链条作为牵引构件的输送机械，环形链条在驱动装置的驱动下连续运行，被输送物品由装在牵引链条上的附件推动或拖曳前进。这种装置按牵引链条及其附件的不同而分为普通链条、滚轮链条、长链板链条、平板式链条、推板式链条和链条提升等。

（6）液态及黏稠性物料输送装置。

输送各种液态或黏稠性物料均采用泵、管道及阀门等组成的管路系统。液体物料自储藏罐通过泵的抽吸加压，沿输送管道系统输送到包装机的储料箱中，然后再注入包装容器内。

（7）轮转式给料供料机。

由料仓或料斗进行给料时，除利用重力作用给料外，有些情况还要使用回转式给料机。常见的有转鼓式和转盘式两种轮转式给料供料机。转鼓式给料机的上口与料仓相连接，物品靠重力及其与转鼓表面的摩擦力在转鼓转动时实现给料，咽道内装有调节闸，用以调节单位时间的给料量，适用于流动性好的松散粉粒物品给料；转盘给料机适用于干燥的、流动好的松散细粒物品给料，在容积计量中得到应用。

（8）辊轴式输送装置。

辊轴式输送装置又称输送辊道，它由辊子和机器构成，输送辊道按能承受的载荷大小可分为微型、轻型、中型、重型、特重型五种，可对物品做水平或倾斜输送。按结构不同可分为单排滚道和多排滚道。

2. 计量装置

物品定量包装时必须根据内装物的不同采用适应的计量装置。

（1）计量装置。

常用的容积计量装置有量杯计量、转鼓计量、螺杆计量、膛腔式计量等。

（2）称量装置。

指用平衡器对包装物品进行计量的装置。在包装机械中常用其进行粉末、细颗粒及不规则的小块等松散物品的包装定量。

（3）连续称量等分截取计量装置。

此装置由称量检测装置（电子秤）、电子调节系统、物品截送装置、供料及其控制系统、等分截取装置等部分组成。适用于松散、散堆密度不稳定，且允许波动幅度较大又无一定规律的物品进行计量包装。

（4）规则形体物品的包装计量。

规则形体的物品包括香皂、糖果、书籍等，由于其形体和量值的均一性好，给包装计量带来很大方便。

（5）液体物料的包装计量装置。

液体物料有纯液体、液汁、溶液、乳浊液等，与松散态的细粉粒物品相比，液体物料具有流动性好、密度比较稳定等特性，其包装计量要比松散态的细粉粒物品容易。常采用液位控制定位法、计量杯定量法和定量泵定量法等来进行包装计量。

3. 包装容器与包装材料的供给装置

包装时，物品经定量装置计量后即装、填入包装容器中或送到裹包材料片上，由包装机完成作业。包装容器或裹包材料可以采用手工供给或自动供给的方式进行，包装容器或裹包材料的自动供给采用专门的自动供给装置系统来实现。

（1）刚性包装容器的供给装置。

刚性包装容器是用金属薄板、玻璃、陶瓷及塑料等制造的容器。其特点是具有特定的结构形体、刚性强、稳定性好、质地致密、质量较大等，其容器类型有瓶、罐、筒、盒等。

刚性包装容器的供给装置系统通常由容器输送装置、定距分隔装置及传送装置等组成。容器输送装置承接包装生产线上送来的容器，向自动包装机运送，经定距分隔装置将包装容器分隔开并使其定距排列，再由传送装置把容器依次定时地转送到包装机的装料工作台上。

（2）袋类包装容器的供给装置。

袋类包装容器是一种应用广泛的包装容器，大多用纸、塑料薄膜、复合材料或纤维织物等制成。它具有包装适应性好、成本低、原材料丰富、废弃包装易于处理等特点。包装袋结构形式有扁平袋、中式信封袋、枕式袋、圆柱形袋、方柱形袋等。

（3）单页包装材料的供给装置。

有些物品常采用裹包方式包装。裹包用的包装材料一般为单页材料，也有卷盘材料。包装生产中除了直接用来裹包的单页材料外，还有商标、标签、封签等。这些单页包装材料在完成其前期加工后，都按规定的尺寸裁切，经整理成叠后才供包装机使用。

（4）卷盘式包装材料的供给装置。

卷盘式包装材料的应用日益广泛，常用的有纸卷、玻璃纸卷、塑料薄膜及复合材料等。卷盘包装材料在包装生产中缩短了辅助工作时间，减少了包装工时，提高了生产率，降低了包装成本，从而使包装质量得到提高。

卷盘包装材料的供给装置在结构上包括卷盘包装材料的支承装置、引导装置、牵引输送装置及裁切装置等。对于用作外包装或对位置有严格要求的，还必须有定位检测装置和自动控制装置。

（5）纸盒和纸箱的供给装置。

在包装生产中，一般纸盒作为内装容器，纸箱则作为外包装容器。

纸盒的制备大多用印有商标和说明图文的薄纸板，经压制折印、裁切而成盒坯，供制盒机或直接供包装机制成包装盒。

纸箱的制备是用瓦楞纸板经印刷、压制折印、切坯成箱后再经折合备用。

4. 充填或灌装装置

内装物的充填或灌装是指将经计量装置定量好的物品引导充填或灌装到包装容器中的装料作业过程。

（1）松散物品的充填和灌装装置。

松散物品主要是指粉末状、非规则形体的细颗粒、小块状物品及液态物料等。其充填或灌装方式有重力式、真空式、等压式和强制加压式等。

重力式充填或灌装是包装中应用广泛的方式，如在液体、粉末、颗粒、固体块状物等的包装均得到了应用。重力式充填或灌装的控制装置在重力作用下将物品自储料箱或计量装置中排出，经导管或装填漏斗的引导装填进包装容器中。

真空自动充填或灌装是在自动包装机的充填或灌装系统中设置机械真空装置。借助真空装置的作用，使包装装载容器在进行流体物料的充填或灌料时间内保持一定程度的真空，在储料箱与待装料容器之间存在的压强差作用下，促使流体物料自储料箱通过阀门灌装到容器中。

等压式充填或灌装是指含有溶解气体的饮料食品在充填和灌装时，必须先建立储液箱和装料瓶之间的等压，使其适应饮料中气体溶解的饱和压力，然后再进行装料灌注。

对牙膏、香脂、果酱等黏稠度高、流动性差的膏状物料，必须采取强制的方法（即施加机械压力）进行充填或灌装，称为强制加压式充填或灌装。

（2）装箱包装的装填装置。

装箱包装是对经过初次包装和中间包装后的物品进行再次包装，将它们按规定的要求装入包装箱中作为大包装的包装过程。目的在于方便储运保管和保护物品。

装箱时，内装物的组合视其原包装特性和包装的要求而定。由于内装物多种多样、初次包装容器的性能以及装箱时排列组合的不同，因而装箱的方式也多种多样，一般有重力装填法、机械推送装填法和机械手装填法等几种方式。

5. 包装件的封口装置

此类装置随封口方法的不同而不同，主要分类如下：

（1）刚性容器的封口装置。

该装置系统包括：盖或塞等封口元件的供给装置；装载了包装物品的罐、瓶、盒的输送装置；将盖、塞等封口元件加在瓶、罐、盒上以及实现封口连接的装置等。

（2）袋类容器的包装封口装置。

袋类容器的封口方式和装置与容器材质直接相关。例如：纸质材料必须用粘接材料或其他材料实施封接；塑料及有塑料膜层的复合材料制造的袋类一般采用热熔封接方式进行直接封口，也可以用粘接材料或机械性封接方法实施封口的封接。

（3）裹包机械装置。

裹包包装是一种常见的软性包装方式，用其包装的物品范围很广。裹包用的柔性材料品种较多。裹包机械装置由折叠器具和折叠执行机械组成，有多种多样的结构形态，常见的有底部裹包接缝，两端作折叠包封的裹包装置；冲模式折叠裹包装置；折叠成包装盒式裹包装置；卷包式裹包装置；扭接式裹包装置等。

（4）包装盒的封口装置。

包装盒的结构有多种。如盒盖和盒体分为两件的金属盒、封舌式的纸盒、热成型或包装过程中成型的塑料盒等。

盒的材质和结构不同，封口方式与装置也各异。金属盒封口有扣盖式和旋盖式两种；热熔性塑料及其复合材料膜片以热成型法制成的盒体与盒盖，可采用扣压盖机械封口或热熔接封口。

（5）包装箱的封箱装置。

包装箱是一种对物品已经进行了各种形式的包装后，再做集合排列包装的外包装容器。

包装箱的品种繁多，有各种木箱、铁皮箱和纸板箱等。现代包装箱中，纸板箱的应用居首位，其中以瓦楞纸板箱的用量为最多。

各种包装箱的封箱方式差别很大，木包装箱用钉和金属制件进行封箱；瓦楞纸箱主要应用粘接封箱和捆扎封箱，在纸箱内装入内装物之后，先折合封盖，再进行封箱连接作业。

6. 转位和定位机械装置

（1）转位机械。

转位机械多采用周期脉动方式，周期脉动式多工位自动包装机的转位传送是按照包装加工工艺要求实现转位一停止一转位一停止的周期脉动规则运动。

实现这种运动的转位机械是步进式运动机构，其运动规则应符合自动包装和转位运动的需要。能实现周期转位的步进运动机构有：转轮式转位机构、摩擦自锁式转位机构、连杆式转位机构、槽轮转位机构、凸轮式转位机构、不完整齿轮及星形轮转位机构等。

（2）定位机构。

定位机构也是多采用周期脉动方式，其中使用最多的是周期脉动式多工位自动工作机，大多数的加工是在工作台转位后的停息时间进行。

为保证工作机构顺利加工被加工物品，要求工作台转位后应准确停在要求位置上，并在加工物品受到工作机构的加工力作用时，仍能保持在准确位置上。

对定位机构设置的要求中，首先要定位准确、可靠，确保工作台转位后停在所需位置上。

二、主要包装机械

1. 充填机

将物品按预定量充填到包装容器内的机器称为充填机。充填液体物品的机器称为灌装机。

（1）容积式充填机。

将物品按预定容量充填到包装容器内的机器称为容积式充填机，如图 5-1 所示。适用于固体粉料或稠状物体充填的容积式充填机有量杯式、螺旋式、气流式、柱塞式、计量泵式、插管式和定时式等。

图 5-1　多功能容积式充填机

（2）称量式充填机。

将物品按预定质量充填到包装容器内的机器称为称量式充填机，如图 5-2 所示。充填过程中事先称出预定质量的物品，然后充填到包装容器内。对于易结块或勃滞的物品如红糖等，可在充填过程中采用物品连同包装容器一起称量的毛重式充填机。

（3）计数充填机。

将物品按预定数目充填到包装容器内的机器称为计数充填机，如图 5-3 所示。按其计数方法不同，分为单件计数和多件计数两类。

图 5-2　称量式充填机

图 5-3　履带式计数充填机

2. 封口机

封口机是指将盛有物品的包装容器封口的机器。

（1）热压封口机。

用热封合的方法封闭包装容器的机器称为热压封口机，如图 5-4 所示。封口时，被封接面被热板压在一起，待被封接材料在封接温度下充分黏着后，卸压冷却，完成封口操作。这种封口方法主要用于复合膜和塑料杯等。

（2）带封口材料的封口机。

这种封口机的封口不是通过加热，而是通过加载使封口材料变形或变位来实现封闭的。常见的有压纹封口机、牙膏管封口的折叠式封口机、广口玻璃瓶的滚压封口机，如图 5-5 所示。

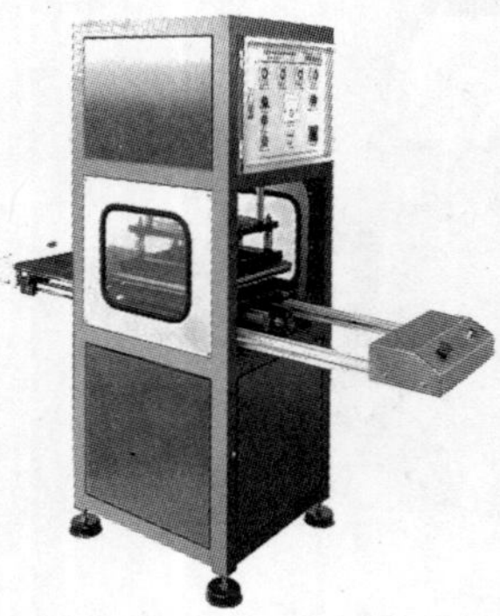

图 5-4　热压封口机

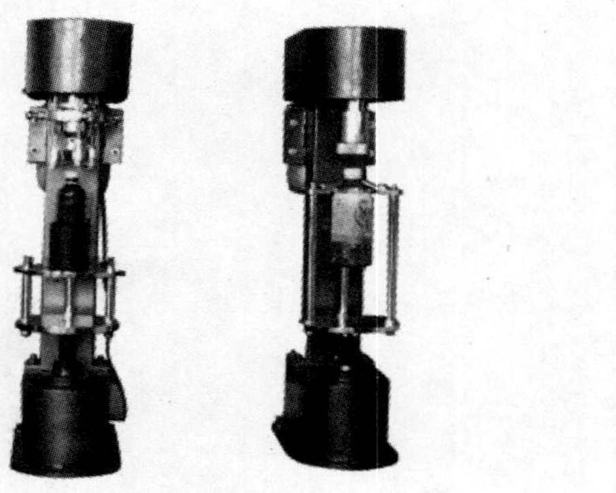

图 5-5　玻璃瓶滚压封口机

（3）带封口辅助材料的封口机。

这种封口机是采用各种封口辅助材料来完成包装容器的封口的。常见的有缝合机（如图5-6所示）、订书机、胶带封口和黏结封口等。

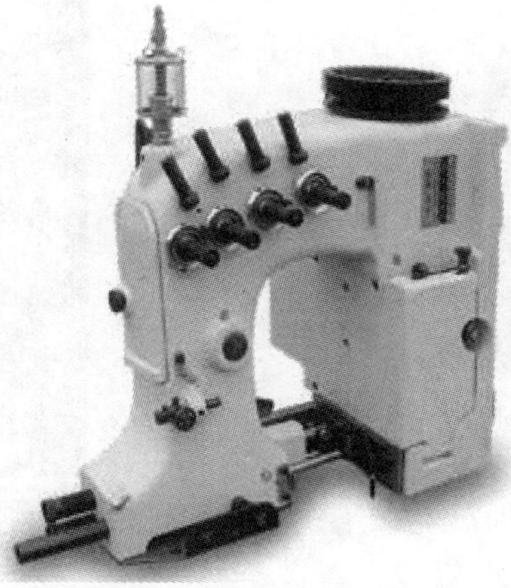

图 5-6　GK35-8 型双机针封口缝纫机

3. 裹包机

是用挠性包装材料完成全部或局部裹包物品的机器。裹包机有覆盖式、折叠式、接缝式、扭结式、底部折叠式、枕式、半裹式、托盘套筒式和缠绕式等。

（1）折叠式裹包机。用挠性包装材料裹包物品，并将末端伸出的裹包材料折叠封闭的机器称为折叠式裹包机，如图 5-7 所示。如卷烟、香皂、饼干和口香糖的裹包等。

（2）扭结式裹包机。这种裹包机是将末端伸出的无反弹性的柔性包装材料进行扭结封闭，主要用于糖果的裹包，如图 5-8 所示。

图 5-7　折叠式裹包机

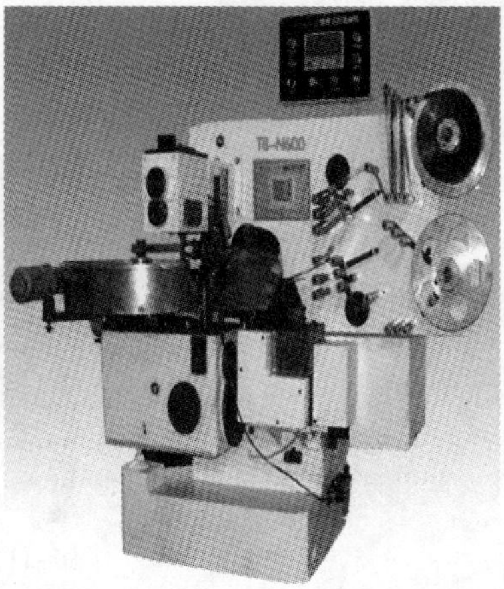

图 5-8　糖果双扭结式裹包机

（3）收缩包装机。将物品用具有热缩性的薄膜裹包后再进行加热，使薄膜收缩裹紧物品的机器称为收缩包装机，如图 5-9 所示。其具有适用性广、包装性能好、生产效率高等特点，便于自动化生产。

（4）拉伸裹包机。这种裹包机使用拉伸薄膜在一定作用力下裹包物品，如图 5-10 所示。用于将堆集在托盘或浅盘上的物品连同托盘或浅盘一起裹包。具有热收缩裹包机的特点，不用加热，节省能源。

图 5-9　收缩包装机

图 5-10　拉伸裹包机

三、多功能包装机

多功能包装机是指在一台整机上可以完成两个或两个以上包装工序的机器。实现一机多用是现代包装机的发展趋势。

1. 筒装成型－充填－封口机

这种包装机是将片状包装材料经折叠制成筒形袋，然后进行充填和封口的机器。

（1）立式制袋充填包装机。

这种包装机的特点是被包装物料的供应筒设置在制袋器内侧，适用于松散体、胶体和液体的包装，如图 5-11 所示。被包装物料的流动性、密度、颗粒度、形态等物性对包装的速度和质量均有很大影响。

图 5-11　立式制袋充填包装机

（2）卧式制袋充填包装机。

这种包装机的制袋和充填都沿水平方向进行，如图 5-12 所示。可包装各种形状的固态或颗粒状物料，如点心、面包、药品、香肠、玻璃制品、小五金、日用品、化工产品等，包装尺寸可在很宽的范围内调节，包装速度可达 500 袋/min。

图 5-12 卧式制袋充填包装机

2. 四边封口式制袋装置

这种装置的制袋过程是由两卷薄膜经导辊引至双边纵封辊进行纵封，物料由纵封辊凹形缺口之间装入，横封器与切断刀连续回转，完成四边封口操作。

3. 真空或充气填装机

在包装容器内盛装物品后抽出容器内部的空气，达到预定真空度，并完成封口工序的机器称为真空包装机。容器盛装物品后，用氮气、二氧化碳等气体置换容器中的空气，并完成封口的机器称为充气包装机，如图 5-13 所示。它们主要用于包装易氧化、霉变或受潮变质的物品，如用于延长食品包装的有效期、防止精密零件或仪器生锈等。

图 5-13 真空或充气填装机

4. 热成型－充填－封口机

这种包装机采用热塑性片状材料，在加热条件下深冲成型为包装容器，然后进行充填，用纸、铝箔、复合材料等片状材料，靠黏结剂与容器边缘进行热压封口。

这种包装机是为包装药片或胶囊设计的。服药时挤压小泡，药片便可冲破铝箔而出，故称为发泡包装或压出式包装。这种包装具有质量小、运输方便、密封性能好、能包装任何异型品、外形美观、便于销售、方便使用、装箱不再用缓冲材料等优点。

四、其他包装机械

1. 集装机

将物品或包装件形成集合包装的机器称为集装机。集装机主要是为运输包装服务的，其作用是将若干个包装件或物品包装在一起，形成一个合适的搬运单元或销售单元。

（1）结扎机。指使用线、绳等结扎材料，在一定作用力下缠绕物品或包装件一圈或多圈，并将两端打结连接的机器，如图 5-14 所示，主要适用于小件包装。

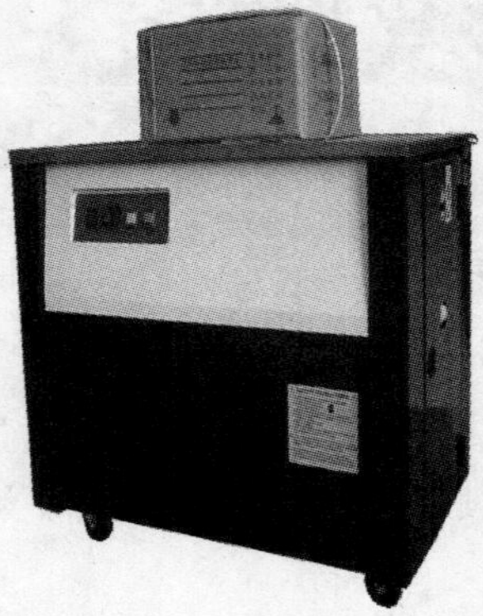

图 5-14　卧式自动结扎机

（2）捆扎机。指使用带状材料绕物品或包装件一圈，然后收紧，将两端通过热效应熔融或使用包扣等材料连接的机器，如图 5-15 所示，适用于瓦楞纸箱等较重的包装捆扎集束。

图 5-15　侧式半自动捆扎机

（3）堆码机。指将预定数量的包装件或物品按一定规则进行堆积的机器，如图 5-16 所示。瓦楞纸箱、塑料箱、各种袋等包装一般堆码在木托盘上，便于运输储存，是一种方便的包装形式。

图 5-16　自动堆码机

（4）集装件拆卸机。指将集合包装件拆开、卸下、分离等的机器。

2. 清洗机

采用不同的方法清洗包装容器、包装材料、包装辅助材料、包装件，达到预期清洁度的机器称为清洗机。

（1）干式清洗机。使用气体清洗剂，以压力或抽吸法清除不良物质。

（2）湿式清洗机。使用液体清洗剂消除不良物质。

（3）机械清洗机。借助工具（如刷子）或固体清洗剂清除不良物质。过去多用毛刷，近年来多用尼龙刷，常与浸泡相结合。

（4）其他清洗机。在特殊情况下，还有采用电离分解或通过超声波产生机械振动清除不良物质的清洗机。

3. 干燥机

干燥机是指用不同的干燥方法减少包装容器、包装辅助物及包装件上的水分，达到预期干燥程度的机器。常见的有：通过加热和冷却除去水分的热式干燥机；通过离心分离、振动、压榨、擦净等机械方法达到干燥的机械干燥机；通过化学物理作用干燥物品的化学干燥机。

4. 杀菌消毒机

杀菌消毒机是指清除物品、包装容器、包装辅助物、包装件上的微生物，使其降低到允许范围内的机器。无菌包装由于不必冷冻储存、冷藏运输和销售，可以大量节省包装费用和能源。消毒机常常作为多功能包装机的一个组成部分，完成消毒的作用。

常用的杀菌机有热杀菌机、超声波杀菌机、电离杀菌机、化学杀菌机等。

5. 贴标机

贴标机它是在包装件或物品上加上标签的机器。贴标机的应用较广，品种繁多，主要与所用的标签材料和黏结剂有关。

（1）黏合贴标机。将涂有湿敏黏结剂的标签贴在包装件或物品上的机器称为黏合贴标机，如图 5-17 所示。

图 5-17　黏合贴标机

（2）热压和热敏黏合贴标机。这种贴标机所用的标签背面涂有一种乳合剂，只在加热的条件下才起黏合作用。

（3）压敏黏合贴标机。这种贴标机所用的标签背面已经涂好能立即黏合的黏结剂，但是被处理网保护着，要通过加压达到黏合的目的，如图 5-18 所示。

图 5-18　压敏黏合贴标机

（4）收缩筒形贴标机。这种贴标机是用热收缩或弹性收缩的方法，将筒形标签贴放在包装件或物品上的机器，如图 5-19 所示。

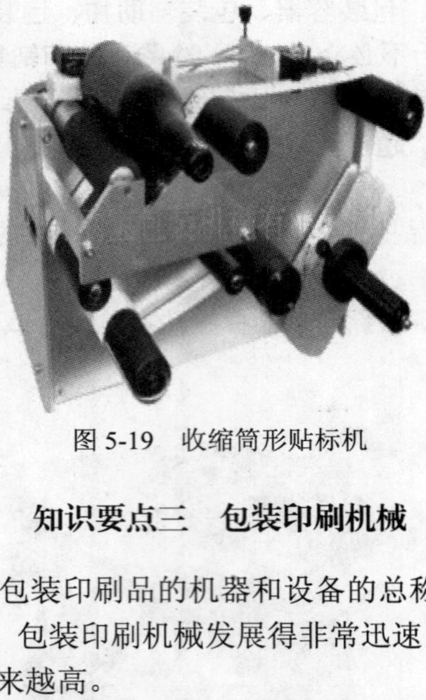

图 5-19　收缩筒形贴标机

知识要点三　包装印刷机械

包装印刷机械是用于生产包装印刷品的机器和设备的总称，是现代包装印刷中不可缺少的设备。随着现代科技的发展，包装印刷机械发展得非常迅速，其控制精度越来越高，运行速度越来越快，自动化程度也越来越高。

包装印刷机械的种类繁多，按其不同的特点，有不同的分类方式。

按印版的结构不同，包装印刷机分为凸版印刷机、平版印刷机、凹版印刷机、孔版印刷机和其他特种印刷机。

按其自身的结构、印刷幅面、印刷纸张的形式、印刷色数、印刷面、印刷方式的不同，包装印刷机分为单面四色四开胶印机、双面八色轮转胶印机、高速八色轮转凹印机等。

一、包装印刷机的基本组成

虽然包装印刷机的种类繁多，特性也各不相同，但其基本结构组成是相同的，即都由输纸装置、印刷装置、干燥装置、收纸装置和控制装置组成。

1. 输纸装置

输纸装置是将待印刷的承印物传输给印刷装置的设备，现代印刷机都采用自动输纸方式。单张纸印刷机和卷筒纸印刷机的输纸装置采用不同的工作方式。

（1）单张纸印刷机的输纸装置。

单张纸印刷机的自动输纸装置有摩擦式和气动式两种输纸方式。现在主要采用气动式输纸方式，即利用气泵先由吹气嘴把压缩空气吹入纸堆上面的几张纸之间，再由吸纸嘴把纸堆表面的纸张吸起与纸堆分离，送纸吸嘴向前移动输出纸张，纸张再经过输纸板送到规矩装置进行定位。

（2）卷筒纸印刷机的输纸装置。

传输的是纸带，其输纸装置上一般装有 1～3 个卷筒纸。印刷时，输纸装置将纸带输出，经传纸辊送入印刷装置。

2. 印刷装置

印刷机的印刷装置包括装版部分、上墨部分、印刷部分及其他附属装置部分。

（1）装版部分。是印刷机中承载印版的装置。印版的材料不同，装版部分对印版的承载方式也不同。

（2）上墨部分。上墨时将油墨从墨斗中输出，并均匀地涂抹在印版表面。

（3）印刷部分。通过一定的压力将印版上的图文转移到承印物上，其基本结构和工作方式随印刷方法的不同而不同。

（4）其他附属装置部分。在胶印过程中，版面保持适当的水分是印刷能否正常进行的关键。

此外，在印刷装置中还应有规矩部件，卷筒纸轮转印刷机上还配有折页机、纸带减震器等。

3. 干燥装置

为防止印刷过程中印刷品背面蹭脏并保证油墨的良好转移，印刷到纸张上的油墨应尽快干燥，所以现代印刷机中都配备各种干燥装置。而且随着现代印刷速度的不断提高，对干燥速度的要求也越来越高。

在轮转印刷中，一般采用热风干燥方式，因为轮转印刷使用热固性油墨，它含有大量溶剂，利用煤气火焰或热风能使油墨瞬时干燥。还可以采用红外线或紫外线的干燥方式，使油墨迅速凝固干燥。

4. 收纸装置

收纸装置用于将印刷并干燥后的印刷品堆放整齐，它主要由收纸台和自动理纸装置构成。收纸台可自动下降，以保持纸堆的高度，自动理纸装置则使纸张整齐地堆放在收纸台上。卷筒纸印刷机印刷后的印刷品还需进行裁切和折页处理。

二、凸版印刷机

凸版印刷机的印刷方式是直接印刷，即印刷时印版上的图文直接转印到承印物上的印刷方式。凸版印刷机按压印形式的不同分为平压平型凸版印刷机、圆压平型凸版印刷机和圆压圆型凸版印刷机。

1. 平压平型凸版印刷机

平压平型凸版印刷机是压印机构和装版机构均呈平面型的印刷机，印版装在版盘上，印刷时，压盘和印版全面接触并施加压力。压盘的下面有一个中心压盘自由开闭，初开时输纸、闭时印刷，再开时收纸，输纸连续动作完成长吹印刷。

平压平型凸版印刷机的刷墨装置比较优良，又采用直接印刷的方法，所以印品质量好，压力均匀，墨层厚实，色彩鲜艳。但印刷时需要施加较大压力，且印刷速度很慢，只适于印刷幅面较小的印刷品，如封面、插图、各种彩色图片、香烟盒、物品样本等。

2. 圆压平型凸版印刷机

圆压平型凸版印刷机是压印机构呈圆形、装版机构呈平面型的凸版印刷机。印刷时，压印滚筒的圆周速度与版台的平移速度相等，压印滚筒叼纸牙咬住纸张并带着旋转，当压印滚筒与印版呈线接触时加压，完成印刷，版台往复一次完成一个印刷过程。

根据版台和压印滚筒的运动形式的不同，圆压平型凸版印刷机又分为停回转式印刷机、一回转式印刷机、二回转式印刷机、往复旋转式印刷机等。

（1）停回转式印刷机。

印刷机的印版装于版台上做往复平移运动。在印刷过程中，版台前进时，压印滚筒旋转，完成印刷；版台返回时，压印滚筒抬起，停止转动，并进行收纸、给纸和着墨。

停回转式印刷机按输纸和收纸方式的不同，又分为平台式凸印机和高台式凸印机。平台式凸印机的主要结构如图 5-20 所示，从压印滚筒的上侧或下侧给纸，在给纸台的对面设置收纸台；高台式凸印机的主要结构基本上与平台式凸印机相同，但从压印滚筒的上侧给纸，在给纸台的下侧设置收纸台。

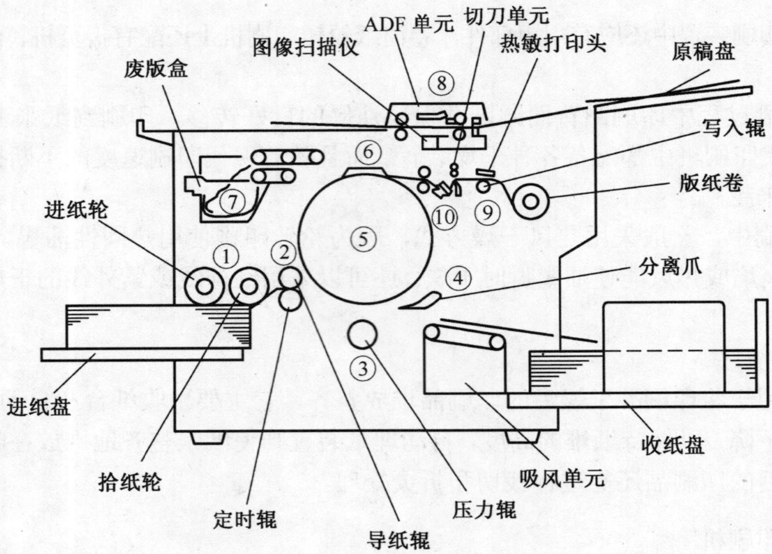

图 5-20 平台式凸印机的结构

（2）一回转式印刷机。

一回转式印刷机主要结构如图 5-21 所示，在印刷过程中，版台往复运动一次，压印滚筒旋转一周。

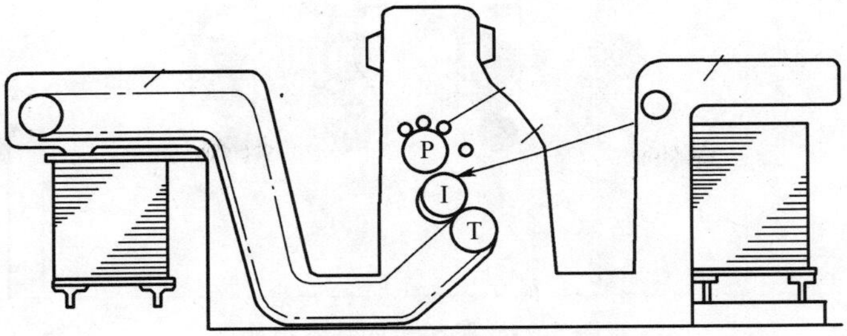

图 5-21 一回转式印刷机的结构

（3）二回转式印刷机。

二回转式印刷机主要结构如图 5-22 所示，版台前进时，压印滚筒旋转一周；版台返回时，压印滚筒抬起并继续旋转一周，即印版往复一次，压印滚筒旋转两周。

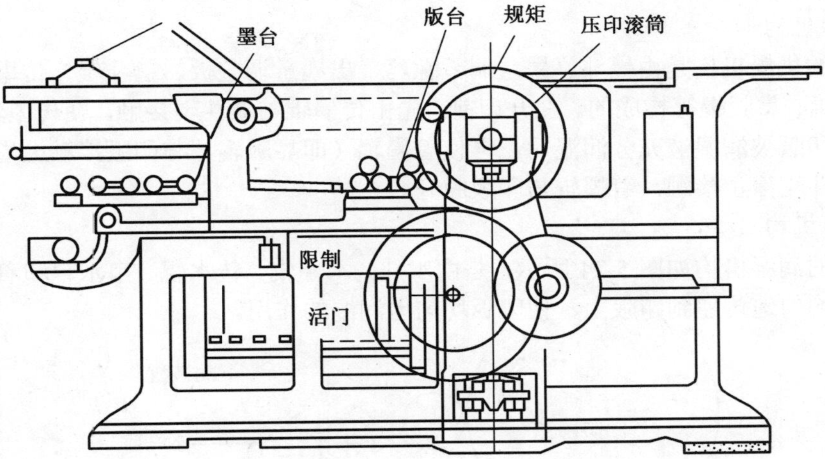

图 5-22 二回转式印刷机的结构

3. 圆压圆型凸版印刷机

圆压圆型凸版印刷机的压印机构和装版机构均呈圆筒形，压印滚筒上的叼纸牙咬住纸，当印版滚筒与压印滚筒滚压时，印版上的图文便转移到纸张上。圆压圆型凸版印刷机也称为轮转印刷机，主要用于报纸、杂志和书籍的印刷。

三、平版印刷机

现代平版印刷多采用胶印方式，胶印机的种类很多，一般按纸张幅面、印刷色数、承印物的形状、滚筒排列方式、压印方式的不同分为不同的类型。但其基本结构组成是相同的，胶印机的基本结构形式如图 5-23 所示，由以下五大部分组成。

1. 给纸机构

胶印机的给纸机构由存纸装置和送纸装置组成。就单张纸胶印机而言，存纸的纸台可以自动升降，印刷输纸时，纸张通过纸张分离机构分离，并传送到输纸台（即送纸机构）上，输纸台上还有自动控制装置和套准装置，以控制输纸的错误、歪斜等。

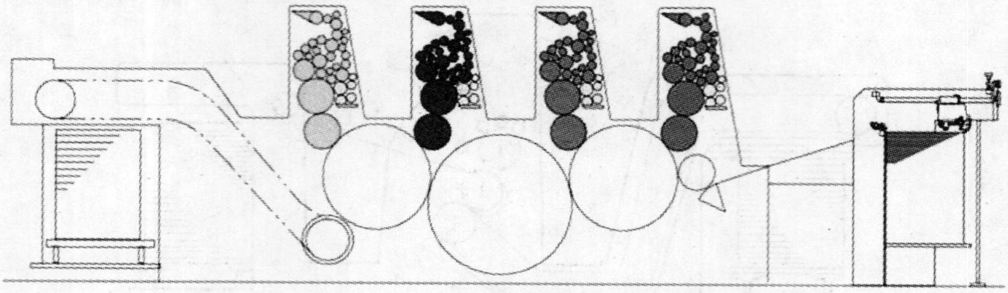

图 5-23　胶印机的基本结构

2. 印刷机构

胶印机的印刷机构是由印版滚筒、橡皮滚筒、压印滚筒等组成的。印版滚筒上安装印版，在它的周围安装有着墨辊、润版装置和印版装版装置；橡皮滚筒上包有橡皮，它起着将印版上的图文油墨转移到承印物的中间媒介的作用；压印滚筒通过与橡皮滚筒接触，将橡皮滚筒上的图文转移到承印物上，其上装有咬纸装置，它将印完的纸送到收纸板。

3. 供墨机构

胶印机的供墨机构是由墨斗、墨量调节螺丝、出墨量调整板、墨斗辊、传墨辊、匀墨辊、压辊、串墨辊、靠版辊等构成的。在开印前，先由传墨辊与墨斗辊接触，使传墨辊上的墨层符合要求，当印版被润湿液充分润湿后，再使着墨辊（即靠版辊）与印版接触上墨。当停印时，传墨辊与墨斗辊停止接触，着墨辊与印版脱开。

4. 润湿机构

胶印机的润湿机构如图 5-24 所示，是由水斗、水斗辊、传水辊、串水辊和着水辊组成的，主要起将水均匀地传递到印版上、使印版均匀地润湿的作用。

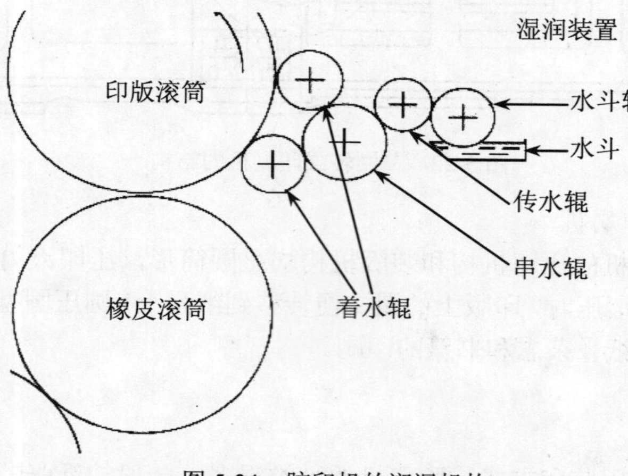

图 5-24　胶印机的润湿机构

5. 收纸机构

胶印机的收纸机构由收纸链条、收纸板等组成，链条上的咬纸牙将印好的成品从压印滚筒的咬纸牙上接出，通过链条传动到收纸板上。

四、凹版印刷机

凹版印刷机的种类也很繁多，但基本结构组成是相同的，都由输纸部分、着墨部分、印刷部分、干燥部分和收纸部分组成，其中输纸部分和收纸部分与胶印机类似。

1. 着墨装置

凹版印刷机的着墨装置由输墨装置和刮墨装置组成，输墨装置有直接供墨式、间接供墨式和循环供墨式。

（1）直接供墨式。直接供墨式输墨装置的印版滚筒的1/4～1/3 浸在墨槽中，当版辊旋转时完成油墨的涂布，依靠刮墨刀把印版上多余的油墨刮去，承印材料从压印滚筒和印版滚筒之间传输，完成油墨的转移。

（2）间接供墨式。间接供墨式输墨装置的印版滚筒由浸在墨槽中的橡胶辊供墨，传递的墨量较难控制，印品容易出现色差。

（3）循环供墨式。现代凹版印刷机的供墨系统主要使用循环供墨方式。工作时，油墨循环装置中的墨泵将储墨箱中的油墨吸出，通过喷射口将油墨直接喷射在印版滚筒上，刮墨刀刮去图文以外的油墨，当墨槽中的油墨超过一定量后，通过排墨口经滤网回到储墨箱中，这个过程是封闭循环进行的。储墨箱上装有油墨黏度自动控制器，保证油墨的黏度在印刷过程中保持相对稳定。刮墨装置由刀架、刮墨刀片和压板等组成。

2. 印刷装置

凹版印刷机的印刷装置由印版滚筒和压印滚筒组成，印版滚筒通过表面凹下的网穴来传递油墨到承印物表面，压印滚筒的作用是压迫承印材料紧贴于印版滚筒表面，使网穴中的油墨吸附到承印材料上形成图文。

3. 干燥装置

凹版印刷机的干燥装置中，常见的有红外线干燥、电热干燥和蒸汽干燥等。在机组式凹版印刷机机组间、最后一色与收卷装置间均设有干燥装置，分别称为色间干燥装置和顶桥干燥装置。色间干燥装置的作用是保证承印材料进入下一印刷色组前，前色油墨形成固状；顶桥干燥装置的作用是保证承印材料在复卷或分切堆叠前，所印色墨完全干燥，以免产生粘连。

五、丝网印刷机

丝网印刷机是用丝网印版施印的孔版印刷机器。

1. 丝网印刷机的特点

丝网印刷机品种繁多，分类方式各不相同，下面介绍几种主要丝网印刷机的特点。

（1）平面丝网印刷机。

平面丝网印刷机是采用平面型网版的丝网印刷机。这种丝网印刷机的承印物为单张平面型，如各类纸张、纸板、塑料薄膜、丝网金属板、织物等，是最常用的机型。

（2）圆网型丝网印刷机。

圆网型丝网印刷机是采用圆筒形金属网版的丝网印刷机。刮墨板固定在圆网内，通过自动上墨装置从网内上墨。印刷时，承印物做水平移动，圆网做旋转运动；圆网的转动和卷筒承印物的移动是同步的。

刮墨板将墨从印版蚀空的部分刮出，转印到承印物上，形成印刷品。圆网型丝网印刷机可实现连续印刷。

（3）曲面丝网印刷机。

曲面丝网印刷机适用于印刷各种承印物材料，如圆柱或圆锥形的金属、塑料、玻璃、陶瓷的容器或其他成型的物体，印版为平面型，刮墨板固定在印版的上方。印刷时，承印物与印版做同步移动，承印物的转动一般是通过旋转滚轴来完成的。

2. 丝网印刷机的构成

丝网印刷的特点决定了一般丝网印刷机的结构比普通印刷机要简单，速度也要低得多。丝网印刷机主要是由给料部分、印刷部分、干燥部分、收料部分和动力部分组成的。

（1）给料和收料部分。

丝网印刷机的给料和收料部分与常规印刷机的给料和收料部分基本相似，承印材料通过滚筒传动或手工实现给料和收料，特殊的丝网印刷机还可以输送立体承印材料。

（2）印刷部分。

它是丝网印刷机的主体，主要由网版、刮墨刀和支承装置组成。网版有平网、圆网和异型网多种形式，印版可以通过夹持器与网版固定，并有前后、左右和高度的调整装置，以保证丝网印版与承印物之间的印刷精度。

刮墨刀是丝网印刷机将网版上的油墨传递到承印物上的主要工具。

支承装置用于固定承印物，有平网式、圆网式和座式等，其高度可以调整，并有定位装置和真空吸附设施，以保证彩色套印精度。

（3）干燥部分。

丝网印刷的墨层比较厚，干燥很慢，因此油墨的干燥问题是比较突出的问题。

单色丝网印刷机的干燥装置一般采用晾架或烘箱即可；而自动丝网印刷生产线由于生产速度很快，就必须配备相应的干燥装置。

常规丝网印刷油墨的印刷可采用远红外线热风管烘干，紫外线固化油墨的丝网印刷则应采用紫外线固化烘干装置。

（4）动力部分。

动力部分负责全机的传动，主要由电动机、电气控制装置、滚筒、皮带、链条、齿轮、凸轮、蜗轮蜗杆等装置组成的。

【实训任务】

一、实训目标

1．熟悉各种包装用材料的性质。

2．掌握包装的一般技术方法和步骤。

3．学会识别包装储运标志和商品分类图标志。

4．训练学生利用包装机械进行包装辅助工作的能力。

二、实训地点

北京烟草配送中心。

三、实训步骤

第一步：教师发放工作任务书。

任务书主要是明确此实训内容的目标、实施过程和预期结果等内容。一般的格式如表 5-2 所示。

表 5-2　工作任务书

<table>
<tr><td>班级</td><td></td><td>姓名</td><td></td><td>实训时间</td><td></td></tr>
<tr><td>实训目标</td><td colspan="5">在北京烟草配送中心训练利用包装机械进行香烟包装辅助工作的能力</td></tr>
<tr><td>实施过程</td><td colspan="5">资讯采集：

工作计划：

工作实施：

检查和评价：</td></tr>
<tr><td>工作成果</td><td colspan="5"></td></tr>
<tr><td>注意事项</td><td colspan="5"></td></tr>
</table>

第二步：任务分配。

对任务进行分解，并根据任务目标，进行学生分组。每组约 5 人，每组内部分工负责不同的内容，任务分配记录如表 5-3 所示。

表 5-3 任务分配表

任务	学生角色分配
在北京烟草配送中心利用包装机械对香烟包装工作进行实操训练	作业组共____人，其中： 统计记录员___人： 机械操作员___人： 设备安全员____人： 质量检查员____人： 实训报告撰写____人： 其他____人：

第三步：布置实训任务。

在北京烟草配送中心利用包装机械对香烟包装工作进行实操训练，提交实训报告。

第四步：教师任务解释。

包装操作既包括产品包装前的技术处理，又包括机械包装的辅助工作。

1. 教师示范包装机械：充填。
2. 教师示范包装机械：封口和捆扎。
3. 教师示范包装机械：裹包。
4. 教师示范包装机械：加标和检重。
5. 教师讲解操作的安全事项。

第五步：学生执行任务。

根据教师的讲解，结合自己的理解，制定时间进度计划，确定各组负责人，实施烟草包装实训作业计划。

第六步：实训总结，形成实训报告。

根据本组实训内容，按照一定的逻辑性进行总结，形成实训报告以备成果展示。

四、成果展示

根据实训的结果，学生需要提交一份实训报告（字数不低于 3000 字）和一份 PPT 讲演稿。

实训报告要注意格式，其中应尽可能增加一些图片、表格、数字等。报告里要体现出每人负责的内容。

五、实训评价

实训评价主要是通过实训课堂上讲解内容的完整性、表述得是否清楚、逻辑性如何、成员协作配合等方面。评价的标准如表 5-4 所示。

表 5-4 包装实训作业评价

考核要素	评价标准	分值（分）	评分（分）		
			自评（20%）	小组（30%）	教师（50%）
烟草包装实训作业	组织协作能力	25			
	作业设计及执行情况	35			
	实训报告写作	25			
	实训汇报内容	15			
评价人签名					
合计					
评语 教师： 年 月 日					

【大赛试题】

一、填空题

1．按包装材料和容器的不同，包装机械可以分为__________、__________、__________和__________等。

2．包装材料可以分为__________、__________和__________。

3．常见的包装充填设备有__________、__________和__________。

4．常见的灌装设备有__________、__________和__________。

5．常见的封口机有__________、__________、__________、__________、__________和__________。

6．常见的裹包设备有__________、__________、__________和__________。

7．自动捆扎机的工作过程包括__________、__________、__________和__________四个环节。

8．包装自动生产线主要由__________、__________、__________和__________等组成。

二、选择题

1．下列不属于流通加工设备的是（　　）。

A．包装机械　B．拆箱设备　C．喷印设备　D．自动分拣机

2．下列不属于按包装机排列形式对自动生产线分类的是（　　）。

A．串联自动包装线　B．刚性自动包装线

C．并联自动包装线　D．混联自动包装线

3．集装箱减少了（　　）作业。

A．运输　B．装卸和运输　C．包装　D．储存

三、简答题

1．什么是包装？它有哪些功能？

2．简述常用的六种包装技术。

3．简述木质包装。

4．什么是包装机械？它有哪些功能？

5．包装机械主要由哪几个部分组成？

6．包装机械是怎样进行分类的？

7．简述一般包装印刷机的基本结构及各部分的作用。

项目六　流通加工设备

【学习目标】

通过对项目六的学习，应该达到以下目标：

1. 知识目标：掌握流通加工的概念和作用。
   熟悉流通加工设备的分类和特点。
2. 能力目标：掌握流通加工的技术方法。
   选择合适的流通加工方法。
   能正确使用相应的机械设备完成流通加工和作业。
3. 素养目标：理解流通加工在物流系统中的地位和作用。
   掌握实现流通加工合理化的途径。
   培养团队合作精神。

【案例引入】

蔬菜深加工发展方向

近年来，由于一些发达国家的蔬菜生产成本上升，不少国家和地区都愿意从我国进口廉价的商品蔬菜。为推动我国蔬菜加工业由资源优势转变为产品优势和经济优势，有关专家认为，今后蔬菜深加工的发展方向主要有以下几个方面：

（1）脱水蔬菜。这种蔬菜通过干燥技术处理使蔬菜体积大大缩小。以鲜葱为例，每 13 吨鲜葱经加工后仅得到 1 吨脱水葱，并且不必冷藏运输，保存十分方便。加工时通常采用冷冻干燥法，先将蔬菜洗净处理，再将其冷冻，使植株体内的水分冻成冰状，然后移放于较高温度的真空干燥条件下，使冰迅速化为水汽而蒸发掉。经过脱水加工的蔬菜复水性好，维生素和其他营养成分不受破坏，深受国际市场欢迎。

（2）速冻蔬菜。将洗净整理的蔬菜经漂洗处理后，放入温度在零下 5～18℃环境中，经较短时间和极快的速度使其冰化，在低温条件下较好地保持原菜的色香味和各种有效营养成分。速冻蔬菜的特点是解冻后复原性能好，近似于新鲜蔬菜。

（3）洁净蔬菜。这种蔬菜适合在城市近郊加工，方法是将收获的新鲜蔬菜经初加工剔除残根、老叶、虫伤株，再洗净，包装成干净的新鲜蔬菜上市销售。洁净蔬菜的特点是新鲜洁净，消费者购买后可以直接加工食用，十分方便、快捷。

（4）菜汁饮料。这是一种新型纯天然保健饮料。加工方法是先将蔬菜洗净，通过研磨粉碎获取 70%～80%悬胶状蔬菜原汁，菜汁饮料能保持蔬菜原有的风味和营养，其特点是口感好、风味独特，可与茶、酒、奶等配制成混合型饮料。

（5）辣味蔬菜。辣味可使人增进食欲，同时又能融解脂肪，具有减肥效果。另外，辣味菜具有纯化 DMN 的活性，因而具有抗癌性能。

（6）粉末蔬菜。以新鲜蔬菜为原料，通过干冻脱水后研磨成粉末，然后加入其他食品中，以提高食品的风味和营养。

（7）美容蔬菜。黄瓜、西瓜等一些瓜类汁液对人体具有保护皮肤、防止衰老的功效。提取纯的瓜汁，与高级脂肪和化工原料科学调配，可制成高级护肤美容霜、洗面美容剂等。这类高级美容化妆品在国外化妆品市场上十分畅销、流行。

流通加工是物流过程中一个比较特殊的环节，它具有一定的生产性质，同时它还将生产及消费（或再生产）联系起来，起到“桥梁和纽带”的作用，完成商品所有权和实物形态的转移。流通加工能够提高原材料利用率，进行初级加工方便用户、满足用户的具体要求，弥补了专业生产方面的不足，解决了产品的标准化生产与消费个性化之间的矛盾。

【知识要点】

知识要点一　流通加工概述

一、流通加工的概念

《中华人民共和国国家标准物流术语》中定义，流通加工是物品在生产地到使用地的过程中，根据需要施加包装、分割、计量、分拣、刷标志、拴标签、组装等简单作业的总称。

流通加工是为了提高物流速度和物品的利用率，在物品进入流通领域后，按客户的要求进行的加工活动，即在物品从生产者向消费者流动的过程中，为了促进销售、维护商品质量和提高物流效率，对物品进行一定程度的加工。

流通加工通过改变或完善流通对象的形态来实现“桥梁和纽带”的作用，因此流通加工是流通中的一种特殊形式。随着经济的增长，国民收入的增多，消费者的需求出现多样化，促使在流通领域开展流通加工。目前，在世界许多国家和地区的物流中心或仓库经营中都大量存在流通加工业务，在日本、美国等物流发达国家则更为普遍。

与生产加工相比，流通加工具有以下特点：

（1）从加工对象看。流通加工的对象是进入流通过程的商品，具有商品的属性，以此来区别多环节生产加工中的一环。流通加工的对象是商品，而生产加工的对象不是最终产品，而是原材料、零配件或半成品。

（2）从加工程度看。流通加工大多是简单加工，而不是复杂加工。一般来说，如果必须进行复杂加工才能形成人们所需的商品，那么这种复杂加工应专设生产加工过程。生产过程完成大部分加工活动，流通加工则是对生产加工的一种辅助和补充。特别需要指出的是，流通加工绝不是对生产加工的取消或代替。

（3）从价值观点看。生产加工的目的在于创造价值和使用价值，而流通加工的目的则在于完善其使用价值，并在不做大的改变的情况下提高价值。

（4）从加工责任人看。流通加工的组织者是从事流通工作的人员，能密切结合流通的需要进行加工活动。从加工单位来看，流通加工由商业或物资流通企业完成，而生产加工则由生产企业完成。

（5）从加工目的看。商品生产是为交换和消费进行的生产，而流通加工的一个重要目的是为了消费（或再生产）进行加工，这一点与商品生产有共同之处。但是流通加工有时也是以自身流通为目的，纯粹是为流通创造条件，这种为流通所进行的加工与直接为消费进行的加工在目的上是有区别的，这也是流通加工不同于一般生产加工的特殊之处。

二、流通加工的地位

流通加工在物流中的地位表现在以下几个方面：

（1）流通加工有效地完善了流通。

流通加工在实现时间效用和场所效用这两个重要功能方面，确实不能与运输和保管相比，因而流通加工不是物流的主要功能要素。另外，流通加工的普遍性也不能与运输和保管相比，流通加工不是对所有物流活动都是必需的。但这绝不是说流通加工不重要，实际上它也是不可轻视的，它具有补充、完善、提高和增强的作用，能起到运输、保管等其他功能要素无法起到的作用。所以，流通加工的地位可以描述为：提高物流水平，促进流通向现代化发展。

（2）流通加工是物流的重要利润来源。

流通加工是一种低投入、高产出的加工方式，往往以简单加工解决大问题。在实践中，有的流通加工通过改变商品包装，使商品档次升级而充分实现其价值；有的流通加工可将产品利用率提高 30%甚至更多。这些都是采取一般方法提高生产率难以做到的。实践证明，流通加工提供的利润并不亚于从运输和保管中挖掘的利润。因此，我们说流通加工是物流业的重要利润来源。

（3）流通加工在国民经济中也是重要的加工形式。

流通加工在整个国民经济的组织和运行方面是一种重要的加工形式，对推动国民经济的发展、完善国民经济的产业结构具有一定的意义。

三、流通加工的作用

1. 保护产品

在物流过程中，直到用户投入使用前都存在对产品的保护问题，流通加工可以防止产品在运输、储存、装卸、搬运、包装等过程中遭受损失，顺利实现使用价值。主要采取稳固、改装、冷冻、保鲜、涂油等方式。

2. 弥补生产领域加工不足

由于多种因素限制了生产领域的完全终极加工，许多产品在生产领域只能加工到一定程度。例如，木材在产地制成木制成品会造成运输的极大困难，所以原生产领域只能加工到板、方材这个程度，进一步的加工则由流通加工完成。流通加工成为生产的延续，是生产加工的深化，对弥补生产领域加工不足具有重要意义。

3. 适应多样化需要

生产部门为了实现高效率、大批量生产，其产品往往不能完全满足客户的要求。而流通加工能将生产出来的单调产品进行多样化的改制加工，对满足客户对产品多样化的需要起到重要作用，同时又保证了社会高效率的大生产。

4. 提高物流效率，降低物流损失

对于一些物品，由于自身的特殊形状，在运输、搬运、装卸等作业中效率极低，极易发生损失的情况，此时则需要进行适当的流通加工来弥补这些产品的物流缺陷。

例如，造纸用木材磨成木屑的流通加工可以极大提高运输工具的装载效率；石油气的液化加工使很难输送的气态物转变成容易输送的液态物，可以提高物流效率；“集中煅烧熟料，分散磨制水泥”的流通加工可有效防止水泥运输过程中的损失，减少包装费用，还可提高运输效率。

5. 促进销售

流通加工可以促进销售，满足用户方便、省力消费的要求，例如，分装加工把大包装或散装产品分装成适合一次销售的小包装；把原来以保护产品为主的运输包装换成以促进销售为主的装潢性包装，起到吸引、指导消费者的作用；把零配件组装成器械、车辆直接销售；把肉类、蔬果洗净切块来满足消费者要求等。这种流通加工可以是只进行简单改装的加工，也可以是组装、分块等深加工。

6. 提高原材料利用率

利用流通加工环节进行集中下料，将生产部门运来的简单规格产品按使用部门的特殊要求进行下料。集中下料可以优材优用、小材大用、合理套裁，有很好的技术经济效益。北京、济南等城市对平板玻璃进行流通加工（集中裁制、开片供应），玻璃利用率从60%提高到85%～95%。

7. 提高加工效率及设备利用率

流通加工以集中加工形式建立加工点，可以采用效率高、技术先进、加工量大的专门机具和设备，解决了单个企业加工效率不高的弊病。以一家流通加工企业代替了几个生产企业的部分加工工序，促使生产水平得到了发展，加工成本得以降低，并提高了加工效率及设备利用率。

8. 衔接不同运输方式，使物流合理化

在干线运输及支线运输的节点设置流通加工环节，可以有效解决大批量、低成本、长距离干线运输与多品种、小批量、多批次末端运输和集货运输之间的衔接问题。在流通加工点与大生产企业间形成大批量、定点运输的渠道，又以流通加工中心为核心，组织对多用户的配送。也可以在流通加工点将运输包装转换为销售包装，从而有效衔接不同目的的运输方式，使物流合理化。

四、流通加工的类型

根据不同的目的，流通加工分为不同的类型。

1. 为适应多样化需要的流通加工

生产部门为了实现高效率、大批量的生产，其产品往往不能完全满足用户的要求。这样，为了满足用户对产品多样化的需要，同时又要保证高效率的大生产，可将生产出来的单一化、标准化的产品进行多样化的改制加工。例如，对钢材卷板的舒展、剪切加工；平板玻璃按需要规格的开片加工；木材改制成枕木、板材、方材等加工。

2. 为方便消费、省力的流通加工

根据下游生产的需要将商品加工成生产直接可用的状态。例如，根据需要将钢材定尺、定型，按要求下料；将木材制成可直接投入使用的各种型材；将水泥制成混凝土搅拌合料，使用时只需稍加搅拌即可使用。

3. 为保护产品所进行的流通加工

在物流过程中，为了保护商品的使用价值，延长商品在生产和使用期间的寿命，防止商品在运输、储存、装卸搬运、包装等过程中遭受损失，可以采取稳固、改装、保鲜、冷冻、涂油等方式。例如，水产品、肉类、蛋类的保鲜、保质的冷冻加工、防腐加工；丝、麻、棉织品的防虫、防霉加工等；为防止金属材料的锈蚀而进行的喷漆、涂防锈油等措施，运用手工、机械或化学方法除锈；木材的防腐朽、防干裂加工；煤炭的防高温自燃加工；水泥的防潮、防湿加工等。

4. 为弥补生产领域加工不足的流通加工

由于受到各种因素的限制，许多产品在生产领域只能加工到一定程度，而不能完全实现终极的加工。例如，木材如果在产地完成成材加工或制成木制品，就会给运输带来极大的困难，所以，在生产领域只能加工到圆木、板、方材这个程度，进一步的下料、切裁、处理等加工则由流通加工完成；钢铁厂大规模的生产只能按规格生产，使产品有较强的通用性，从而使生产能有较高的效率，取得较好的效益。

5. 为促进销售的流通加工

流通加工也可以起到促进销售的作用。例如，将过大包装或散装物分装成适合销售的小包装的分装加工；将以保护商品为主的运输包装换成以促进销售为主的销售包装，以起到吸引消费者、促进销售的作用；将蔬菜、肉类洗净切块以满足消费者要求等。

6. 为提高加工效率的流通加工

许多生产企业的初级加工由于数量有限，加工效率不高。而流通加工以集中加工的形式解决了单个企业加工效率不高的弊病。它以一家流通加工企业的集中加工代替了若干家生产企业的初级加工，促使生产水平有了一定的提高。

7. 为提高物流效率、降低物流损失的流通加工

有些商品本身的形态使之难以进行物流操作，而且商品在运输、装卸搬运过程中极易受损，因此需要进行适当的流通加工加以弥补，从而使物流各环节易于操作，提高物流效率，降低物流损失。例如，造纸用的木材磨成木屑的流通加工可以极大提高运输工具的装载效率；自行车在消费地区的装配加工可以提高运输效率，降低损失；石油气的液化加工使很难输送的气态物转变为容易输送的液态物，可以提高物流效率。

8. 为衔接不同运输方式、使物流更加合理的流通加工

在干线运输和支线运输的节点设置流通加工环节，可以有效解决大批量、低成本、长距离的干线运输与多品种、少批量、多批次的末端运输和集货运输之间的衔接问题。在流通加工点与大生产企业间形成大批量、定点运输的渠道，以流通加工中心为核心，组织对多个用户的配送，也可以在流通加工点将运输包装转换为销售包装，从而有效衔接不同目的的运输方式。例如，散装水泥中转仓库把散装水泥装袋、将大规模散装水泥转化为小规模散装水泥的流通加工，这就满足了水泥厂大批量运输和工地小批量装运的需要。

9. 生产一流通一体化的流通加工

依靠生产企业和流通企业的联合、生产企业涉足流通或流通企业涉足生产，形成对生产

与流通加工进行合理分工、合理规划、合理组织，统筹进行生产与流通加工的安排，这就是生产—流通一体化的流通加工形式。这种形式可以促成产品结构及产业结构的调整，充分发挥企业集团的经济技术优势，是目前流通加工领域的新形式。

10. 为实施配送进行的流通加工

这种流通加工形式是配送中心为了实现配送活动、满足客户的需要而对物资进行的加工。例如，混凝土搅拌车可以根据客户的要求，把沙子、水泥、石子、水等各种不同材料按比例要求装入可旋转的罐中。在配送路途中，汽车边行驶边搅拌，到达施工现场后，混凝土已经均匀搅拌好，可以直接投入使用。

五、合理流通加工

1. 流通加工合理化

流通加工合理化的含义是实现流通加工的最优配置，除了避免各种不合理现象、使流通加工有存在的价值外，还要做到综合考虑加工与配送、合理运输、合理商流等的有机结合。

为避免各种不合理现象，对是否设置流通加工环节、在什么地点设置、选择什么类型的加工、采用什么样的技术装备等需要做出正确的选择。

实现流通加工合理化主要考虑以下几个方面：

（1）加工与配送相结合。

将流通加工设置在配送点中，一方面按配送的需要进行加工；另一方面，加工又是配送业务流程中分货、拣货、配货的一环，加工后的产品直接投入配货作业。这就无需单独设置一个加工的中间环节，使流通加工有别于独立的生产，也使流通加工与中转加工巧妙地结合在一起。同时，由于配送之前有加工，可使配送服务水平大大提高。

（2）加工与配套相结合。

在对配套要求较高的流通中，配套的主体来自各个生产单位，但完全配套有时无法全部依靠现有的生产单位。进行适当的流通加工可以有效地促成配套，大大提高了流通的“桥梁和纽带”的作用。

（3）加工与合理运输相结合。

流通加工能有效衔接干线运输和支线运输，促进两种运输形式的合理化。利用流通加工，在支线运输转干线运输或干线运输转支线运输时，不用进行一般的支转干或干转支，而是按干线或支线运输的合理要求进行适当加工，从而提高运输的转载水平。

（4）加工与合理商流相结合。

通过加工有效地促进销售、使商流合理化也是流通加工合理化的考虑方向之一。加工与配送的结合提高了配送水平，强化了销售，是加工与合理商流相结合的一个成功例证。

（5）加工与节约相结合。

节约能源、设备、人力和耗费是流通加工合理化的重要考虑因素，也是目前我国设置流通加工、考虑其合理化的普遍形式。

对流通加工合理化的最终判断是看其能否实现社会和企业自身的两个效益、是否取得了最优效益。对流通加工企业而言，与一般生产企业的一个重要不同之处是流通加工企业更应树立社会效益为第一观念，只有在以补充完善为己任的前提下才有生存的价值。如果只是追求企业的微观效益，不适当地进行加工，甚至与生产企业争利，这就有违于流通加工的初衷，除非其本身已不属于流通加工范畴。

2. 不合理流通加工的几种形式

流通加工是在流通领域中对生产的辅助性加工，从某种意义来讲它是生产过程的延续，实际上是生产本身或生产工艺在流通领域中的延续。这个延续有正、反两面的作用，即一方面能有效地起到补充完善的作用；另一方面，不合理的流通加工将产生负效应。

不合理流通加工的形式主要有以下几种：

（1）流通加工方式选择不当。

选择流通加工方式时要考虑包括流通加工对象、流通加工工艺、流通加工技术、流通加工程度等在内的因素。流通加工方式的确定实际上是与生产加工的合理分工。其不合理形式通常体现在本该由生产加工完成的，却错误地由流通加工完成；本该由流通加工完成的，却错误地由生产过程完成。

流通加工是对生产的一种补充和完善，而不是替代。如果工艺复杂，技术设备要求高，可以由生产过程延续或轻易解决的都不宜再设置流通加工，尤其不宜与生产过程争夺要求较高、效益较高的最终生产环节，更不宜利用某一时期市场的压力把生产者变成初级加工或前期加工，而流通企业完成装配或最终形成产品的加工。如果流通加工方式选择不当，就会出现与生产夺利的不良局面。

（2）流通加工地点设置不合理。

流通加工地点设置及布局状况是决定整个流通加工是否有效的重要因素。

一般来说，为衔接多品种大批量生产与多元化需求的流通加工，加工地点应设置在需求地区，才能实现大批量的干线运输对多品种末端配送的物流优势。

把流通加工地点设置在生产地区的不合理之处在于：首先，有多样化需求的产品“多品种、小批量”地由产地向需求地长距离运输，通常费用较高；其次，在生产地增加一个加工环节，同时也会增加近距离运输、装卸、储存等一系列物流活动，在这种情况下，不如由原生产单位完成这种加工，而无须专门设置流通加工环节。

此外，即便产地或需求地设置流通加工的选择是正确的，还有流通加工在小地域范围的正确选址问题，如果处理不善，仍会出现不合理的问题。这种不合理时常表现在：交通不便、流通加工与生产企业或用户之间的距离较远、流通加工点的投资过高（如受选址地价的影响）、加工点周围的环境条件差等。

（3）流通加工作用不突出。

如果流通加工起到的作用不大，就形成多余环节。有的流通加工过于简单，或对生产和消费者的作用不大，甚至有时由于流通加工具有盲目性，不但不能解决品种、规格、质量、包装等问题，反而增加了实际环节。

（4）流通加工成本过高，效益差。

流通加工之所以有生命力，主要优势之一是有较大的产出投入比，因而起到补充完善的作用。如果流通加工成本过高，则不能实现以较低的投入实现更高使用价值的目的。除了一些必需的、按政策要求即使亏损也应进行的加工外，高投入低产出的流通加工都应看成是不合理的。

知识要点二　流通加工机械

一、常用的流通加工形式及作用

1. 钢卷剪切流通加工

汽车、冰箱、冰柜、洗衣机等生产制造企业每天需要大量的钢板，除了大型汽车制造企业外，一般规模的生产企业如自己单独剪切，则难以解决因用料高峰和低谷的差异引起的设备忙闲不均和人员浪费问题；如果委托专业钢板剪切加工企业，则可以解决这个矛盾。专业钢板剪切加工企业能够利用专业剪切设备，按照用户设计的规格尺寸和形状进行套裁加工，精度高、速度快、废料少、成本低。专业钢板剪切加工企业在国外数量很多，大部分由流通企业经营。这种流通加工企业不仅提供剪切加工服务，还出售加工原材料和加工后的成品以及配送服务。采用委托加工方式，用户省心、省力、省钱。

2. 木材流通加工

木材的流通加工一般有两种情况：一种是树木在生长地被伐倒后，消费地不在当地，不可能连枝带杈地运输到外地，先在原处去掉树杈和树枝，将原木运走，剩下来的树杈、树枝、碎木、碎屑掺入其他材料，在当地木材加工厂进行流通加工，做成复合木板。也可将树木在产地磨成木屑，采取压缩方法加大容重后运往外地造纸厂造纸；另一种情况是在消费地建木材加工厂，将原木加工成板材，或按用户需要加工成各种形状的材料，供给家具厂和木器厂。木材进行集中流通加工、综合利用，出材率可提高到 72%，原木利用率达到 95%，经济效益相当可观。

3. 水泥流通加工

国外大量建设水泥流通服务中心，在这里将水泥、沙石、水及添加剂按比例进行初步搅拌，然后装进水泥搅拌车，事先计算好时间，卡车一边行走一边搅拌，到达工地后，搅拌均匀的混凝土直接进行浇注。

4. 水产品、肉类流通加工

深海打鱼船出海，有时一个月回来一次，这期间从海中打捞上来的鱼、虾等海产品在船上开膛、去尾、剔骨，然后冷冻保存，不仅节省轮船舱容、增加保管能力，又能保鲜存放；牛肉、猪肉、鸡肉等肉类食品在屠宰厂进行分割、去骨、冷冻运输和保管。随着人们生活水平的提高，水产品、肉蛋类乃至蔬菜都趋向于从产地到消费地的一贯制冷冻、冷藏状态的包装、运输和保管。因此，流通加工必不可少，流通加工的作用也越来越大。

5. 自行车、助力车流通加工

自行车和助力车整车运输、保管和包装，费用多、难度大、装载率低，但这类产品装配简单，不必进行精密调试和检测。所以可以将同类部件装箱、批量运输和存放，在商店出售前再组装。这样做可大大提高运载率，有效地衔接批量生产和分散消费。这是一种只改变商品状态、不改变商品功能和性质的流通加工形式。

6. 服装、书籍流通加工

这里的服装流通加工主要指的不是材料的套裁和批量缝制，而是在批发商的仓库或配送中心进行缝商标、拴价签、改换包装等简单的加工作业。近年来，因消费者要求的苛刻化，退货大量增加，从商场退回来的衣服一般在仓库或配送中心重新分类、整理、改换价签和包装。国外书籍的流通加工作业主要有：简单的装帧、套书壳、拴书签以及退书的重新整理、复原等。

7. 酒类流通加工

葡萄酒都是液体，从产地批量地将原液运至消费地配制、装瓶、贴商标，包装后出售，既可以节约运费，又安全保险，以较低的成本卖出较高的价格，附加值大幅度增加。

8. 玻璃流通加工

平板玻璃的运输货损率较高，玻璃运输的难度比较大。在消费比较集中的地区建玻璃流通加工中心，按照用户的需要对平板玻璃进行套裁和开片，可使玻璃的利用率从62%～65%提高到90%以上，大大降低了玻璃破损率，增加了玻璃的附加价值。

9. 煤炭流通加工

煤炭流通加工的例子很多。将煤炭在产地磨成煤粉，再用水调成浆状，便可采用管道运输；把采掘出来的杂煤除去矸石能增强煤炭的纯度，把混在煤炭里的垃圾、木片等杂物彻底拣除，可避免商业索赔的发生；将煤粉加工成取暖用的蜂窝煤供应居民也是一种流通加工。

10. 牛奶、蔬菜、水果等食品流通加工

牛奶的消费者千家万户，而牛奶的运输和配送十分复杂。为了提高效率，一般的做法是把各个养牛牧场的牛奶集中到牛奶厂，牛奶厂用大型奶罐批量地将牛奶分送到各地牛奶分厂，在那里进行检疫、减菌和均质化，装袋后配送给各商店或家庭。冬季和夏季对牛奶的需求有一定差别，可是牛奶的产量一年四季基本不变，所以可将鲜奶做成奶粉、奶酪和奶油保存。此外，为了减少运费，牛奶也可以进行浓缩加工（可将牛奶体积浓缩1/3），这也是一种很有成效的加工方法。

只要我们留意超市里的货柜便不难明白，那里摆放的各类洗净的蔬菜、水果、肉末、鸡翅、香肠、咸菜等无一不是流通加工的产物。这些商品在摆进货柜之前，已经由许多人进行了加工作业，包括分类、清洗、贴商标和条形码、包装、装袋等多种作业工序。这些流通加工都不在产地，而且已经脱离了生产领域，进入了流通领域。这种加工形式节约了运输等物流成本，保护了商品质量，增加了商品的附加价值。

二、流通加工相关设备

流通加工相关设备主要有贴标机、封箱机、热收缩包装机等。

（一）贴标机

贴标签作业是流通加工作业中较多的一种，按自动化层次可分为手工、半自动、全自动三种。自动贴标机可分为接触式和非接触式两种，接触式贴标机必须是商品与贴标机接触才能贴标签，而非接触式贴标机则是在商品与贴标机没有接触的状态下，利用空气喷射的力量把标签贴在商品上。

在物流中心的作业中，大部分贴标签作业属于多种少量的情况，所以以半自动贴标机为多，当遇到少种多量的商品时，则适用自动化设备来完成作业，如图 6-1 所示。

（二）封箱机

封箱作业是指在流通加工完成时，把商品放入包装箱后对其进行封口的作业。

按自动化层次可分为人工式、半自动式和全自动式三种。目前的流通加工大部分采用人工式和半自动化式，同类型封箱作业可采用自动化的方式完成。

图 6-1 贴标机

按封箱的材料可分为胶带封箱、热溶胶封箱、打钉（铝钉、铜钉）封箱等。

（三）热收缩包装机

热收缩包装在流通加工作业中是最普遍的一种。一般来说，热收缩包装机由收缩膜封切机和烤炉两部分构成，如图 6-2 所示。

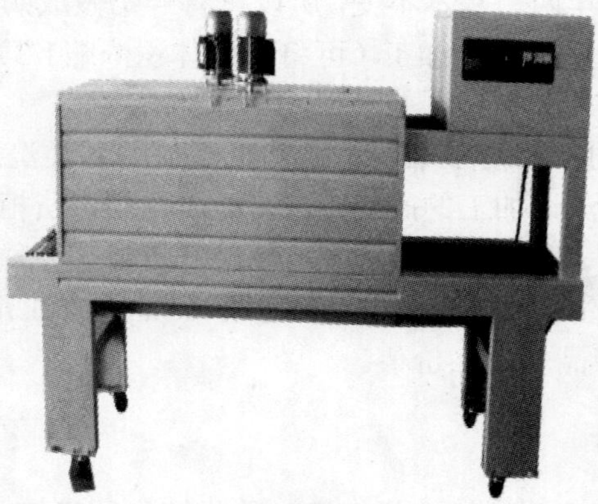

图 6-2 PE 膜热收缩包装机

按封切方式可分为四面封、三面封、L 型封及一面封四种；按货品形状可分为长方形、长条形、薄片形及不规则形四种。

机器设备的选择主要参考货品包装的数量来确定，由于目前在流通加工作业中，货品大多是多种少量的情况，因此使用半自动或手动的比较多。

（四）啤酒、饮料灌装成套设备

啤酒、饮料灌装成套设备中，以开发高速度、高效率、高产出、低损耗、计量精确、能自动检验等多功能、全自动化的灌装成套设备最适宜市场。

（五）其他加工机械设备

常用的加工机械设备还包括：饲料（草料）加工机械和设备、副食品加工机械、果蔬深加工机械、禽畜屠宰加工机械、保鲜及运输储藏设备等。

果蔬加工保鲜技术设备。这类产品应用范围较广。从市场动态可以预测，待开发的果蔬加工保鲜技术设备应该包括蔬菜果品分级技术设备，高效压榨果汁技术设备，节能浓缩技术设备，袋装鲜果蔬菜、速冻蔬菜、脱水蔬菜技术设备，采用气调、辐射等新型实用储藏保鲜技术的设备，果蔬加工保鲜运输技术设备等。

屠宰及肉类加工与包装机械。近年来，我国城市和乡村大力发展饲养、屠宰一条龙养殖业，急需配套中小型家禽家畜屠宰加工包装机械，以满足肉类深加工后及时供应市场的需要。另外，大型屠宰设备、分部位分割加工技术设备及其包装机械的市场前景也颇为广阔。

知识要点三　绿色流通加工

绿色流通加工是流通部门对环境保护可以有大作为的领域。绿色流通加工的途径主要分两个方面：一方面变消费者分散加工为专业集中加工，以规模作业方式提高资源利用效率，以减少环境污染（如餐饮服务业对食品的集中加工）、减少家庭分散烹调所造成的能源、减少浪费和空气污染；另一方面集中处理消费品加工中产生的边角废料，以减少消费者分散加工所造成的废弃物污染，如流通部门对蔬菜的集中加工减少了居民分散垃圾丢放及相应的环境治理问题。

随着社会的发展，节约资源、保护环境已不仅是企业出于对公众利益的关切而进行的一种公益事业，而且已成为公众必须履行的社会义务。绿色事业为企业开辟了新的经营与发展领域，给企业带来了新的拥有巨大潜力的商机。

在发达国家，很多企业都将绿色事业作为企业战略发展和日常经营活动中的重要部分。流通企业可采用的绿色流通战略包括：绿色食品经营与营销战略、绿色企业文化与形象战略、绿色流通作业战略等。相应地，企业可采用采购、价格、营销及公关等经营策略实现绿色经营的战略目标。

【实训任务】

一、实训目标

1. 熟悉物流企业流通加工的类型，理解其在物流活动中的重要性。
2. 学会物流企业流通加工的作业过程。
3. 掌握流通加工合理化的方法。
4. 指出某流通加工中心流程或设计的不合理之处，训练其提出解决方案的能力。

二、实训地点

北京物美集团果蔬配送中心。

三、实训步骤

第一步：教师发放工作任务书。

任务书主要是明确此实训内容的目标、实施过程和预期结果等内容。一般的格式如表 6-1 所示。

表 6-1　工作任务书

班级		姓名		实训时间	
实训目标	针对北京物美集团果蔬配送中心流通加工流程的不合理之处，训练其提出解决方案的能力				
实施过程	资讯采集： 工作计划： 工作实施： 检查和评价：				
工作成果					
注意事项					

第二步：任务分配。

对任务进行分解，并根据任务目标，进行学生分组。每组约 5 人，每组内部分工负责不同的内容，任务分配记录如表 6-2 所示。

表 6-2 任务分配表

任务	学生角色分配
在北京物美集团果蔬配送中心中进行流通加工流程作业实操训练	作业组共____人，其中： 安全员___ 人： 操作员____人： 记录员____ 人： 质量检查员____ 人： 实训报告撰写____ 人： 其他____人：

第三步：布置实训任务。

在北京物美集团果蔬配送中心中进行流通加工作业流程实操训练，提交实训报告。

第四步：教师任务解释。

1．选择北京物美集团果蔬配送中心，参观流通加工作业流程。

2．教师介绍果蔬配送中心流通加工作业的主要过程，并进行操作演示。

3．教师向学生提问其配送中心流通加工作业设计的合理性。

第五步：学生执行任务。

根据教师的讲解，结合自己的理解，制定时间进度计划，确定各组负责人，实施流通加工实训作业计划。

第六步：实训总结，形成实训报告。

根据本组实训内容，按照一定的逻辑性进行总结，形成实训报告以备成果展示。

四、成果展示

根据实训的结果，学生需要提交一份实训报告（字数不低于 3000 字）和一份 PPT 讲演稿。实训报告要注意格式，其中应尽可能增加一些图片、表格、数字等。报告里要体现出每人负责的内容。

五、实训评价

实训评价主要是通过实训课堂上讲解内容的完整性、表述得是否清楚、逻辑性如何、成员协作配合等方面。评价的标准如表 6-3 所示。

表 6-3　流通加工实训作业评价

考核要素	评价标准	分值（分）	评分（分）		
			自评（20%）	小组（30%）	教师（50%）
流通加工实训作业	组织协作能力	25			
	作业设计及执行情况	35			
	实训报告写作	25			
	实训汇报内容	15			
评价人签名					
合计					
评语 教师： 年　月　日					

【大赛试题】

一、填空题

1．流通加工的对象是__________。

2．流通加工大多是__________，而生产加工一般是复杂加工。

3．对流通加工合理化的最终判断是看其是否能__________。

二、选择题

1．流通加工的作用是（　　）。

A．提高原材料利用率　　B．方便用户

C．充分利用仓库资源　　D．提高加工效率

2．实施流通加工合理化的途径是（　　）。

A．加工与配送结合　　B．加工与合理运输结合

C．加工与节约结合　　D．加工与配套结合

3．流通加工是（　　）。

A．残次品的加工　　B．流通过程中的二次加工

C．回收旧货的改造　　D．生产加工的补充与完善

4．流通加工是由（　　）来完成的。

A．生产企业　　B．运输企业　　C．流通企业　　D．仓储企业

5．下列关于流通加工的理解，正确的是（　　）。

A．流通加工的对象是不进入流通过程的商品，不具有商品的属性，因此流通加工的对象不是最终产品，而是原材料、零配件和半成品

B．一般来讲，如果必须进行复杂加工才能形成人们所需的商品，那么这种复杂加工应专设生产加工过程，而流通加工大多是简单加工，不是复杂加工，因此流通加工可以是对生产加工的取消或代替

C．从价值观点看，生产加工的目的在于创造价值和使用价值；而流通加工则在于完善其使用价值，并在不做大改变的情况下提高价值

D．流通加工的组织者是从事流通工作的人，能密切结合流通的需要进行这种加工活动，从加工单位来看，流通加工和生产加工则都由生产企业完成

6．按照流通加工形式，流通加工设备可分为（　　）。

A．分选加工设备　　B．金属加工设备

C．木材加工设备　　D．食品加工设备

7．下列属于流通加工设备的有（　　）。

A．剪切设备　　B．冷冻设备

C．配煤加工设备　　D．开木下料设备

8．下列选项中，与其他三种机械不同的是（　　）。

A．剪切加工设备　　B．灌装设备

C．冷冻加工设备　　D．集中开木下料设备

9．流通加工是为促进与便利（　　）而进行的加工。

A．流通　　B．增值

C．流通和销售　　D．提高物流效率

10．流通加工满足客户的需求，提高服务功能，成为（　　）的活动。

A．高附加值　　B．附加加工

C．必要附加加工　　D．一般加工

11．流通加工的地点和消费地距离过大，形成多品种的末端配送服务困难，这样的不合理流通加工形式是（　　）造成的。

A．流通加工方式选择不当　　B．流通加工地点设置不合理

C．流通加工成本过高，效益不好　　D．流通加工作用不大，形成多余环节

12．流通加工大多数可能是（　　）加工。

A．附加性　　B．象征性　　C．简单性　　D．增值性

三、简答题

1．流通加工与生产加工有何区别？

2．简述流通加工的作用。

3．实现流通加工合理化应注意哪些方面的内容？

4．流通加工在物流中的意义有哪些？

5．流通加工和一般的生产型加工相比有哪些异同？

6．流通加工有几种主要类型？

7．合理的流通加工表现在哪几个方面？

8．实现流通加工合理化主要考虑哪几个方面的原则？

9．简述流通加工与环境保护的关系。

项目七　物流信息采集与传输设备

【学习目标】

通过对项目七的学习，你应该达到以下目标：

1. 知识目标：理解条码的基础知识及条码设备的工作原理。
   了解物流领域的各种信息技术及相关设备。
2. 能力目标：掌握条码设备、射频设备、GPS 设备、GIS 设备的基本使用方法。
   RFID 系统的组成及射频识别技术在物流中的应用。
   GPS 系统的组成及 GPS 在物流领域中的应用。
3. 素养目标：了解目前国内正在使用的信息技术与设备。
   注重理论联系实际，为日后从事物流信息工作做好知识储备。
   培养团队合作精神。

【案例引入】

Google 地球信息卫星技术

GoogleEarth 谷歌地球软件（简称"Google 地球"）来源于 Keyhole（钥匙孔）公司自家原有的旗舰软件。

Keyhole 是一家卫星图像公司，总部位于美国加州山景城（MountainView），成立于 2001 年，从事数字地图测绘等业务，它提供的 Keyhole 软件允许网络用户浏览通过卫星及飞机拍摄的地理图像，这一技术依赖于数以 TB 计的海量卫星影像信息数据库——而这正是 Google 地球的前身。

2004 年 10 月 27 日，Google 宣布收购了 Keyhole 公司，并于 2005 年 6 月推出了 Google 地球系列软件。整体来说，Google 地球和以前的 Keyhole 并没有什么太大的差别（影像数据和功能都差不多，只是界面做了调整）。但与 Keyhole 的运营思路不同的是，Google 将最基本版本的 Google 地球定义为免费软件，可以不限时间地自由使用，而 Keyhole 以前只允许试用 7 天而已，更可气的是它的试用版面的主界面上一直有个大大的 TRIALMODE 水印，让人实在不爽。在这两点上的确可以看出 Google 公司的远见之处（当然，两家公司的经济实力也完全不同，不能就此批评 Keyhole 太小家子气）。

Google 地球的卫星影像并非单一数据来源，而是卫星影像与航拍的数据整合。其卫星影像部分来自于美国 DigitalGlobe 公司的 QuickBird（捷鸟）商业卫星与 EarthSat 公司（www.earthsat.com，美国公司，影像来源于陆地卫星 LANDSAT-7 卫星居多），航拍部分的来源有 BlueSky 公司（www.bluesky-world.com，英国公司，以航拍、GIS/GPS 相关业务为主）、Sanborn 公司（www.sanborn.com，美国公司，以 GIS、地理数据、空中勘测等业务为主）等。

说到这里，简略介绍一下商业影像卫星：目前全球卫星影像解析度排名前三的是：美国DigitalGlobe 公司的 QuickBird（捷鸟）、美国 IKONOS 和法国 SPOT5。其中，SPOT5 可以提供解析度为 2.5 米的影像，IKONOS 可提供 1 米左右的影像、而捷鸟就能够提供最高为 0.61 米的高精度影像，是全球商用的最高水平。在卫星图像方面，美国五角大楼每年都给予其三大主要合作伙伴 DigitalGlobe、IKONOS 和 ORBIMAGoogle 地球数十亿美元的资助，作为回报，这些公司的卫星数据将在第一时间交给五角大楼作为军事应用，而且针对某些敏感区域，在规定的时限内不允许商业化。

当然，这些公司还是会将限制之外的影像出售，如 Keyhole（后来的 GoogleEarth）就是 DigitalGlobe 的一个买主，而我国很多公司与 DG 公司也有业务合作，如笔者所在的当地政府就向该公司购买过本城市的某波段卫星图像（某个省会城市），整图大小共 6GB 多，耗资数十万元人民币。另外，广东省于 2004 年买的某地区共 2500 多平方公里的卫星影像共耗资 146 万元人民币。

【知识要点】

知识要点一　条形码技术设备

计算机技术的迅速发展使其运算速度大幅提高，采用人工输入方式在录入速度、错误率及实时录入等方面均无法适应人机交互的要求，所以，自动识别技术一直受到人们的重视，条形码（条码）自动识别技术就是其中的一种。这种方法的优点是：印刷费用低、印刷方法多、数据可靠性高（误码率为百万分之一，首读率为 98%）、录入简便。它使计算机应用范围在深度和广度上都有了新的发展，并且已给社会带来了巨大的效益。

一、条形码的基本知识

（一）条形码概述

条形码是由美国的 N.T.Woodland 于 1949 年首先提出的。近年来，随着计算机应用的不断普及，条形码的应用得到了很大的发展。条形码可以标出商品的生产国、制造厂家、商品名称、生产日期、图书分类号、邮件起止地点、类别、日期等信息，因而在商品流通、图书管理、邮电管理、银行系统等许多领域都得到了广泛的应用。

条形码是由宽度不同、反射率不同的条和空按照一定的编码规则（码制）编制成的，用以表达一组数字或字母符号信息的图形标识符，即条形码是一组粗细不同、按照一定的规则安排间距的平行线条图形。常见的条形码是由反射率相差很大的黑条（简称条）和白条（简称空）组成的。

条码技术是把计算机所需要的数据用一种条码来表示，以及将条码符号所表示的数据转变成计算机可以自动采集的数据的技术。主要包括：条码编码规则、条码技术标准、条码扫描与译码技术、条码印刷与检测技术。涉及数据通信技术、计算机技术、光电技术等。为了阅读条码符号所包含的信息，就需要扫描装置和译码装置。当扫描器扫描条码符号时，根据光的反射和光电转换，条和空的宽度就变成了电流波，被译码器译码后就转换成了计算机可读的数据。

一个完整的条码符号由两侧的静区、起始字符、数据字符、校验字符（可选）和终止字符组成，如图 7-1 所示。

PET 300600001

图 7-1 条码符号

- 静区没有任何印刷符或条码信息，它通常是白色的，位于条码符号的两侧，静区的作用是提示阅读器准备扫描条码符号。
- 起始字符是条码符号的第一位字符，其特殊条空结构用于识别一个条码符号的开始，阅读器首先确认此字符的存在，进而去处理由扫描器获得的一系列脉冲。
- 数据字符位于起始字符的后面，是条码包含的数据。
- 终止字符是条码符号的最后一位符号，其特殊条空结构用于识别一个条码符号的结束。终止字符的作用是通知阅读器条码符号扫描完毕。当有校验位时，终止字符还指示阅读器对数据字符进行计算。

起始字符和终止字符的条空结构通常是不对称的二进制序列，此非对称性允许扫描器对条码双向扫描，当反向扫描时，阅读器会自动重排，然后进行校验计算。校验字符是通过对数据字符进行一种算术运算确定的。

（二）条码的分类

根据不同的分类标准，条码可以分为不同的种类。

1．按维数分类

（1）一维条码。

普通的一维条码自问世以来，很快得到了普及和广泛应用。但是由于一维条码的信息容量很小，如商品上的条码仅能容下 13 位阿拉伯数字，更多的描述商品的信息只能依赖数据库的支持，离开了预先建立的数据库，这种条码就变成了无源之水、无本之木，因而条码的应用范围受到了一定的限制。

（2）二维条码。

除具有普通条码的优点外，二维条码还具有信息容量大、可靠性高、保密防伪性强、易于制作、成本低等优点。美国 Symbol 公司于 1991 年正式推出名为 PDF417 的二维条码，简称为 PDF417 条码，即“便携式数据文件”。FDF417 条码是一种高密度、高信息含量的便携式数据文件，是实现证件和卡片等大容量、高可靠性信息自动存储、携带并可用机器自动识读的理想手段。

（3）多维条码。

进入 20 世纪 80 年代以来，人们围绕如何提高条形码符号的信息密度进行了研究工作。多维条形码和集装箱条形码成为研究、发展与应用的方向。信息密度是描述条形码符号的一个重要参数，多维条码可以记录比以往条码更加丰富的信息，因此应用前景十分广阔。

2．按使用目的分类

（1）商品条码。

商品条码是以直接向消费者销售的商品为对象，以单个商品为单位使用的条形码。由 13

位数字组成。

（2）物流条码。

物流条码是物流过程中以商品为对象，以集合包装商品为单位使用的条形码。标准物流条码由 14 位数字组成，除了第一位数字外，其余 13 位数字代表的含义与商品条码相同。商品条码和物流条码的区别如表 7-1 所示。

表 7-1　商品条形码和物流条形码的区别

	应用对象	数字构成	包装形式	应用领域
商品条形码	向消费者销售的商品	13 位数字	单个包装	POS 系统、补充订货系统
物流条形码	物流过程中的商品	14 位数字（标准物流条形码）	集合包装（如纸箱、集装箱等）	出入库管理、运输保管、分拣管理

3. 按码制分类

按码制分类，条码可分为 EAN 码、UPC 码、交叉 25 码 ITF、Codabar 码、Code39 码、128 码、93 码、49 码、25 码、矩阵 25 码、Plessey 码等。

（三）物流条码的优点

条形码和扫描能将物流对象的有关信息通过条形码（可以是一维或多维）的方式记录下来，形成各种货物的“身份证”，再利用扫描仪对条形码扫描，可准确识别物流对象的信息。不论物流过程是在储存、搬运、销售还是配送中，通过条形码技术都能够快速提高物流效率和物流的准确性。

物流条码是储运单元的唯一标识，是标识多个或多种类商品的集合。与商品条码相比，物流条码优点如下：

（1）服务于整个物流供应链。从生产厂家生产出产品，经过包装、运输、仓储、分拣、配送，直到零售商店，物流条码是这些中间环节中的唯一标识，因此它成为多种行业共享通用的数据。

（2）包含信息多。物流条码是一个可表示货物的体积、重量、生产日期、批号等多种含义、多种信息的条码。

（3）可变性，易维护。物流条码是随着国际贸易的不断发展，贸易伙伴对各种信息需求的不断增加应运而生的，其应用范围在不断扩大，包含的内容也日益丰富。

二、条形码在物流领域的应用

（一）条码技术在物流中的应用领域

随着现代物流的发展，信息流在物流管理中发挥着越来越大的作用，因此，物流信息采集的数字化和自动化显得越来越重要，不同物流运作系统间信息的无缝对接和交换也显得越来越重要。具体来看，作为物流管理的工具，条码的应用主要集中在以下环节。

1. 物料管理

（1）将物料编码并打印条码标签不仅便于物料跟踪管理，而且也有助于做到合理的物料库存准备，提高生产效率，便于企业资金的合理运用。对采购的生产物料按照行业及企业规则建立统一的物料编码，从而杜绝因物料无序而导致的损失和混乱。

（2）对需要进行标识的物料打印其条码标，以便在生产管理中对物料的单件跟踪，从而建立完整的产品档案。

（3）利用条码技术对仓库进行基本的进、销、存管理，有效地降低库存成本。

（4）通过产品编码建立物料质量检验档案，产生质量检验报告，与采购定单挂钩，建立对供应商的评价。

2. 生产线物流管理

条码生产线物流管理是产品条码应用的基础，它建立产品识别码。在生产中应用产品识别码监控生产，采集生产测试数据，采集生产质量检查数据，进行产品完工检查，建立产品识别码和产品档案，有序地安排生产计划，监控生产及流向，提高产品下线合格率。

（1）制定产品识别码格式。根据企业规则和行业规则确定产品识别码的编码规则，保证产品的规则化、唯一标识。

（2）建立产品档案。在生产线上，通过产品标识条码对产品生产进行跟踪，并采集生产产品的部件和检验等数据作为产品信息，当生产批次计划审核后，建立产品档案。

（3）通过生产线上的信息采集点控制生产的信息。

（4）通过产品标识码条码在生产线上采集质量检测数据，以产品质量标准为准绳判定产品是否合格，从而控制产品在生产线上的流向及是否建立产品档案，打印合格证。

3. 分拣运输

铁路运输、航空运输、邮政通信等许多行业都存在货物的分拣搬运问题，大批量的货物需要在很短的时间内准确无误地装到指定的车箱或航班。一个生产厂家如果生产上百个品种的产品并需要将其分门别类，送到不同的目的地，那么就必须扩大场地、增加人员，还常常会出现人工错误。解决这些问题的办法就是应用物流标识技术，使包裹或产品自动分拣到不同的运输机上。我们要做的只是将预先打印好的条码标签贴在发送的物品上，并在每个分拣点装一台条码扫描器。

4. 仓储保管

在仓储系统中，采用条码可以通过应用标识符分辨不同的信息，通过计算机对信息进行处理后，更有利于商品的采购、保管和销售。

5. 机场通道

当机场的规模达到一个终端要在 2 小时内处理 10 个以上的航班时，就必须实现自动化，否则会因为来不及处理行李而导致误机。在自动化系统中，物流标识技术的优势充分体现了出来，人们将条码标签按需要打印出来，系在每件行李上。条码标签是一个纸牌，系在行李的手把上。根据国际航空运输协会（IAIA）标准的要求，条码应包含航班号和目的地等信息。当运输系统把行李从登记处运到分拣系统时，一组通道式扫描器（通常由 8 个扫描器组成）包围了运输机的各个侧面——上、下、前、后、左、右。扫描器对准每一个可能放标签的位置，甚至是行李的底部。当扫描器读到条码时，会将数据传输到分拣控制器中，然后根据对照表，行李被自动分拣到目的航班的传送带上。

6. 货物通道

与机场的通道一样，货物通道也是由一组扫描器组成。全方位扫描器能够从所有的方向上识读条码，上下、前后和左右。这些扫描器可以识读任意方向、任意面上的条码，无论包裹有多大，无论运输机的速度有多快，无论包裹间的距离有多小，这些扫描器一起工作，并决定当前哪些条码需要识读，然后把一个个信息传送给主计算机或控制系统。

7. 运动中称量

运动中称量与条码自动识别相结合，把电子秤放在输送机上可以得到包裹的重量而无须中断运输作业或人工处理，使系统能保持很高的通过能力，同时实时提供重量信息，计算净重，检验重量误差，验证重量范围。在高效的物料搬运系统中，运动中称量可以与其他自动化过程（如条码扫描、标签打印及粘贴、包裹分拣、码托盘、库存管理、发运等）集成在一起。

三、条码设备

（一）条码识别设备

条码识读设备是用来读取条码信息的设备，它使用一个光学装置将条码的条空信息转换成电平信息，再由专用译码器翻译成相应的数据信息。条码识读设备一般不需要驱动程序，接上后可直接使用，如同键盘一样。条码扫描设备从扫描原理上可分为光笔、CCD 和激光三类；从使用方式上可以分手持式、台式和固定式三种。

1. 按扫描原理分类

（1）触式（光笔）。用这种方式的扫描，光笔必须与被扫描阅读的条码接触，才能达到读取数据的目的。光笔扫描器的优点是成本低、耗电低、耐用，适合数据采集，可读较长的条码符号；缺点是光笔对条码有一定的破坏性，随着条码应用的推广，目前已逐渐被 CCD 取代。

（2）照射式。

① CCD 照射式。采用 CCD 和发光二级管光源的识读设备称为 CCD 扫描器。它是将发光二级管所发出的光照射到需要阅读的条码上，通过光的反射达到读取数据的目的。CCD 扫描器操作方便，易于使用，只要在有效景深范围内，光源照射到条码符号即可自动完成扫描，对于表面不平的物品和软质的物品均能方便地进行识读，无任何运动部件，因此性能可靠、使用寿命长。与其他条码扫描设备相比，具有耗电省、体积小、价格便宜等优点，但其阅读条码符号的长度受扫描器的元件尺寸限制，扫描景深长度不如激光扫描器。

② 激光扫描器。这是一种远距离条码阅读设备，其性能优越，因而被广泛应用。激光扫描器的扫描方式有单线扫描、光栅式扫描和全角度扫描三种。激光手持式扫描器属单线扫描，其景深较大，扫描首读率和精度较高，扫描宽度不受设备开口宽度的限制；卧式激光扫描器为全角扫描器，其操作方便，操作者可双手对物品进行操作，只要条码符号面向扫描器，不管其方向如何，均能实现自动扫描，超级市场大多采用这种设备。

2. 按使用方式分类

（1）手持式。

包括 CCD、激光枪、光笔、数据采集终端，如图 7-2 所示。手持式条码扫描器是应用最广泛的条码识别设备。大多通过电缆连接到 PC、POS 或其他固定终端上构成一个条码扫描工作站，也可接入手持数据终端或车载数据终端组成移动工作站。通过人机配合可以灵活地应用于多种场合，也可以与扫描器支架配合，组成固定式的条码扫描工作站。

（2）台式。

包括 CCD 和激光平台，如图 7-3 所示。

在零售连锁店、便利店、书店或药店，收银员通常要将商品拿到柜台上进行条码扫描。台式条码扫描器结构紧凑，可安放在收银台上，与 POS 系统连接。它通过较大的扫描窗形成多条交叉的网状扫描线，从而实现全方向条码扫描。操作者不需要仔细地调整条码的方向也能够快速方便地识读商品条码，加快收银过程。

图 7-2　手持式条码扫描器

图 7-3　台式条码扫描器

（3）固定式。

在生产线上自动控制或跟踪在制品，或者在传送带上自动分拣物品，都需要自动扫描条码。固定式条码扫描器与传感器或 PLC 配合组成扫描系统，将数据或信号传送到计算机或 PLC。固定式条码扫描器有单线扫描、光栅式扫描和全向扫描三种，可以通过激光或 CCD 图像技术来实现，如图 7-4 所示。

目前，主流产品均以图像技术为潮流。固定式条码扫描系统的构成较复杂，要根据具体的应用对象进行专门设计。通常需考虑扫描对象的外型尺寸、传送带速度、条码方位、扫描方式、识读分辨率、扫描区域、识读景深、安装方式、触发信号和接口方式等因素。也可用多个扫描器组成条码扫描隧道或网络成组工作，再加上软件分析技术，可以完成特定环境下的条码自动识别工作。

图 7-4　固定式条码扫描器

3. 条码和射频（RFID）识别系统

随着射频识别（RFID）技术的推广和应用，条码标识和射频标识（RFID）共存于一个标签或系统的情况越来越普遍，这样扫描条码和读写射频标识（RFID）便成了一个基本需求。因此便出现了双功能的扫描器或可与手持终端组成双功能系统的射频标识（RFID）模块。如图 7-5 所示为条码和射频（RFID）识别系统。

图 7-5　条码和射频（RFID）识别系统

（二）条码打印设备

条码打印机是一种专用设备，一般分为热敏型和热转印型打印方式，使用专用的标签纸和碳带。条码打印机的打印速度快，可打印特殊材料（如 PVC 等），可外接切刀等进行功能扩展，但价格昂贵，使用维护较复杂，适用于需大量制作标签的专业用户使用。

知识要点二　射频识别技术设备

射频识别技术是利用射频方式进行非接触双向通信，以达到识别和交换数据的目的。它与同期或早期的接触式识别技术不同，RFID 系统的射频卡和读写器之间不用接触就可以完成识别，因此可以在更广泛的场合中应用。20 世纪 80 年代，由于大规模集成电路技术的成熟，射频识别系统的体积大大缩小，使得射频识别技术进入实用化的阶段，成为一种成熟的自动识别技术。

一、射频识别技术介绍

射频识别（Radio Frequency Identification，RFID）俗称电子标签，广泛用于零售业。射频识别是一种非接触式的自动识别技术，其基本原理是利用射频信号和空间耦合（电感或电磁耦合）或雷达反射的传输特性，实现对被识别物体的自动识别。具有识别工作无需人工干预、可工作于各种恶劣环境的特性。

（一）RFID 系统的组成及工作原理

最基本的 RFID 系统至少由标签和阅读器两个部分组成。

（1）标签（Tag）。

射频识别标签又称射频标签、电子标签，主要由存有识别代码的大规模集成线路芯片和收发天线构成，目前主要为无源式，使用时的电能取自天线接收到的无线电波能量。每个标签具有唯一的电子编码，附着在物体上标识目标对象。电子标签是射频识别系统的数据载体，由标签天线和标签专用芯片组成。电子标签依据供电方式的不同，可以分为有源电子标签（Active Tag）、无源电子标签（Passive Tag）和半无源电子标签（Semi—Passive Tag）。有源电子标签内装有电池，无源射频标签没有内装电池，半无源电子标签（Semi—Passive Tag）部分依靠电池工作。

电子标签依据频率的不同，可分为低频电子标签、高频电子标签、超高频电子标签和微波电子标签；依据封装形式的不同，可分为信用卡标签、线形标签、纸状标签、玻璃管标签、圆形标签及特殊用途的异形标签。与条码、磁卡、IC 卡等同期或早期的识别技术相比，射频卡具有非接触、工作距离长、适于恶劣环境、可识别运动目标等优点。

（2）RFID 阅读器（Reader）。

RFID 阅读器（读写器）通过天线与 RFID 电子标签进行无线通信，可以实现对标签识别码和内存数据的读出和写入操作。典型的阅读器包含高频模块（发送器和接收器）、控制单元及阅读器天线。

（二）射频识别技术的分类

射频识别技术主要按以下四种方式分类。

1. 工作频率

根据工作频率的不同，可分为低频系统和高频系统。

（1）低频系统。低频系统一般指工作频率小于 30MHz 的系统。其基本特点是：射频卡的成本较低、标签内保存的数据量较少、阅读距离较短（无源情况，典型阅读距离为 10cm）、射频卡外形多样（卡状、环状、钮扣状、笔状）、阅读天线方向性不强。低频系统多用于短距离、低成本的应用中，如多数的门禁控制、动物监管、货物跟踪等。

（2）高频系统。高频系统一般指工作频率大于 400MHz 的系统。高频系统的基本特点是射频卡及读写器的成本均较高、卡内保存的数据量较大、阅读距离较远（可达几米到十几米）、适应物体高速运动性能好、外形一般为卡状、阅读天线及射频卡天线均有较强的方向性。高频系统多应用于需要较长读写距离和高读写速度的场合，如火车监控、高速公路收费系统等。

2. 射频卡

根据射频卡的不同，可分为可读写（RW）卡、一次写入多次读出（WORM）卡和只读（RO）卡三种。RW 卡一般比 WORM 卡和 RO 卡贵得多，如电话卡、信用卡等。一般情况下，改写数据花费的时间远多于读取数据花费的时间（通常改写花费的时间为 s 级，阅读花费的时间为 ms 级）。WORM 卡是用户可以一次性写入的卡，写入后数据不能改变，且比 RW 卡要便宜。RO 卡存有一个唯一的号码，不能修改，保证了安全性，从成本角度上看，RO 卡的成本最低。

3. 射频卡的有源和无源

射频卡可分为有源和无源两种。有源射频卡使用卡内电池的能量，识别距离较长，可达十几米，但是它的寿命有限（3～10 年）且价格较高；无源射频卡不含电池，利用读写器发射的电磁波提供能量，重量轻、体积小、寿命长、很便宜，但它的发射距离受限制，一般是几十厘米，且读写器的发射功率要大。

4. 调制方式

根据调制方式的不同，还可分为主动式和被动式。

（1）主动式射频卡用自身的射频能量主动发送数据给读写器。

（2）被动式射频卡使用调制散射方式发射数据。它必须利用读写器的载波调制自己的信号，适宜在门禁或交通中使用，因为读写器可以确保只激活一定范围之内的射频卡。

目前使用的多数系统中，一次只能读写一个射频卡。射频卡之间要保持一定距离，确保一次只能有一个卡在读写区域内。读写距离长，射频卡之间的距离就大，应用起来很不方便。现在的射频卡具有防碰撞的功能，这对于RFID来说十分重要。所谓碰撞，是指多个射频卡进入识别区域时，信号互相干扰的情况。具有防碰撞性能的系统可以同时识别进入识别距离的所有射频卡，它的并行工作方式大大提高了系统的效率。

（三）射频识别技术在物流中的应用

1. RFID在邮政分拣中的应用

国家863计划“无线射频技术研究与开发”邮政应用子课题“射频识别的应用”项目于2006年3月28日在上海邮政局通过国家邮政局验收后，正式投入使用。

该技术应用后，总体运行平稳，有效解决了速递总包在交接和分拣生产环节中长期存在的生产效率低、劳动强度大和拒识率高的问题，缩短了邮件的传递时限，减轻了职工的劳动强度，提高了邮件识读率和交接质量，进一步提升了上海邮政信息化的水平，促进了业务的发展。射频识别技术在邮政的应用标志着该项技术在邮政系统的应用和推广已经进入关键阶段，有力推动了信息流和实物流统一化、分拣自动化、总包交接勾核便捷化的进程。

2. RFID在产品库存控制和智能物流中的应用

在物流行业，RFID技术使得合理的产品库存控制和智能物流技术成为可能。它在物流行业的应用流程是：每个产品出厂时都被附上电子标签，然后通过读写器写入唯一的识别代码，并将物品的信息录入到数据库中。此后装箱销售、出口验证、到港分发、零售上架等各个环节都可以通过读写器反复读写标签。标签就是物品的“身份证”，借助电子标签可以实现商品对原料、半成品、成品、运输、仓储、配送、上架、最终销售甚至退货处理等环节进行实时监控。RFID技术提高了物品分拣的自动化程度，降低了差错率，使整个供应链管理显得透明而高效。

3. RFID在交通行业的应用

RFID在交通行业的应用主要是在高速公路收费和智能交通方面。通过在汽车上安装射频识别卡可以使汽车被自动识别，在车辆高速通过收费站的同时完成交费，大大提高了行车速度和效率，从而避免了拥堵，解决了交通瓶颈问题。而将该系统与车辆信息数据库和缴费信息数据库连接后，还可自动对过往车辆实施不停车检查，通过与资料中心数据库进行对照，能在几秒钟内查到车辆欠费情况和违规情况，通过运用信息化、网络化科技手段最大限度地遏制车辆偷逃交通费用和违规营运的行为。

4. RFID在零售业中的应用

由沃尔玛、麦德隆等大超市一手推动的RFID应用可以为零售业带来降低劳动力成本、提高商品的可视度、降低因商品断货造成的损失、减少商品偷窃现象等好处。可应用的过程包括：商品的销售数据实时统计、补货、防盗等。

知识要点三　定位系统（GPS）设备

众所周知，物流运输行业是推动国民经济快速发展必不可少的基础产业，各类物流运输仓储企业虽然在长期发展历程中已经积累了丰富的实践经验，但由于车辆动态信息的实时监控一直未得到解决，信息反馈不及时、不精确、不全面等问题导致了运力的大量浪费和运作成本的居高不下。面对当今客户日益增长的服务需求，以及国外物流企业运用信息技术与快速反应式运作抢滩中国物流市场的冲击，我们中国的物流运输企业面临着巨大的挑战。

一、全球定位系统（GPS）介绍

（一）全球定位系统概述

全球卫星定位系统（Global Positioning System，GPS）是美国国防部于 20 世纪 70 年代初在“子午仪卫星导航定位”技术上发展起来的具有全球性、全能性（陆地、海洋、航空和航天）、全天候优势的导航定位、定时、测速系统，目前已广泛应用于军事和民用等众多领域。

GPS 卫星共有 24 颗，其中有 3 颗为备用卫星，平均呈 55 度斜角分布在 6 个轨道面，每个轨道面上有 4 颗卫星。轨道平均分隔赤道面，每颗卫星每天依相同轨迹绕地球两周，这种设计使系统以 4 颗环绕地球运行的工作卫星为定位基点，通过对观测点和各卫星基点之间的距离测量，实时计算出观测点精确的地理位置、标准时间和速度信息。

（二）GPS 系统的组成

GPS 系统主要包括有三大组成部分，即空间部分——GPS 卫星星座；地面控制部分——GPS 地面监控系统；用户设备部分——GPS 信号接收机。

1. GPS 卫星星座

GPS 工作卫星星座由 21 颗工作卫星和 3 颗在轨备用卫星组成，记作（21+3）GPS 星座。24 颗卫星均匀分布在 6 个轨道平面内，轨道倾角为 55°，各个轨道平面之间相距 60°，即轨道的升交点赤经各相差 60°。每个轨道平面内，各颗卫星之间的升交角距相差 90°，一轨道平面上的卫星比西边相邻轨道平面上的相应卫星超前 30°。

在两万公里高空的 GPS 卫星，当地球相对恒星自转一周时，它们绕地球运行两周，即绕地球一周的时间为 12 恒星时。这样对于地面观测者来说，每天将提前 4 分钟见到同一颗 GPS 卫星。位于地平线以上的卫星颗数随着时间和地点的不同而不同，最少可见到 4 颗，最多可见到 11 颗。在用 GPS 信号导航定位时，为了结算测站的三维坐标，必须观测 4 颗 GPS 卫星，称为定位星座。这 4 颗卫星在观测过程中的几何位置分布对定位精度有一定的影响。对于某地某时，甚至不能测得精确的点位坐标，这种时间段叫做间隙段。但这种时间间隙段是很短暂的，并不影响全球绝大多数地方的全天候、高精度、连续实时的导航定位测量，GPS 工作卫星的编号和试验卫星基本相同。

2. GPS 地面监控部分

GPS 地面监控部分目前主要由分布在全球的 5 个地面站组成，其中包括卫星监测站、主控站和信息注入站。地面控制部分是整个系统的中枢，由美国国防部 JPO 管理，它由分布在全球的一个主控站、三个信息注入站和五个监测站组成。对于导航定位来说，GPS 卫星是一个动态已知点。卫星的位置是依据卫星发射的星历——描述卫星运动及其轨道的参数算得的。每颗 GPS 卫星所播发的星历是由地面监控系统提供的。卫星上的各种设备是否正常工作，以及卫星是否一直沿着预定轨道运行，都要由地面设备进行监测和控制。地面监控系统的另一个重要作用是保证各颗卫星处于同一时间标准——GPS 时间系统。这就需要地面站监测各颗卫星的时间并求出时钟差，然后由地面注入站发给卫星，卫星再由导航电文发给用户设备。GPS 的空间部分和地面监控部分是用户广泛应用该系统进行导航和定位的基础，均被美国所控制。

3. GPS 信号接收机

GPS 信号接收机的任务是：捕获到按一定卫星高度截止角选择的待测卫星的信号，并跟踪这些卫星的运行，对接收到的 GPS 信号进行变换、放大和处理，以便测量出 GPS 信号从卫星到接收机天线的传播时间，解译出 GPS 卫星发送的导航电文，实时地计算出测站的三维位置、三维速度和时间。国外新款手持 GPS 设备如图 7-6 所示。

图 7-6 手持 GPS 设备

静态定位中，GPS 接收机在捕获和跟踪 GPS 卫星的过程中固定不变，接收机高精度地测量 GPS 信号的传播时间，利用 GPS 卫星在轨的已知位置解算出接收机天线所在位置的三维坐标。而动态定位则是用 GPS 接收机测定一个运动物体的运行轨迹。GPS 信号接收机所在的运动物体叫做载体（如航行中的船舰、空中的飞机、行走的车辆等）。载体上的 GPS 接收机天线在跟踪 GPS 卫星的过程中相对地球运动，接收机用 GPS 信号实时地监测运动载体的状态参数（瞬间三维位置和三维速度）。

接收机硬件、机内软件及 GPS 数据的后处理软件包构成完整的 GPS 用户设备。GPS 接收机的结构分为天线单元和接收单元两大部分。对于测地型接收机来说，两个单元一般分成两个独立的部件，观测时将天线单元安置在测站上，接收单元置于测站附近的适当地方，用电缆线将两者连接成一个整机。也有的将天线单元和接收单元制作成一个整体，观测时将其安置在测站点上。

（三）GPS 系统定位原理

GPS 系统采用高轨测距体制，以观测站至 GPS 卫星之间的距离作为基本观测量。为了获得距离观测量，主要采用两种方法：一种是测量 GPS 卫星发射的测距码信号到达用户接收机的传播时间，即伪距测量；另一种是测量具有载波多普勒频移的 GPS 卫星载波信号与接收机产生的参考载波信号之间的相位差，即载波相位测量。采用伪距观测量定位速度最快，而采用载波相位测量定位精度最高。通过对 4 颗或 4 颗以上的卫星同时进行伪距或相位测量即可推算出接收机的三维位置。

（四）GPS 系统特点

GPS 的问世标志着电子导航技术发展到了一个更加辉煌的时代。GPS 系统与其他导航系统相比，其主要特点是：

（1）全球地面连续覆盖。由于 GPS 卫星数目较多且分布合理，所以在地球上的任何地点均可连续同步地观测到至少 4 颗卫星，从而保障了全球全天候、连续实时导航与定位的需要。

（2）功能多、精度高。GPS 可为各类用户连续提供高精度的三维位置、三维速度和时间信息。

（3）实时定位速度快。目前，GPS 接收机的一次定位和测速工作在一秒甚至更少的时间内便可完成，这对高动态用户来说尤其重要。

（4）抗干扰性能好、保密性强。由于 GPS 系统采用了伪码扩频技术，因而 GPS 卫星发送的信号具有良好的抗干扰性和保密性。

二、GPS 在物流领域的应用

（一）GPS 信息接收终端应用

就应用而言，我们主要使用的是 GPS 信息接收终端，而就 GPS 终端来说，它只是具备采集经纬度、GPS 时间和终端运行速度的功能设备而已，即信息采集的终端。在物流的程序中，信息流占据着主导地位，是很多物流企业的制胜关键。就现在的 GPS 系统与终端所具备的功能来讲，主要有以下几点应用：

1. 车辆分布

通过 GPS 应用系统可以查看自己用户名上所有车辆的分布情况，了解所有车辆在各区域分布的具体位置和行驶状况。可以获取在某个地域内哪些车辆可供使用的信息，也可以了解公司所有在途运输车货的分布情况以及可供使用的车辆依据。

2. 历史轨迹

通过对历史轨迹的查询可以看出车辆在行驶过程中的状态和路线，从而规定行驶线路、中途随意停车。根据该车的行驶轨迹，公司与客户都可对货物在途的运输过程有相应的了解，并可将此作为考评依据。

3. 当前位置

通过实时位置的查询，可以看出车辆的当前准确位置、运行方向和运行速度。一般这个功能只有在意外或特殊情况发生时才会用到，如有报警信息发生需进行救援、急于查看车辆的具体位置进行实时调度等。

4. 连续监控

可根据实际情况设置对车辆进行监控的时间段和位置点上发生的条件。如在车辆出发前先预计设置行驶的时间对车辆进行监控的上发条件和时间。这样可达到对车辆进行全程监控的目的，使其有据可查。

5. 区域看车

可根据车辆预计行驶的范围或路线在电子地图上定一个或多个报警区域，当车辆驶出和驶入该区域时，终端就会向系统发出报警信息，报警信息会以手机短信的方式发送到指定的手机上，告诉手机的持有者是何时、何地、何车、因何原因发生了报警。这样，接货方只需通过发货方提供的相关资料和权限就可以在互联网上实时查看到货物信息，掌握货物在途的情况和大概运输时间，以此来提前安排货物的接收、停放及销售等环节，使货物的销售链可以提前完成。

（二）GPS 在物流中的三方应用

GPS 在物流中普及应用后，通过互联网实现信息共享，实现三方应用。车辆使用方、运输公司和接货方对物流中的车货位置和运行情况等都能了如指掌，透明准确，利用三方协调好商务关系，从而获得最佳的物流流程方案，取得最大的经济效益。

1. 车辆使用方（生产厂家等用车单位）

运输公司将自己的车辆信息指定开放给合作客户，让客户自己能实时查看车与货的相关信息，能较为直观地在网上看到车辆分布和运行情况，找到适合自己使用的车辆，从而省去不必要的交涉环节，加快车辆的使用频率，缩短运输配货的时间，减少相应的工作量。在货物发出之后，发货方可随时通过互联网或手机来查询车辆在运输中的运行情况和到达的位置，实时掌握货物在途的信息，确保货物运输时效。

2. 运输公司

运输公司通过互联网实现对车辆的动态监控式管理和货物的及时合理配载，以加强对车辆的管理，减少资源浪费和费用开销。同时将有关车辆的信息开放给客户后，既方便了客户的使用，又减少了不必要的环节，提高了公司的知名度和可信度，拓展了公司业务面，获取了更好的经济效益和社会效益。

3. 接货方

接货方只需通过发货方提供的相关资料和权限就可以在互联网上实时查看到货物信息，掌握货物在途的情况和大概的运输时间，以此来提前安排货物的接收、停放及销售等环节，使货物的销售链可以提前完成。

（三）物流 GPS 系统配置

把 GPS 产品（系统）应用到物流领域，利用现代微控制技术，以及电源管理技术 GPS 模块和 FLASH 存储相结合，可以记录移动轨迹，让物流公司人员或车辆携带 GPS，作为企业的管理工具，可以大大提高生产力，规范管理，前景广阔。

1. 手持终端

手持终端包括内置卫星定位模块、GSM 短信通信模块和电池，如图 7-7 所示。

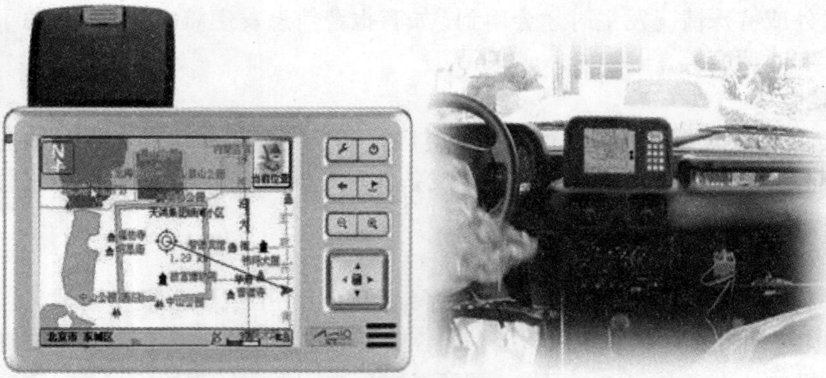

图 7-7　手持终端

2. 控制中心

控制中心包括 GSM 无线 Modem（接收短消息）、大屏幕显示器（可用显示器代替）、高性能计算机和管理软件。

3. 管理软件

电子地图（图形显示技术）有绘图、连线、放大、缩小功能，可以设置终端编号、显示人员具体位置和历史轨迹回显、查询人员具体位置。

电子地图的功能有：放大、缩小、平滑快速漫游、鹰眼、显示纬度刻度标尺、地图比例尺、放大镜、长度量算、模糊查询、最近地物查询、最优道路查询、图层管理等。

知识要点四 地理信息系统（GIS）设备

人们的生产和生活中，80%以上的信息与地理空间位置有关，地理信息系统（Geographic Information System，GIS）作为获取、处理、管理和分析地理空间数据的重要工具、技术和学科，近年来得到了广泛关注和迅猛发展。

一、GIS 概述

（一）GIS 的概念

地理信息系统（Geographic Information System，GIS）是一种以地理空间数据库为基础，在计算机硬件、软件环境支持下，对空间相关数据进行采集、管理、操作、分析、模拟和显示，并采用地理模型分析方法适时提供多种空间和动态的地理信息，为地理研究、综合评价、科学管理、定量分析和决策服务建立的一类计算机应用系统。作为一种基于计算机的应用工具，GIS 把地图的视觉和空间地理分析功能与数据库功能集成在一起，提供了一种对空间数据进行分析、综合和查询的智能化手段。

（二）GIS 发展简史

1. 国际发展状况

地理信息系统的存在和发展已历经 40 余年。用户的需要、技术的进步、应用方法论的提高以及有关组织机构的建立等因素深深地影响着地理信息系统的发展。综观 GIS 的发展（尤其是北美地区的实际情况），可将地理信息系统的发展分为以下几个阶段：

（1）20 世纪 60 年代为地理信息系统开拓期，注重空间数据的地学处理。

（2）20 世纪 70 年代为地理信息系统的巩固发展期，注重空间地理信息的管理。地理信息系统的真正发展应是在 70 年代。

（3）20 世纪 80 年代为地理信息系统大发展时期，注重空间决策支持分析。

（4）20 世纪 90 年代为地理信息系统的用户时代。

2. 国内发展状况

我国地理信息系统方面的工作自 20 世纪 80 年代初开始，以 1980 年中国科学院遥感应用研究所成立全国第一个地理信息系统研究室为标志，自 90 年代起，地理信息系统步入快速发展阶段。执行地理信息系统和遥感联合科技攻关计划，强调地理信息系统的实用化、集成化和工程化，力图使地理信息系统从初步发展时期的研究实验、局部实用走向实用化和生产化，为国民经济重大问题提供分析和决策依据。总之，中国地理信息系统事业经过十年的发展取得了重大的进展。地理信息系统的研究和应用正逐步形成行业，具备了走向产业化的条件。

（三）GIS 的特征

地理信息系统是以地理空间数据库为基础，采用地理模型分析方法适时提供多种空间和动态的地理信息，为地理研究和地理决策服务的计算机技术系统，具有以下三个特征：

（1）具有采集、管理、分析和输出多种地理空间信息的能力，具有空间性和动态性。

（2）以地理研究和地理决策为目的，以地理模型方法为手段，具有区域空间分析、多要素综合分析和动态预测能力，产生高层次的地理信息。

（3）由计算机系统支持进行空间地理数据管理，并由计算机程序模拟常规的或专门的地理分析方法，作用于空间数据，产生有用信息，完成人类难以完成的任务。

地理信息系统从外部来看表现为计算机软硬件系统；而其内涵是由计算机程序和地理数据组成的地理空间信息模型，是一个逻辑缩小的、高度信息化的地理系统。

（四）GIS 的基本功能

GIS 的基本功能是将表格型数据（无论它来自数据库、电子表格文件或直接在程序中输入）转换为地理图形显示，然后对显示结果浏览、操作和分析。其显示范围可以从洲际地图到非常详细的街区地图，显示对象包括人口、销售情况、运输线路及其他内容。

一个好的、完整的 GIS 系统存储了该地区或目标的众多空间信息，这些信息能随时方便地从数据库中调用，能快速地以图形、图象、表格或文本形式显示在屏幕上，或者打印、绘制出来，并且可以对这些信息进行综合分析，提取有用信息，通过计算来模拟真实世界，进而提出相应的决策意见，它是规划、管理和决策的有效工具。GIS 的基本功能如图 7-8 所示。

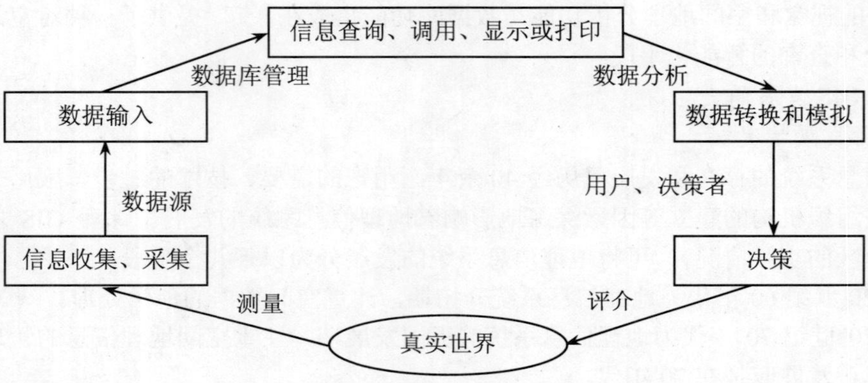

图 7-8　GIS 的基本功能

从技术和应用的角度看，GIS 是解决空间问题的工具、方法和技术；从学科的角度看，GIS 是在地理学、地图学、测量学和计算机科学等学科基础上发展起来的一门学科，具有独立的学科体系；从功能上看，GIS 具有空间数据的获取、存储、显示、编辑、处理、分析、输出和应用等功能；从系统学的角度看，GIS 具有一定结构和功能，是一个完整的系统。

在 GIS 中，空间信息和属性信息是不可分割的整体，它们分别描述地理实体的两面，以地理实体为主线组织起来。空间信息还包括了空间要素之间的几何关系，使 GIS 能够支持一般管理信息系统不支持的空间查询和空间分析，以便制定规划和决策。现在网络地理信息系统（WebGIS）的兴起更使其被越来越多的商业领域用作一种信息查询和信息分析的工具，GIS 技术本身也融入了这些商业领域的通用模型（如 ARC/INFO 的网络分析模块），因而 GIS 技术在各个商业领域的应用在深度上和广度上不断发展。事实上，凡是涉及地理分布的领域都可以应用 GIS 技术，其过程如图 7-9 所示。

（五）GIS 的组成

1．从系统论和应用的角度出发，地理信息系统可分为四个子系统，如图 7-10 所示，即计算机硬件和系统软件、数据库系统、数据库管理系统、应用人员和组织机构。

图 7-9 GIS 系统

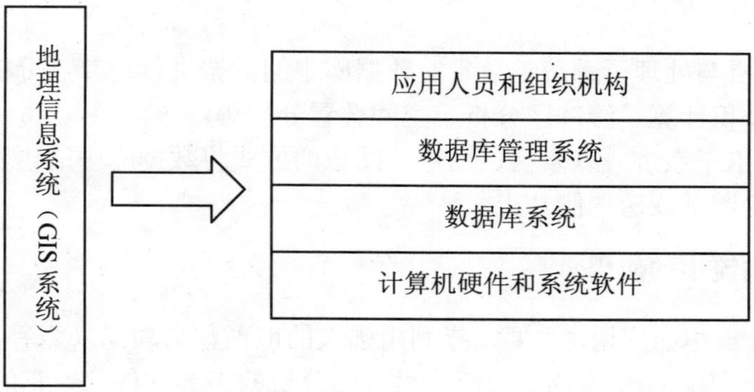

图 7-10 GIS 的组成（1）

（1）计算机硬件和系统软件。这是开发和应用地理信息系统的基础。其中，硬件主要包括计算机、打印机、绘图仪、数字化仪；系统软件主要指操作系统。

（2）数据库系统。系统的功能是完成对数据的存储，它又包括几何（图形）数据和属性数据。事实上，几何和属性数据可以合二为一，即属性数据存在于几何数据中，这也是目前地理信息系统研究的主要内容之一。

（3）数据库管理系统。这是地理信息系统的核心。通过数据库管理系统可以完成对地理数据的输入、处理、管理、分析和输出。

（4）应用人员和组织机构。专业人员，特别是那些复合人才（既懂专业，又熟悉地理信息系统）是地理信息系统成功应用的关键，而强有力的组织是系统运行的保障。由于地理信息系统的应用往往具有专业背景，所以无论是需求分析、总体设计，还是专业功能的开发和应用，都离不开专业人员的参与。

2．从数据处理的角度出发，地理信息系统又可分为数据输入子系统、数据存储与检索子系统、数据分析和处理子系统、数据输出子系统，如图 7-11 所示。

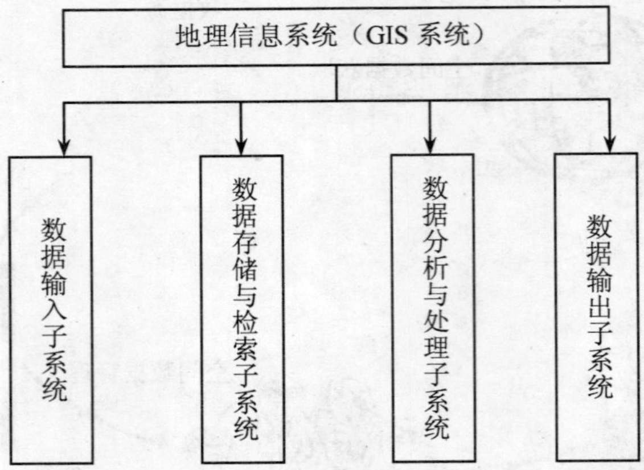

图 7-11　GIS 的组成（2）

（1）数据输入子系统。负责数据的采集、预处理和转换（主要指不同管理信息系统间的数据交流）。

（2）数据存储与检索子系统。负责组织和管理数据库中的数据，便于数据查询、更新与编辑处理。

（3）数据分析与处理子系统。负责对数据库中的数据进行计算、分析和处理，如面积计算、储量计算、体积计算、缓冲区分析、空间叠置分析等。

（4）数据输出子系统。以表格、图形、图像的方式将数据库中的内容和计算、分析结果输出到显示器、绘图纸或透明胶片上。

二、GIS 在物流中的应用

GIS 在物流分析中的应用，主要是指利用强大的地理数据功能来完善物流分析技术。国外的公司已经开发出利用 GIS 为物流分析提供专门分析的工具软件。完整的 GIS 物流分析软件集成了车辆路线模型、最短路径模型、网络物流模型、分配集合模型和设施定位模型。

1. 车辆路线模型

用于解决一个起始点、多个终点的货物运输中如何降低物流作业费用，并保证服务质量的问题，包括决定使用多少辆车、每辆车的路线等。

2. 网络物流模型

用于解决寻求最有效的分配货物路径问题，也就是物流网点布局问题。如将货物从 N 个仓库运往到 M 个商店，每个商店都有固定的需求量，因此需要确定由哪个仓库提货送给此商店所耗的运输代价最小。

3. 分配集合模型

可以根据各个要素的相似点把同一层上的所有或部分要素分为几组，用以解决确定服务范围和销售市场范围等问题。如某一公司要设立 X 个分销点，要求这些分销点要覆盖某一地区，而且要使每个分销点的顾客数目大致相等。

4. 设施定位模型

用于确定一个或多个设施的位置。在物流系统中，仓库和运输线共同组成了物流网络，仓库处于网络的节点上，节点决定着线路，根据供求的实际需要并结合经济效益等原则，运用此模型可以很容易地解决在既定区域内设立多少个仓库、每个仓库的位置和规模以及仓库之间的物流关系等问题。

三、物流 GIS 设备及 GIS/GPS 的应用

（一）计算机硬件

计算机有不同型号，从掌上电脑到大型机应有尽有。GIS 应用者可以购买适用于每一种类型计算机的 GIS 软件。

随着宽带网络技术的提高，客户机——服务器或 n-层（n-tier）结构体系更受企业级 GIS 的欢迎。网络将计算机连入全球网络系统中，并成为一种获取数据的重要途径。另一个趋势是全球定位系统（GPS）的广泛应用让我们可以实现实时定位。

（二）GIS 软件——地理数据库

事实上，理解 GIS 软件的关键出发点在于把 GIS 软件当作是一个地理数据库管理系统。Geodatabase 直接实现在物流企业关系型数据库管理系统或对象关系型数据库管理系统中。

这样做的原因是为了充分利用数据库软件的功能，包括数据备份、表定义、事务管理及系统管理工具等。GIS 扩展了关系型数据库，因此它能够有效地存储地理数据、生成地图并完成空间分析任务。地理数据库如图 7-12 所示。

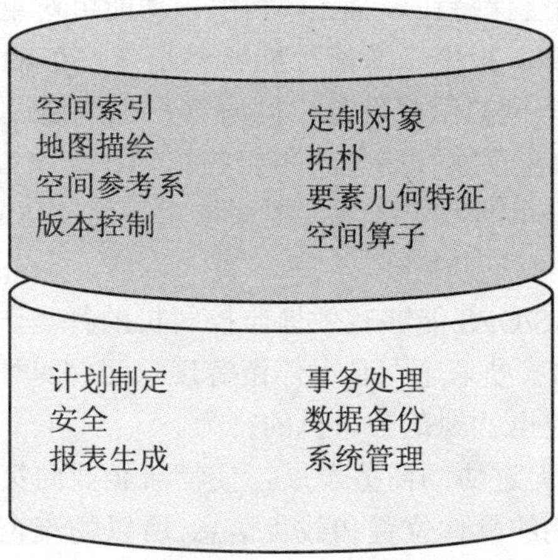

图 7-12　地理数据库

（三）GIS/GPS 在物流企业中的应用优势

随着企业电子商务的崛起，分销渠道的进一步整合和供应链管理的出现要求物流企业能够向客户提供全面的配送解决方案。但信息技术应用的落后使上下游企业之间的物流活动难以协调，使物流活动变成模糊的黑洞，成本高且可控制性差，严重制约了我国物流企业的发展。据中国仓储协会的调查报告显示，我国车辆运营的空载率为 45%左右。造成这一情况的重要原因之一就是物流企业无法准确知道运行车辆的具体位置，而且无法与司机随时随地地保持联系，不能为其组织货源和灵活配货。同时，司机只能凭个人经验确定路线，有时不能找到最佳路径，不仅延误时机，而且增加了运行成本。另外，实际客户也不能及时了解货物配送过程的

情况，不能与物流企业协调配合。随着互联网的发展和通信技术的进步，跨平台、组件化的GIS（地理信息系统）和GPS（全球定位系统）技术的逐步成熟，基于GIS/GPS的应用将构造具有竞争力的透明物流企业。

GIS在物流分析中的应用，主要是指利用GIS强大的地理数据功能来完善物流分析技术。GPS在物流领域可以实时监控车辆等移动目标的位置，根据道路交通状况向移动目标发出实时调度指令。而GIS、GPS和无线通信技术的有效结合，再辅以车辆路线模型、最短路径模型、网络物流模型、分配集合模型和设施定位模型等，能够建立功能强大的物流信息系统，使物流变得实时且成本最优。GIS/GPS在物流企业应用中的优势主要体现在以下几个方面：

（1）打造数字物流企业，规范企业日常运作，提升企业形象。GIS/GPS的应用必将提升物流企业的信息化程度，使企业日常运作数字化，包括企业拥有的物流设备或客户的任何一笔货物都能用精确的数字来描述，不仅提高了企业运作效率，同时提升了企业形象，能够争取更多的客户。

（2）通过对运输设备的导航跟踪提高车辆运作效率，降低物流费用，抵抗风险。GIS/GPS和无线通信的结合使流动在不同地方的运输设备变得透明且可以控制。

1）结合物流企业的决策模型库的支持，根据物流企业的实际仓储情况，由GPS获取的实时道路信息可以计算出最佳物流路径，给运输设备导航减少运行时间，降低运行费用。

2）利用GPS和GIS技术可以实时显示出车辆的实际位置，并可任意放大、缩小、还原、换图；可以随目标移动，使目标始终保持在屏幕上，利用该功能可对重要车辆和货物进行跟踪运输。对车辆进行实时定位、跟踪、报警、通信等能够满足掌握车辆的基本信息、对车辆进行远程管理的需要，有效避免了车辆的空载现象，同时客户也能通过互联网技术了解自己货物在运输过程中的细节情况。比如在草原牧场收集牛奶的车辆在途中发生故障，传统物流企业往往不能及时找到故障车辆而使整车的原奶坏掉，损失惨重，而GIS/GPS能够方便地解决这个问题。

3）人的因素处处存在，而GIS/GPS能够有效地监控司机的行为。在物流企业中，为了逃避过桥费而绕远路延误时间、私自拉货、途中私自停留等现象司空见惯，使物流企业不能有效监控司机的行为，而对车辆的监控也就规范了司机的行为。

（3）通过对物流运作的协调促进协同商务发展，使物流企业向第四方物流角色转换。由于物流企业能够实时获取每部车辆的具体位置和载货信息，所以物流企业能用系统的观念运作企业的业务，降低空载率。这一职能的转变使物流企业如果为某条供应链服务，就能够发挥第四方物流的作用。

物流企业通过无线通信，使GIS/GPS能够精确地获取运输车辆的信息，再通过Internet让企业内部和客户访问，从而把整个企业的操作和业务变得透明，为协同商务打下基础。

但是，将地理信息系统（GIS）、卫星定位系统（GPS）、无线通信（WAP）与互联网技术（Web）集成一体，并应用于物流和供应链管理信息技术领域的技术国内还不完全成熟。不过，相信随着人们的重视和技术的进步，GIS、GPS、WAP和Web技术将结合在一起，共同描绘透明物流企业，减少物流黑洞，增强国内物流企业的竞争力，在不久的将来在开放的物流市场上站稳脚跟。

知识要点五　物流通信与网络技术设备

一、物流网络化与物流网络技术的运用

（一）物流的网络化

国际互联网的出现为物流信息的跨地区即时传递提供了经济合理的解决方案，使信息流、商流和资金流的处理得以即时请求、即时完成。网络的应用使物流信息能够以低廉的成本即时传递，通过完善的物流信息管理系统即时安排物流过程，促使物流行业产生了革命性的变化、物流行业的升级和实现物流的现代化。

由于物流信息能够即时甚至提前于物流过程在相关环节中传递，使得系统可以收集到足够的信息，提前测算并模拟出最佳物流线路，指导实际物流过程，使得货物的实际输送过程变得相对自动化，甚至是精确，消除了无效物流和冗余物流，缩短了等待时间，加上自动化的操作水平和即时响应的速度，使得“按需生产、零库存、短在途时间、无间隙传送”成为网络物流的理想状态。如果我们将物流系统比喻成一条生产线，则每个物流过程就像是一道工序，在软件系统的控制之下工作。

在网络物流系统中，起决定作用的不再是物流设施或设备的处理能力，而是物流信息系统——在物流过程中进行信息采集、管理、分析和调度，并根据反馈情况及时进行调整的软系统。与传统物流相比，网络物流具有以下特点：

（1）物流节点普遍实行信息化管理。

物流结合社会生产、生活的各个部分，使其成为一个有机整体，每个参与物流过程的环节构成物流系统中的一个节点，单个节点的信息化是物流系统信息化的基础。素材经过筛选和加工才能变成有效的信息，信息经过消化吸收才能转化为生产力，信息化管理不仅是广泛利用自动化、机械化设备操作，更重要的是利用自动化设备收集和处理商流、物流过程中产生的信息，对物流信息进行分析和挖掘，最大限度地利用有效信息对物流活动进行指导和管理。

（2）整个系统具有无限的开放性。

整个系统构建在开放的 Internet 上，所有的物流节点都通过公用网络互相连接，与合作节点互换信息，协同处理业务。基于互联网的开放性，节点的数量可以无限多，每个节点可以与其他任意节点发生联系，快速交换数据，一个节点的变动不会影响其他节点，整个系统具有无限的开放性和拓展能力。在传统模式下，节点之间的信息交换受到技术的限制，自动化的信息交换局限在业务合作的双方或有限的几方。制约了信息交换的范围和速度，也就制约了物资流通的范围和速度。

（3）信息流在整个物流过程中起导引和整合作用。

信息流贯穿于商务活动的始终，引导着商务活动的发展。物流是商流的继续，是商务活动中的实际物资流通过程，同样需要信息流的导引和整合。在紧密联系的网络系统中，每个节点回答上游节点的询问，向下游节点发出业务请求，根据上下游节点的请求和反馈提前安排货物输送过程。信息流在物流过程中起到了事前测算流通路径、即时监控输送过程、事后反馈分析的作用。在环环相扣的物流过程中，虚拟的场景和路径简化了操作程序，极大地减少了失误和误差，使得每个环节之间的停顿时间大幅度降低。

（4）系统具有明显的规模优势。

网络将各个分散的节点连接为紧密联系的有机整体，在一个相当广泛的区域内发挥作用。在网络物流中，系统不以单个节点为中心，系统功能分散到多个节点处理，各节点间交叉联系，形成网状结构。大规模联合作业降低了系统的整体运行成本，提高了工作效率，也降低了系统对单个节点的依赖性，抗风险能力明显增强。如果某个节点出现意外，其他节点可以很快替补。

（二）物流网络技术的运用

1. 物流信息平台的运用

构筑在国际互联网这一最大的网上公共平台上，具有开放度高、资源共享程度高等优点。通过互联网跨区域实现整个物流运作过程的信息传递，提供平台与各供应链环节的信息系统无缝结合，这将使物流企业达到运作信息的及时和统一。

2. EDI 信息系统的运用

20 世纪 90 年代中期，“EDI 中心”增值服务的出现和行业标准逐步发展成通用标准加快了 EDI 的应用和跨行业 EDI 的发展。EDI 在贸易伙伴间长期稳定的供求链中发挥着重要的作用：快速响应、实现及时制（Just in time）、降低交易成本、即时订货。

信息系统的一体化需要在买方、卖方和物流第三方的许多实体间移动数据和传递指令，传统的 EDI 是大型企业惯用的极为有力的数据交换工具，但因其复杂性使许多企业难以接受。随着互联网的兴起，基于互联网的 EDI 和 XML 等新的工具不断出现，特别是两者的结合具有比 EDI 更好的灵活性，能更容易地在数据库之间移动信息，从而使一体化过程简单得多。

在国内的 EDI 技术中，上海市 EDI 中心的信息系统运用技术已日趋成熟，这为物流企业改善相关业务提供了很好的机会。

3. 网络 GPS 技术的运用

网络 GPS 的服务可以向物流企业提供以下功能：实时监控、双向通信、动态调度、数据存储和分析。由网络 GPS 的优点我们可以看到它在技术运用的强大优势，这种优势可以实现物流企业具体业务的开展，各物流运输企业充分运用自己的权限，进入网络 GPS 监控界面对车辆进行监控、调度、即时定位。物流运输企业通过使用网络 GPS 不仅能够提高服务质量和管理水平、实施运输全过程动态管理，而且有助于提升企业形象，树立良好的品牌，在激烈的市场竞争中取得成功。

物流企业通过物流联盟的建立以及物流相关技术的运用，为其改变目前落后的管理、尽快向现代物流企业转变提供了可能性，新经济的“鼠标加轮子”模式也就不远了。

【实训任务】

一、实训目标

1. 熟悉现代物流各类信息技术与设备的工作原理。
2. 掌握电子标签（RFID）辅助拣货系统的工作方法。
3. 学会电子标签（RFID）辅助拣货系统的作业流程。
4. 在北京烟草配送中心，训练学生使用电子标签（RFID）进行物流辅助作业系统的能力。

二、实训地点

北京烟草配送中心。

三、实训步骤

第一步：教师发放工作任务书。

任务书主要是明确此实训内容的目标、实施过程和预期结果等内容。一般的格式如表 7-2 所示。

表 7-2　工作任务书

班级		姓名		实训时间	
实训目标	在北京烟草配送中心，训练学生使用电子标签（RFID）进行烟草物流辅助作业的信息化工作能力				
实施过程	资讯采集： 工作计划： 工作实施： 检查和评价：				
工作成果					
注意事项					

第二步：任务分配。

对任务进行分解，并根据任务目标，进行学生分组。每组约 5 人，每组内部分工负责不同的内容，任务分配记录如表 7-3 所示。

表 7-3　任务分配表

任务	学生角色分配
在北京烟草配送中心，进行烟草物流电子标签（RFID）运用的实操训练	作业组共____人，其中： 软件测试安全员___ 人： 程序编写员___ 人： 设备操作员____人： 硬件设备工程师____ 人： 实训报告撰写____ 人： 其他____人：

第三步：布置实训任务。

在北京烟草配送中心，进行烟草物流电子标签（RFID）运用的实操训练，提交实训报告。

第四步：教师任务解释。

电子标签（RFID）辅助拣货系统根据拣货方式的不同分为摘取式和播种式，其作业流程稍有不同。

1. 摘取式系统作业流程：

① 接受拣货信息，启动拣货流程；

② 点亮电子标签，信号屏显示作业单据编号；

③ 操作人员按照电子标签显示的数据拿出烟草物品，然后按下“确定”键；

④ 区域拣货完毕后，按灭区域指示灯；

⑤ 装好分拣烟草物品的周转箱通过 RFID 信号接收装置，扫描并发回信息复核。

2. 播种式系统作业流程：

① 扫描烟草条码信息，扫描信息反馈到计算机；

② 点亮电子标签，信号屏显示烟草编号；

③ 操作人员按照电子标签显示的数字放入物品，然后按下“确定”键；

④ 区域拣货完毕后，按灭区域指示灯；

⑤ 装好分拣烟草物品的周转箱通过 RFID 信号接收装置，扫描并发回信息复核。

教师示范电子标签（RFID）辅助拣货系统的工作流程和操作步骤，讲解操作的安全事项。

第五步：学生执行任务。

根据教师的讲解，结合自己的理解，制定时间进度计划，确定各组负责人，实施电子标签（RFID）信息设备作业实训计划。

第六步：实训总结，形成实训报告。

根据本组实训内容，按照一定的逻辑性进行总结，形成实训报告，以备成果展示。

四、成果展示

根据实训的结果，学生需要提交一份实训报告（字数不低于 3000 字）和一份 PPT 讲演稿。实训报告要注意格式，其中应尽可能增加一些图片、表格、数字等。报告里要体现出每人负责的内容。

五、实训评价

实训评价主要是通过实训课堂上讲解内容的完整性、表述得是否清楚、逻辑性如何、成员协作配合等方面。评价的标准如表 7-4 所示。

表 7-4　信息设备实地训练评价

<table>
<tr><th rowspan="2">考核要素</th><th rowspan="2">评价标准</th><th rowspan="2">分值（分）</th><th colspan="3">评分（分）</th></tr>
<tr><th>自评（20%）</th><th>小组（30%）</th><th>教师（50%）</th></tr>
<tr><td rowspan="4">电子标签（RFID）信息设备作业实训</td><td>组织协作能力</td><td>25</td><td></td><td></td><td></td></tr>
<tr><td>作业设计及执行情况</td><td>25</td><td></td><td></td><td></td></tr>
<tr><td>实训报告写作</td><td>25</td><td></td><td></td><td></td></tr>
<tr><td>实训汇报内容</td><td>25</td><td></td><td></td><td></td></tr>
<tr><td colspan="3">评价人签名</td><td></td><td></td><td></td></tr>
<tr><td colspan="3">合计</td><td></td><td></td><td></td></tr>
<tr><td colspan="6">评语

教师：
年　月　日</td></tr>
</table>

【大赛试题】

一、填空题

1．根据数据传输的方式，数据采集器可分为＿＿＿＿＿和实时处理两大类。

2．便携式数据采集器根据其功能特点又可分为＿＿＿＿＿和＿＿＿＿＿两种类型。

3．在进行数据采集器的选择时，用户要考虑以下基本原则：①＿＿＿＿＿；②＿＿＿＿＿；③＿＿＿＿＿；④＿＿＿＿＿。

4．条码的打印设备大致分为两类，即＿＿＿＿＿和＿＿＿＿＿。

5．通用打印机有＿＿＿＿＿、喷墨式打印机和＿＿＿＿＿等。

6．专用条码打印机是专为打印条码标签而设计的，它具有＿＿＿＿＿、＿＿＿＿＿、＿＿＿＿＿、＿＿＿＿＿、实时性强等特点，是印制条码的重要设备。

7．专用条码打印机主要有＿＿＿＿＿和热转印式条码打印机两种类型。

8．条码符号本身必须符合质量要求，这就需要条码检测设备对条码质量进行检测。专用条码检测设备一般分为两类：＿＿＿＿＿和＿＿＿＿＿。

9．在超市管理中，应用的条码设备主要有两类：＿＿＿＿＿和＿＿＿＿＿。

10．在超市管理中，条码的使用方式主要体现在以下几个方面：①＿＿＿＿＿；②＿＿＿＿＿；③＿＿＿＿＿；④＿＿＿＿＿。

11．＿＿＿＿＿和＿＿＿＿＿其实是仓库部门重复以上的步骤，增加这一步只是为了方便管理、落实各部门的责任，也可以防止有些货物在收货后直接进入商场而不入库所产生的混乱。

12．＿＿＿＿＿是超市收集数据的重要手段，也是超市必不可少的工作。

13．在会员制超市使用条码卡进行管理，主要优点是：＿＿＿＿＿、＿＿＿＿＿、＿＿＿＿＿。

14．自动导向搬运车根据转向方式的不同可分为＿＿＿＿＿、＿＿＿＿＿和＿＿＿＿＿。

15．＿＿＿＿＿是反映其技术性能的基本参数，是选择自动导向搬运车的主要依据。

16．自动分拣系统主要包括＿＿＿＿＿、＿＿＿＿＿和＿＿＿＿＿。

17．自动分拣系统的工作过程包括＿＿＿＿＿、＿＿＿＿＿、＿＿＿＿＿、＿＿＿＿＿四个部分。

18．输送机是以连续方式沿着一定的线路，从＿＿＿＿＿到卸货点均匀输送货物和成件包装货物的搬运设备。

19．装卸堆垛机器人具有＿＿＿＿＿、＿＿＿＿＿、＿＿＿＿＿和＿＿＿＿＿等特点。

20．＿＿＿＿＿是指机器人作业主要按照事先编制好的程序进行操作，因此精确性和精密性都相当高。

21．根据扫描器和被扫描条码符号的相对位置，扫描器可分为＿＿＿＿＿和＿＿＿＿＿两种。

22．便携式数据采集器是＿＿＿＿＿、显示、＿＿＿＿＿、数据通信等功能于一体的高科技产品，是电脑技术与条码技术的完美结合。

23．超市中商品的流通程序：收货→＿＿＿＿＿→＿＿＿＿＿→出库→＿＿＿＿＿→销售→盘点。

24．使用条码对员工进行管理，主要是应用在__________上。

25．普通型是指自动导向搬运车的所有功能、__________和区段控制都由主控计算机控制。

26．自动分拣装置主要由接收指示信息的控制装置、__________、把到达分拣装置的货物送到别处的搬运装置、在分拣位置把货物分送到分支装置、在分拣位置储存货物的储存装置等构成。

27．自动分拣设备的主要特点：①__________；②__________；③__________。

28．__________就是把分拣的指示信息记忆在货物上或分拣机上，以达到把货物按要求分拣出来并送到指定地点的要求。

29．__________是以连续方式沿着一定的线路从装货点到卸货点均匀输送货物和成件包装货物的搬运设备。

30．按照安装方式的不同，输送机可分为__________和__________。

二、选择题

1．（　　）是指首次读出条码符号的数量与识读条码符号总数量的比值。

A．首读率　　B．误码率　　C．拒识率　　D．错误率

2．扫描器的（　　）是指扫描器在识读条码符号时能够分辨出的条（或空）宽度的最小值。

A．首读率　　B．误码率　　C．拒识率　　D．分辨率

3．（　　）是指条码扫描器进行多重扫描时每秒的扫描次数。

A．首读率　　B．误码率　　C．扫描频率　　D．分辨率

4．（　　）也称为数据终端，它是手持式扫描器与掌上电脑（手持式终端）的功能组合为一体的设备单元。

A．首读率　　B．数据采集器　　C．扫描频率　　D．分辨率

5．在选择数据采集器时，用户不用考虑（　　）基本原则。

A．适用范围　　B．译码范围

C．对首读率的要求　　D．接出要求

6．（　　）是一种专门设计的安装在印刷设备上的检测仪，它对条码符号的制作和生成条码的主要参数进行连续的检测和分析，以便使操作者及时掌握和控制印刷过程。

A．图像式检测仪　　B．固定式条码检测仪

C．首读率检测仪　　D．便携式条码检测仪

7．（　　）主要为标签打印机，用于为少数没有原印条码的商品打印条码标签，制作超市使用的条码员工卡、会员卡等。

A．条码印制设备　　B．条码输入设备

C．条码使用设备　　D．条码检测仪

8．（　　）是超市的一项非常繁琐的任务。很多大型超市为顾客设置了价格查询设备，通过扫描条码从数据库获得商品价格，节约了超市的人力。

A．销售　　B．查价　　C．入库和出库　　D．盘点

9．（　　）其实是仓库部门重复以上的步骤，增加这一步只是为了方便管理、落实各部

门的责任，也可以防止有些货物在收货后直接进入商场而不入库所产生的混乱。

A．销售　　B．查价　　C．入库和出库　　D．盘点

10．（　　）是超市收集数据的重要手段，也是超市必不可少的工作。售货员只需手拿无线手持终端，按照通过无线网传输过来的主机指令，到货架扫描指定商品的条码，确认商品后对其进行清点，然后把资料通过无线手持终端传输至主机，主机再进行数据分析。

A．销售　　B．查价　　C．入库和出库　　D．盘点

11．（　　）是超市的命脉，主要是通过 POS 系统对产品条码的识别体现等价交换。这是超市使用条码设备最主要的方面。

A．销售　　B．查价　　C．入库和出库　　D．盘点

12．（　　）使用条码对供应商进行管理，主要要求供应商供应的货物必须有条码，以便进行货物的追踪服务。

A．客户管理　　B．供应商管理

C．员工管理　　D．商品流通的管理

13．（　　）使用条码对员工进行管理，主要应用在行政管理上。作为超市，能将超市已有的设备运用到行政管理上实为明智之举。

A．客户管理　　B．供应商管理

C．员工管理　　D．商品流通的管理

14．（　　）使用条码对客户进行管理，主要应用在会员制超市中。在会员制超市中使用条码卡进行管理，主要优点为成本低、效率高、资料准确。

A．客户管理　　B．供应商管理

C．员工管理　　D．商品流通的管理

15．（　　）是指不同的地点和单位分配到所设置的场地的作业。

A．销售　　B．查价　　C．分拣　　D．盘点

16．自动分拣系统的工作过程包括（　　）、分拣信号输入、分拣和分流、分送四个部分。

A．分送　　B．查价　　C．分拣　　D．合流

17．（　　）不仅可以识读一维条码，而且还能识读行排式和矩阵式二维条码。

A．图像式条码扫描器　　B．固定式条码扫描器

C．首读率扫描器　　D．便携式条码扫描器

18．（　　）一般用于商业超市的收款台，可以安装在柜台下面，也可以安装在柜台侧面。

A．手持激光扫描器　　B．CCD 扫描器

C．光笔扫描器　　D．卡槽式扫描器

19．（　　）在扫描条码符号时，其内部结构不需要任何驱动机构便可以实现对条码符号的自动扫描。

A．手持激光扫描器　　B．CCD 扫描器

C．光笔扫描器　　D．卡槽式扫描器

20．扫描器的（　　）是指扫描器在识读条码符号时，能够分辨出的条（或空）宽度的最小值。

A．首读率　　B．误码率　　C．扫描频率　　D．分辨率

三、简答题

1．条码识读设备中常用的识读设备有哪些？

2．条码扫描设备的主要技术指标是什么 ？

3．根据数据传输的方式，数据采集器可分为哪几类？

4．在选择数据采集器时，用户要考虑哪些基本原则？

5．条码符号本身必须符合质量要求，这就需要条码检测设备对条码的质量进行检测。专用条码检测设备一般分为哪几类？

6．条码阅读设备分为哪几种类型？

7．在超市管理中，条码的使用方式主要体现在哪几个方面？

8．超市中商品的流通过程是什么？

参考文献

[1] 王海兰．物流设施与设备管理．北京：中国人民大学出版社，2011．
[2] 谷祥盛，李胜．仓储运作与管理．广州：广东经济出版社，2009．
[3] 蒋祖星，孟初阳．物流设施与设备（第3版）．北京：机械工业出版社，2009．
[4] 钱芝网．配送管理实务情景实训．北京：电子工业出版社，2009．
[5] 梁金萍．物流设施与设备．郑州：河南科学技术出版社，2011．
[6] 现代物流管理课题组．保管与装卸管理．广州：广东经济出版社，2009．
[7] 张玉斌．物流设施与设备．北京：科学出版社，2009．
[8] 张念．仓储与配送管理（第二版）．大连：东北财经大学出版社，2008．
[9] 刘敏．物流设施与设备．北京：北京大学出版社，2008．
[10] 张弦．物流设施设备应用与管理．武汉：华中科技大学出版社，2009．
[11] 陈修齐．物流设施与设备．北京：人民邮电出版社，2011．
[12] 俞仲文，陈代芬．物流配送技术与实务．北京：人民交通出版社，2010．
[13] 范钦满．物流设施与设备．南京：东南大学出版社，2008．
[14] 方庆馆，王转．现代物流设施与规划．北京：机械工业出版社，2009．
[15] 刘洪贤．物流设施与设备．武汉：武汉理工大学出版社，2010．
[16] 孙红．物流设备与技术．南京：东南大学出版社，2006．
[17] 朱新民．物流设施与设备．北京：清华大学出版社，2007．
[18] 冯爱兰，王国华．物流技术装备．北京：人民交通出版社，2005．
[19] 洪志杰．物流设施与设备．广州：广东经济出版社，2008．
[20] 李守斌．配送作业实务．北京：机械工业出版社，2007．
[21] 章文光．物流设施与设备．长春：吉林大学出版社，2009．
[22] 丁立言，张铎．仓储规划与技术．北京：清华大学出版社，2009．
[23] 江春雨．物流设施与设备．北京：国防工业出版社，2008．
[24] 潘安定．物流技术与设备．广州：华南理工大学出版社，2005．
[25] （美）鲍勃·多纳斯．物流与库存管理手册．王宗喜，张亚兵，龚卫锋等译．北京：电子工业出版社，2003．